甲午戰爭

大清的衰退與日本帝國的崛起

閻建國——著

光緒帝朝服像。

光緒帝素描像。

恭親王奕訢，道光帝第六子，咸豐帝同父異母弟弟，清末洋務派代表人物、主要發起者，曾任總理衙門首席大臣、領班軍機大臣、議政王。

醇親王奕譞，清道光帝第七子，嫡福晉婉貞是慈禧太后的妹妹，奕譞與她所生的第二子載湉後來成為光緒帝。

李鴻章，攝於清光緒二十一年，西元一八九五年於日本簽署「馬關條約」時。

丁汝昌，清朝北洋海軍水師提督。一八九五年二月北洋水師全軍覆沒前服鴉片自盡。

甲午戰爭的日軍士兵

日清戰爭

日本聯合艦隊於黃海擊潰大清北洋水師（浮世繪畫師小林清親、井上吉次郎繪）

日軍在攻擊清軍

朝鮮士兵和清朝士兵俘虜

春帆樓
日清在此簽訂《馬關條約》

日本繪製的「馬關條約」簽字時的情景。

大清一等鐵甲鑑定遠號。

大清一等鐵甲鑑鎮遠號。

旅順船塢內的鎮遠艦。

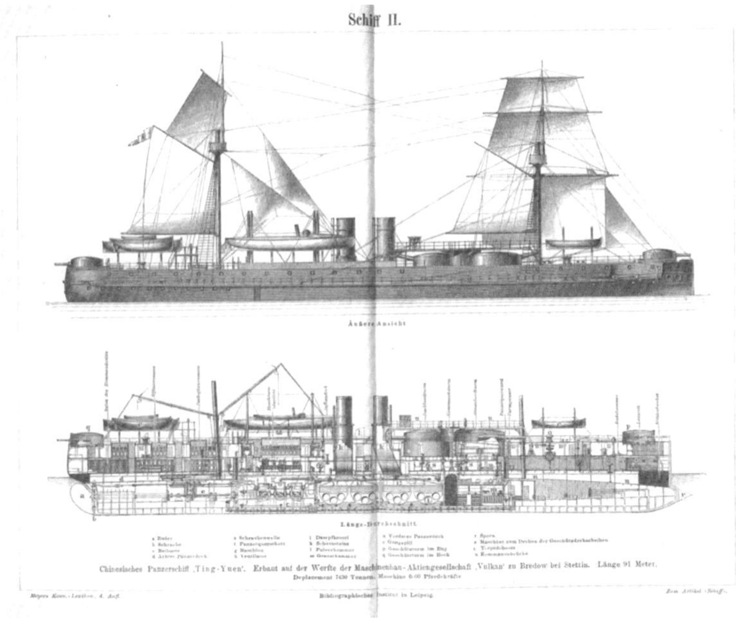

定遠號原始設計圖中的張帆狀態。

二等裝甲巡洋艦來遠號。

穹甲巡洋艦致遠號。

穹甲巡洋艦靖遠號。

穹甲巡洋艦濟遠號。

穹甲巡洋艦超勇號。

穹甲巡洋艦揚威號主甲板。

日本海軍鐵甲艦扶桑號。

二號艦揚威號的主炮及固定式炮房，能清楚看到炮房以及三個炮門，炮門擋板已全部拉起，翻至炮房頂上。炮房角落環置大量炮彈。

日本防護巡洋艦吉野號。

日本穹甲巡洋艦龍田號。

日本防護巡洋艦松島號

目錄

第二章 焦煙烈火罩碧海

自序

西元一九四五年九月二日，包括九艘航空母艦在內的三百八十多艘歐美軍艦聚會在日本東京灣。在美軍密蘇里號戰艦上，將要舉行的是日本向交戰國正式投降的簽字儀式。

海風獵獵，旌旗飄揚，刀槍明亮。舉目觀望，桅檣如林，中國受降代表徐永昌上將油然而嘆：「五十年前甲午之役若能一勝，我國海軍今日不悉何以！」是的，就在五十年前，大清國海軍還位列世界海軍八強，美國海軍也不過忝為第十二，日本海軍排名僅在第十六位。如今美國領銜受降，日本匍匐階下，昔日的世界八強安在？甲午一役，檣櫓灰飛煙滅，中國海軍一蹶不振。何以淪落至此？難道別人偷盡了智慧樹上的果實，唯獨給中國留下了苦澀？

中國這個有著一萬八千公里海岸線的國家，千百年來都以海洋為陸地的天塹，出人意料的是天塹恰恰是通途，中國的大門不是從陸地，而是從海洋上被叩開——門口站著陌生人，槍口裡冒著熱氣！海洋不是陸地的天塹，而是陸地的延伸，人們不是被海洋分割著，而是由海洋聯繫著，海上正吹來全新的風。

西風東漸非不可思議，匪夷所思的是借中華文明火種引路的日本，也借海路來中國登堂入室。毋庸諱言，日本受惠於中國而成長，給中國造成的災難卻無出其右者。言及於此，不可不提另一個日本的受害者朝鮮。中國、朝鮮、日本是近鄰，三國共處東亞之地，往來於遼闊的西太平洋。中國是朝鮮和日本的文化之母，朝鮮是中、日之間的文化之橋。在歷史的舞臺上，中國掛頭牌四平八穩，朝鮮傍角兒不急不躁，日本跨刀二路不甘人下。百餘年來，這座舞臺上大戲多多，今天，日本嫌戲份不夠要搶鏡頭，要知它將演的是哪一齣，逝去的既往不可不說。

追溯歷史，就要談談徐永昌上將所喟歎的甲午之役了！徐將軍之歎，蓋歎甲午海戰，但談海戰繞不開陸戰，它們是同一場戰爭相互關聯的兩個方面。本書重在前者，兼及後者，將要講述的是日本以挑戰左鄰右舍為手段而崛起的一段往事，其餘緒波及於今。

史實是客觀的，史見是主觀的。鑒往知來，謹此就教於讀者。為之序。

閻建國

楔子　華夷秩序，東方曾經的「國際法」

華與夷

古代中國與周邊鄰國，長期奉行由中華文明所創設的華夷秩序，這是一種獨具東方特色的國際關係，亦稱「宗藩關係」。據此，國與國之間尊卑有別，尊者為宗主，由中國常任，卑者為藩屬，包括朝鮮、日本及中國之外的一切國家。

華夷秩序，據說含苞欲放於夏商之際，但夏商之事多傳於口耳之間，尚能言說的是西周時期，我們姑且就從這裡說起。

周王室以普遍的分封制建構統治秩序，其理論基礎是：老天爺在上，俯瞰歷覽，四荒八極廣袤無際，這叫作「天下」。老天爺把天下交給他兒子周王治理，所以，周王承天景命，叫「天子」。天下皆王土，周天子自己不能分身親占，便列土封侯，賞給許多親族，讓他們去封地築城，當領袖統治當地的黎民百姓，這就是諸侯與諸侯國。歷史上說的封邦建國就是這麼回事，簡稱「封建」。一般認為周天子封了七十一國，所占地域為黃河中下游地區。

天子定居於中央之「城」，此「城」即為「中國」。諸侯所居之「城」，亦即「諸侯國」，它們各有名號，如齊國、魯國等等。諸侯國對天子所處的中國相當於籬笆或院牆——若有敵人來犯，得先毀了籬笆或者爬過院牆，才能和院子裡的天子打照面。對此，以一言蔽之曰：「封建親戚，以藩屏周。」這就是周天子分封諸侯的目的，諸侯國都是中國的藩屬。諸侯對天子承擔著不少義務，周王室給他們立了很多規矩，概括為一個字叫作「禮」。

「禮」是一種繁文縟節的東西，今人盡可反感厭棄，但當時卻是越繁瑣越有意義，「禮儀三百，威儀三千」便是對禮之繁密的讚譽。按照禮，天子臨朝時該趙女於側還是秦女於前，該擊甕叩缶還是黃鐘大呂都有講究。天子和諸侯穿什麼衣、乘什麼車、幾匹馬拉都有標準，該住多大的房子也有規矩，該什麼是什麼，不能亂來。史稱「禮樂文明」。

禮的適用範圍恩及貴賤，從上到下一以貫之，地位低卑的人也不能成為禮的死角，如何拉車，如何做奴才，都少不了禮的干預。禮的作用是調整人際關係，使之達到和諧的境地。人這種生物，高矮胖瘦不一，富貴窮通各異，這都是天意，禮對天意格外維繫，因此，禮將人分為各等，各守各的禮，和諧就有了百分之百的完成率。一旦「非禮」起來，必將發生犯上作亂的悲劇：諸侯亂國，大夫亂家，盜賊蜂起，連殺雞屠狗之輩也敢窺覬神器。

諸侯封出去了，地盤占下了，中國和諸侯國由於敬禮的緣故而和諧。可諸侯國的所在不是天下的盡頭，遙望天盡頭，禮有不逮之地，那裡既野蠻又不馴，行同狗彘，沒有和諧。那些野蠻人伺機尋釁，頗具威脅性和破壞性。諸侯國都是中國的藩屬，有拱衛中國的義務。在長期與野蠻人的鬥爭中，周天子和諸侯們認識到，天子是中國，諸侯保中國，原系同夥，同沾禮樂文明的恩澤，所以，都是中國。如此一來，中國的意義便不再侷限於天子，而是擴展到諸侯身上。中國變大了，因此要以強大的力量教化或擊敗周邊的野蠻人，令其皈依文明。

周天子自認承繼了夏的事業，自己的地盤是夏區，因而中國是夏，諸侯國當然也是夏，史稱「諸夏」。諸夏一體為中國；中國是禮儀之邦。「夏」是一個優美的字，有盛大、光輝、文采、美麗之意，和另一個字「華」相通，二字合成「華夏」一詞。後人越來越往上附益，如唐人孔穎達在對《左傳》的疏解中說：「中國有禮儀之大，故稱夏；有服章之美，謂之華。華夏一也。」

華夏稱周邊的野蠻人為「夷」，見字知義，「夷」是「帶弓之人」。在華夏眼中，帶弓之人無城可守，無地可耕，來去無定，鞍馬為家，射獵為俗，食不果腹，因不知禮儀而兇悍殘暴。夷離中國有遠有近，近的或許沾些文明之光，身上有點文化氣息。華夏自認有責任平天下，對夷要以文教化。夷有的時候聽話，有的時候調皮，時好時壞說變就變。華夏有句話叫作「夷性犬羊」，概括了夷的性格特徵：犬和羊要做什麼都是不可預測的。

在諸夏一體為「中國」的意識確立之後，中國便按方位給周邊的夷冠名，地分四方，故夷有四類：南蠻、北狄、東夷、西戎，這就是四夷，再加上中心裡的自己，構成五方。「天下」是五方之民的生存空間，由「華」與「夷」兩部分組成。華夏一般以「夷狄」或「蠻夷」代稱四夷。認為既然都在天下，就該都受天子管。按照中國立下的規矩，四夷都奉中國為宗主，為中國藩屬，接受中國的冊封，來中國朝貢——華夷秩序就這樣一步步地建立起來。

冊封與朝貢

所謂「冊封」，指的是某夷人在他的地盤上自立為王後，要來中國辦手續，也就是天子頒詔，賞他個「王」的稱號，他那塊地盤就成為中國的藩屬，他就是「藩王」了。藩王的地位與華夏諸侯相當，是天子的臣下。「朝貢」當然指的是朝拜和進貢，就是藩王親自或派代表來中國覲見天子，給天子獻禮。四夷都向中心進貢，把好東西土特產拿來朝貢，也就是「中國居中以制夷狄，夷狄居外以奉中國」。其實中國腹地廣大無奇不有，心裡並不怎麼看重貢品，要看的是那份忠心，而且不白吃貢品，賞的遠比貢的多，並且還常給藩王好處。這是一種籠絡夷狄的辦法。中國厚往薄來，泱泱大國的風度，就是這樣體現出來的。

夷狄來進貢，根據路途遠近，有的一年來一次，叫「歲修職貢」；有的兩年來一次，叫「間歲一貢」。如果不來，天子先是「修德」，以文教化，令夷狄幡然悔悟。若是對牛彈琴的話，天子絕不會伯牙摔琴，而是保留「修刑」，即用兵的權力，興仁義之師問其非禮之罪。

夷狄也叫「番」，仰慕文明如期進貢的，華夏稱之為「熟番」，是「化內」夷狄；沒有上進心、進貢無常的，華夏稱之為「生番」，是「化外」夷狄。化外夷狄不光空間距離遠，精神上也隔得遠，天子若不打算「修刑」，也可以置之不理。對於遠在天邊的遠夷，天子待之以「來者不拒，去者不追」的不治主義；來了歡迎，不來不勉強，進不進貢不追究，安於本分別亂天下就行了。

中國在五方之中央，利用文化優勢，調整華夷關係，安排天下秩序，井井有條。但夷性犬羊，不可能總是安分，那些不甘心靠四邊，想擠進正中間的，便向中國開戰。打敗了中國的四夷，來到中國就得過中國人的日子，改自己的夷習。倒是被趕出中國的人漂泊無依，或許要與虎豹同居，一代代下去，把禮樂文明忘得乾乾淨淨。那麼，誰還是華，誰還是夷呢？

儒家提出了判別標準：以習得禮樂文明為界，誰學有所得誰是華，否則為夷。這就意味著華夷無常，相互轉化。夷會由於進入中國習得禮樂文明而變成華，而本來的華離開了天下的中心，疏於禮樂文明了，則變成夷。沒有血緣的界限，也沒有種族、民族的概念，唯以禮樂文明為標準，這種東西發展到後來就狹義指儒家經書。今天看來很荒謬，當時卻都認同，這樣，誰有本事殺進天下的中央，打開儒家經書，他就是中國了。被打跑的中國，遠離了文明，生疏了經書，從了夷俗，就變成了夷狄。

天厚中國，讓中央這塊地盤比誰的都好，惹人豔羨。天下者，無不爭當中國！為此，征塵不斷，干戈不息。贏家稱帝，打開四書五經就是中國了！中國是一種文化而不是一個國家。故此，中國之稱謂，歷史那麼悠久，從未被用為國號，歷朝歷代叫周、秦、漢、隋、唐、宋……就是不叫中國，到大明國的時候，從大西洋那邊來的夷人，稱大明國為「中國」或「中華帝國」。

「中華」一詞較「中國」晚出，初見於南朝宋人裴松之為《三國志》作注，兩詞所指無異，後人每多混用。元人王元亮在《唐律疏議釋文》中說：「中華者，中國也，親被王教，自屬中國，衣冠威儀，習俗孝悌，居身禮義，故謂之中華。」他的解釋不光證明兩詞通用，還證明了誰通禮樂文明誰是中國即中華的千古之理。

「華」，還是「花」的本字，所以，「中華」還有一層詩意，即「中央之花園」。禮樂文明光芒萬丈，天下越大輻射面越廣。至清朝時，亞洲有很多地區受到輻射，通行以中國為中心的華夷秩序。當時，浩罕（俄羅斯境內）、塔什干（烏茲別克斯坦境內）、阿富汗、廓爾喀（尼泊爾）、朝鮮、琉球、安南（越南）、緬甸、暹羅（泰國）、南掌（寮國）、蘇祿（菲律賓蘇祿群島）等，是中國的屬國，都向中心進貢。在這個意義上，華夷秩序是東方曾經的國際法，在相當長的歷史時期裡，穩定了亞洲的國際秩序。後來，日本發難，不過是想撇開中國單幹，建立以自己為中心的「華夷秩序」。直到明治時代，日本巴結大西洋，才從根本上否定了華夷秩序。

在華夷秩序的蔭庇之下，各成員國的內政外交，中國從不干涉，代代藩王換屆接班，宗主冊封前從不做實質審查。看上去冊封並不重要，但藩王自己知道冊封不可缺少，因為它是權力合法性的證明，決定著人心的向背。

中國、朝鮮、日本的淵源

進入十九世紀，風雲突變。在東方的國際空間裡擠進了西方勢力，帶來了異質文明。西方文明的條約制世界體系，猛烈地衝擊了東方文明的華夷秩序。東西文明因為不能對接而發生對撞，於是鹿死誰手呢？

中國一統華夷，建立起以自我為中心的華夷秩序，在華夷秩序中，處處迴蕩著和諧的主旋律，中國既不崇尚武力，也不標榜霸道，虛懷若谷，講信修睦，寬仁厚澤，從不以上壓下，以強凌弱。華夷秩序的基調是和平，儘管理論上存在著「修刑」的可能性，事實上卻很少發生。而屬國亦能安分守己，輸誠向化，不失於禮。和平、和諧是君子的風誼，如十個指頭有長短高低，卻能齊心協力。東方文明是講求君子的文明，西方文明哪怕運用的是叢林法則，訂下了霸王合約，條約裡也說「相互平等」。

大清國擋不住西方勢力，堅船利炮打碎了「天下」代之以「世界」，炮聲裡歐洲列強帶來了它們的洋規矩，也是新規矩，在東方建立西方的條約制世界體系。華夷秩序失墜，牌要重新洗，大王小王不知落到誰手裡，引發了東北亞的動蕩，中國與朝鮮、日本之間的一系列故事就此發生。

朝鮮與日本兩國大方位都在中國以東，在華夷秩序中是東夷之屬。在地理上，朝鮮好像架在中、日之間的一座橋；在文化上，朝鮮就是聯結中、日的橋樑。

中國與朝鮮的關係，早見於秦末漢初之際，中國燕人衛滿率眾移民朝鮮，居然坐大，推翻了土著政權，在平壤一帶立國。如此敢作敢為，結果禍延子孫。西元前一〇九年，漢武帝派兵渡渤海東征朝鮮，滅了衛氏政權，設立了玄菟、真番、臨屯、樂浪四郡，轄地直至大同江南岸。漢武帝的軍隊給朝鮮帶去了禮樂文明。當時，日本列島上分立有一百多個小國（部落），它們通過樂浪郡知道了中國的消息。

朝鮮不願受外人統治，反抗了幾百年，直到四世紀漢人才撤回去，可長期的漢文教化已使朝鮮變成一塊熟番地，京城開太學，地方設學校，讀經書講儒典蔚為風氣，華夏文明之火不因漢人撤離而止息。

西元四世紀中葉，日本大和國曾發起對朝鮮半島的戰爭。當時朝鮮半島上三國鼎立，北部是高句麗，西南部是百濟，東南部是新羅。大和國一度征服了百濟、新羅兩國，並與高句麗交戰。西元四世紀末葉，朝鮮百濟的書生王仁攜帶儒家經典赴日本，進入宮廷開講。從此，化外之邦日本，開始學習漢字，沐浴華夏文明之光。

中國是文化之母，朝鮮是文化之橋，中國、朝鮮兩國使目不識丁的日本過上了識文斷字的幸福生活。日本對這兩國都有回報，若不溢美也不隱惡地說，那就是恩將仇報！

第一章

波譎雲詭東北亞

日本自古叛服無常

日本溯源

中、日兩國一衣帶水，當中國已經成為氣勢磅礴的帝國時，日本島上還只星散著大大小小的部落。

中國知有日本，始見於戰國時代的《山海經》，裡面稱日本為「倭」。「倭」之稱謂本無貶義，就如同中國曾被稱為「支那」一樣，原本亦無貶義；後來「倭」與「支那」都有了貶義，為當事人所不喜。不同的是，日本人自稱為「倭」，中國人並不自稱「支那」。

西元一世紀，「倭」字又出現在東漢班固所著的《漢書》裡，該書的《地理志》說：「樂浪海中有倭人，分為百餘國，以歲時來獻見。」所謂「樂浪」，就是漢武帝在朝鮮設的樂浪郡。按這個說法，當時，日本列島上有百餘小國（部落），定期向中國進貢。

三百多年後，「倭」字又出現在南朝范曄的《後漢書》裡，其中的《東夷列傳》說：「倭在韓東南大海中，依山島為居，凡百餘國。自武帝滅朝鮮，使驛通於漢者三十許國。」照此說法，漢武帝滅朝鮮後，日本列島上的一百多個小國中有三十幾個與漢朝有來往。《東夷列傳》又載，西元五十七年（建武中元二年），倭國的使者來中國進貢，光武帝劉秀賜以印綬。西元一九八四年，在日本福岡縣發現了一顆刻有「漢委奴國王」字樣的金印，人們推測此為劉秀所賜之物，意味著一個冊封的故事。西元一〇七年（安帝永初元年），倭國向中國獻奴隸一百六十人。

看來，早在兩漢時期，中、日兩國已有官方交往，內容是日本來中國進貢。三世紀早期，日本境內出現了邪馬台國（一說在九州，一說在奈良）。西元二三八年，邪馬台國女王卑彌呼派使臣來到曹魏王朝的首都洛陽，以男女奴隸和班布進貢。魏明帝曹叡賜以「親魏倭王」稱號和金印紫綬，並且下詔說：「**可以示汝國中人，使知國家哀汝。**」如此口吻，好像曹魏是中央，日本是地方似的。很明顯地，魏明帝是在搞冊封、構建華夷秩序，他讓女王借重中國宗主的聲威，鞏固統治地位。

那時，日本列島上有二至三十個倭國，邪馬台國來中國進貢，難免有拉大旗作虎皮之意。對魏明帝來說，冊封藩王以治小倭，於中國君臨天下何嘗不是件好事呢？西元二四〇年，曹魏王朝派員出使邪馬台國，帶去了安撫詔書和賞賜品。卑彌呼女王及臣僚皆大歡喜，上表謝恩不迭，這是自有文獻記載以來的第一批中國赴日使節。事見於《三國志》。

三世紀中葉，在奈良盆地東南部的大和，興起一大國，以地為名，稱「大和國」，國祚三百餘年。大和國的最高統治者稱「大王」，是「王中之王」的意思，後來改稱「天皇」。「天皇」一詞，在日本的出現不早於六世紀，此前的「大王」有被後人稱為「天皇」的，那是後人的隨意。「天皇」一詞源自中國，中國神話傳說中有「三皇」——天皇、地皇和人皇，天皇有十三個頭，地皇有十一個頭，人皇有九個頭。「天皇」的本事最大，在各種關於「天皇」的解說裡，不乏與中國掌政相關者，然莫衷一是。

四世紀以後，大和國一連有贊、珍、濟、興、武五個大王遣使來華進貢，請受冊封，史稱「倭五王」。中國皇帝曾賜下「安東將軍」、「征東將軍」、「鎮東將軍」之類的封號。其中武王一生多次討封，曾自封為「都督倭、百濟、新羅、任那、加羅、秦韓、慕韓七國諸軍事、安東大將軍、倭國王」，遣使來華請准。南朝劉宋皇帝冊封下來，竟去掉「百濟」，少封了一國。不知是否緣於此故，武王不再討封，兩國關係也漸漸疏遠。

從邪馬台國到大和國，從卑彌呼女王到倭五王，都謀求獲得中國皇帝的承認。這是華夷秩序在東亞的形成時期，日本在其中占有一席之地。自倭五王之後至明朝太祖朱元璋，再無倭王向中國討封。在這漫長的近千年裡，華夷秩序逐步走向成熟，到達高峰，日本卻跳出了這種東亞國際的關係格局。

西元五九三年，日本出了第一位女皇——推古天皇，她的政權因建都於飛鳥（今奈良市附近），史稱飛鳥時代。她任用十九歲的侄子聖德太子攝政。聖德太子深受中國大一統思想的影響，試圖改革，削弱豪強，以天皇為中心建立中央集權。他的改革口號諸如「以禮為本」、「使民以時」、「國靡二君，民無二主，率土兆民，以王為主」等，皆取自中國儒典。聖德太子要恢復中、日關係，向中國取經，但他不肯稱臣，回歸華夷秩序。據《隋書．倭國傳》記載，西元六〇七年，聖德太子派使節小野妹子來華，其國書有云：「**日出處天子，致日沒處天子，無恙。**」一副平起平坐的口吻，甚至還以「日出」自居，高出「日沒」一頭。隋煬帝覽之不快，對臣下說：「**蠻夷書有無禮者，勿復以聞。**」在隋煬帝眼裡，日本是來進貢的蠻夷，然其出言不遜，自屬無禮。

不管好歹，兩國已中斷一百多年的關係接上了。《隋書．倭國傳》中的這句話，還被疑為是日本國名的出典。日本古籍裡講過這樣的故事：西元十世紀的某一天，有學生問老師，為什麼我們倭國改稱為日本呢？老師便引「日出」一句解釋說，日本就是指太陽升起的地方，用為國名正是「日出」之國。學生又問，日出東方，日本在大唐的東方，確實是日出之國，但從日本本土上看，太陽是從中間升起來的，怎說是日出之國呢？老師搖頭道，反正從大唐的方位看，太陽是從東方升起來的。對於那時的日本人來說，重要的是大唐的角度！又有學生問，日本這國名是唐人取的，還是我們自己定的呢？老師說是唐人取的。以後日本就有愛國者非常討厭這個國名，要將「日本」批倒批臭。例如江戶時代的學者藤田幽谷就惡狠狠地說：「原封不動地接受『日本』這一唐人稱呼我們國家的國號，並用於和唐朝交往，實令人非常厭惡。」不過，在中國的古籍裡並沒有給日本起名的記載，反倒認為日本是自己定名。如《舊唐書》中說：「倭國自惡其名不雅，改為日本。」《明史》中也說：「日本，古倭奴國。唐咸亨初，改日本，以近東海日出而名也。」這是一段趣話，如下言歸正傳。

中國到底強大自信有胸懷，弱小的倭國不足齒數，不值得隋煬帝真的生氣，第二年他就派使臣回訪日本。不久，小野妹子又來了，還帶來四名留學生和四名學問僧，這開了日本向中國派員留學的先河。雖然聖德太子親華，卻開了日本抗衡中華的肇端。這一時期，日本自覺與華夷秩序保持距離，努力做到與中國平等交往。

隋朝短命，西元六一九年滅亡，唐朝取而代之。幾年後，聖德太子、推古女皇都死了。日本的政治經歷了一些內亂，但聖德太子的事業自有來者，中、日交往越來越頻繁。西元六三〇年，日本派出第一批遣唐使。唐朝貞觀二十年（西元六四六年）元旦，日本孝德天皇頒布革新詔書，要模仿唐朝制度進行政治經濟改革。先模仿了大唐的年號制度，孝德天皇定「大化」為年號，所以，此後的一系列改革史稱「大化革新」。

經過大化革新，日本建立起以天皇為核心的中央集權制度。從此，進入了持續一千二百多年的封建社會。其中，前半段的五百餘年，起自飛鳥時代中期，經過奈良時代、平安時代，由天皇和封建貴族掌握政權。

日本的奈良時代（西元七一〇——七九四年），正值中國唐朝（西元六一八——九〇七年）的鼎盛期。當時，中國周邊幾乎無不對唐稱臣，王維的詩說「九天閶闔開宮殿，萬國衣冠拜冕旒」，正是對這種盛世盛況的形象描繪。日本依然故我，不在萬國衣冠之列。這一時期，在中日交流史上出現了兩個重要人物，一個是日本的遣唐留學生阿倍仲麻呂，另一個是唐朝的高僧鑒真。阿倍仲麻呂在唐三十六年，官至安南都護，兼安南節度使。阿倍仲麻呂喜讀書、熱愛中國文化，與詩人王維、李白交情不淺。高僧鑒真的出境是應日本政府邀請，日本沒有傳授戒律的高僧，他去傳經送寶。鑒真先後五次東渡，皆因遇颱風、海盜等原因失敗，心力交瘁致雙目失明。六十六歲時，第六次東渡，終獲成功。西元七五九年，日本按照唐朝寺院布局，在奈良建廟，稱唐招提寺，鑒真晚年便在這裡傳道，至西元七六三年逝世。

平安時代（西元七九四——一一九二年）有件事對中、日兩國都有影響：西元八九四年，日本官員菅原道真建議停派遣唐使獲准，表面上看起來沒有什麼政治因素考量，純粹是因為海上風險太大，風浪與海盜造成了許多無謂的犧牲，實際上，各方面的原因都有。從西元六三〇年正式派出第一批遣唐使到西元八九四年廢止的二百六十多年間，日本共遣使十九批（包括海上遇難未能抵達中國的情況）。從數量上看，還不如現代人一年的交往；從素質上論，卻不可看輕這種交往，日本每一趟皆沒白來，到底是取了經的！

從漢至唐，中、日交往是單向度的，即日本汲取中國文化。一方面，中國文化深刻地影響到日本，另一方面，文化引進受到主觀選擇和海上交通的制約。所以日本並未全盤「中化」，既沒學中國最成功的科舉制度，依舊實行自己的等級制度，也沒學中國的太監制度。

隨著貴族土地私有莊園制度的產生與發展，日本出現了武士勢力。武士受莊園主蓄養，與主君結成主從關係。主君待武士以「御恩」，酬以俸祿；武士為主君「奉公」，平時隨侍，戰時從軍。武士力量的壯大，使地方豪強演變為軍事貴族集團。相形之下，皇室勢力衰落，為權貴所挾。平安時代末期，日本形成了關東源氏和關西平氏兩大武士集團。西元一一八五年，關東源氏擊敗了關西平氏，控制了天皇，掌握了中央政權。

幕府時代

西元一一九二年，右近衛大將軍源賴朝在鐮倉（今神奈川縣內）建立起軍事政府「幕府」。「幕府」一詞是近衛府的別稱，涵蓋住所、政廳，人們逐漸用以指代武家政治的權力機構，一直沿用到江戶時代。源賴朝自封為「征夷大將軍」，此名原本是倭王為征討蝦夷（東部和北部的原住民）而設的臨時官職，從源賴朝開始作為幕府長官的職名。

從鐮倉幕府起，日本進入幕府時代，歷經南北朝幕府、室町幕府、安土桃山幕府、江戶幕府。這近七百年的時光屬於日本封建社會的後半段，它是幕府將軍專權的武家政治時期，挾天子以令諸侯，天皇淪為傀儡。

鎌倉幕府時代（西元一一八五——一三三三年），時間跨度與中國宋朝（西元九六〇——一二七九年）相仿。當時中日貿易頻繁。日本不鑄銅錢，市面上流通宋銅錢，曾一度引起宋朝銅錢緊缺。

這一時代晚期，蒙古席捲歐亞大陸，征服了俄羅斯、東歐、中亞、西亞、宋朝、高麗等諸多國家和地區，建立起地跨歐亞兩洲的大蒙古帝國。日本孤處大海而倖免。大蒙古國望洋卻步，勒馬停蹄，下敕招安。日本不識抬舉，斷然拒絕。大蒙古國連派四次使節，快把日本逼瘋了，狗急跳牆，揮起屠刀，三兩下便把來使殺了。

大蒙古國不是大漢盛唐要經營華夷秩序，它先禮後兵，決心要消滅日本！西元一二七一年大蒙古國改國號為元，蒙、漢、高麗聯軍也就是元朝的軍隊，以高麗為基地，發動了兩次征倭戰爭。兩次都倒楣遇到颱風，幾百艘戰船被掀翻，十幾萬將士殞命。颱風遏止了蒙元帝國的擴張。

明太祖朱元璋在位時（西元一三六八——一三九八年），日本處於南北朝時期（西元一三三一——一三九二年）。朱元璋稱自己的事業是「驅除胡虜，恢復中華」，他當然要經營華夷秩序，做天下共主。趕跑蒙古後，萬邦來朝，願做藩屬，受大明國保護，唯日本不就範。朱元璋有心收拾日本，以武力挾其入貢。日本懷良親王不怕朱元璋，致函稱：「臣聞天朝有興兵之策，小邦亦有禦敵之圖。論文有孔、孟道德之文章，論武有孫、吳韜略之兵法。又聞陛下選股肱之將，起精銳之師，來侵臣境。水澤之地，山海之洲，自有其備！豈能跪途而奉之乎？順之未必其生，逆之未必其死。相逢賀蘭山前，聊以博戲，臣何懼哉？」一封書信表達了抗衡華夷秩序的決心。可說了半天，朱元璋到底是「天朝」、「陛下」，自己是「小邦」、「臣」，不過是跪著造反而已。

朱元璋「驅除胡虜，恢復中華」，總怕「胡虜」再來。因此，不復有漢唐的宏放雄闊，放不開政策並且收緊嚴格管理。這一時期，中國的國際貿易僅有朝貢貿易，實行「勘合」制度。據此，來「貿易」的都是屬國，進貢後為朝廷勘合，即頒給在中國免稅銷售貨物的許可證。朱元璋還實行過禁海政策，禁民間使用番貨，禁沿海貿易，尤禁與日本貿易；「小邦」不進貢，就別想和「天朝」貿易。

日本歷代幕府將軍無不想與華貿易，但都不願做充當屬國的破冰者。十五世紀，室町幕府（西元一三三八──一五七三年）的第三代將軍足利義滿做了第一個自願者。他上書明朝，表示願意接受冊封，稱臣納貢。這時候，天下共主是朱元璋的兒子明成祖朱棣。他封足利義滿為「日本國王」，許以朝貢貿易。逸出宗藩關係近千年的日本，回歸華夷秩序，又成了中國的屬國。

安土桃山時代（西元一五七三──一六〇三年）末期，日本又反了：征夷大將軍豐臣秀吉拒絕明朝的冊封，兩次起兵征朝鮮，目的是以朝鮮為跳板，侵略中國，進而占領印度，建成大日本帝國。明朝出兵，抗日援朝。豐臣秀吉的本事沒有野心大，憂急成病而死。中、日關係降至冰點。從此，日本再也沒進入華夷秩序。

儘管豐臣秀吉沒有成功，卻給日本留下了豐厚的精神遺產。自豐臣秀吉逝世之後，日本輩有「人才」出，不僅想征服朝鮮、中國，還立志做全世界的主人。如江戶後期的思想家佐藤信淵，著書《宇內混同秘策》說，皇大御國（日本）乃天地間最初成立之國，為世界各國之根本。因此，合併全世界、號令全世界是天理。他認為，合併全世界不能不講究方略，即先取中國，而欲取中國，必先占朝鮮。一旦把中國納入版圖，西域、暹羅、印度等世界各國，必懼日本，定會俯首稱臣。豐臣秀吉是日本大陸擴張的鼻祖，佐藤信淵是日本「大東亞共榮圈」的思想先驅。日本的事業就這樣一代代發展，積攢下一股取朝鮮、攻中國、印度，直至占領全世界的惡狠狠幹勁。

豐臣秀吉死後，日本再起梟雄，德川家康在江戶（今東京）建立德川幕府（西元一六〇〇——一八六七年），由此開始了德川家族長達二百六十七年的統治，直到明治維新的前夜。

德川幕府將軍掌握著日本的命運，全國的軍事、交通要地及江戶、京都、大阪、長崎等大城市和大型礦山均為將軍把持，其直轄地達到國土面積的四分之一。此外的四分之三列土為藩，由將軍分封。計有二百六十多藩，也就是二百六十多塊大小不等的領地，受封的藩主稱為「大名」，「名」是田地之意，「大名」即擁有大片田地的人。幕府將軍君臨全國，是最大的大名，稱「大君」。如此一來，日本建立起封建的幕藩體制。

德川幕府不光嚴格地控制大名，還控制武士，控制人民。隨著幕藩體制的建立，馬放南山，日本進入和平時期。眾多武士沒仗打，轉向官僚化，帶刀做官搞文治。別看頂著武士的名，提著武士的刀，還有多少武功則另當別論。雖然如此，那股氣焰還在，還能興風作浪。為免動亂，幕府要牢牢地掌控他們，給每一顆腦袋都加上「緊箍咒」，日本的武士道由此逐步得以確立。所謂武士道就是武士的精神教條，並無成文法典，只在人心深處。佛教與日本神道和中國儒教為武士道提供了思想資源。佛教使武士淡定冷靜不惜命，神道給武士以對主君的忠誠，儒教敘五倫講忠孝更堪大用。

中國大儒朱熹的學說被幕府奉為官學，稱為「朱子學」，裡面那些存天理滅人欲、三綱五常、大義名分的說教，很受幕府歡迎。幕府起用朱子學儒林羅山為政治顧問，他組織學究編寫出《武士訓》、《武教小學》、《士道要論》等武士讀物，把武士操守理論化，引導武士對將軍盡忠。江戶時代日本的社會格局，類似於歐洲的中世紀，歐洲俗諺說：「我主君的主君不是我的主君。」日本也是這樣，武士各有主君，只忠於他的直接主君；大名的武士沒有義務忠於大名的主君幕府將軍。幕府想讓天下武士葵花朵朵向太陽，都忠於將軍，但沒有理論依據。

於是幕府打擦邊球，提出「尊王敬幕」的口號。怕曹操的遠比敬曹操的多，「敬幕」並不成功，「尊王」讓不食人間煙火的天皇沾了光，卻遠遠不是忠君；幕府豈肯大吹大擂天皇危及自己的統治？它不過是利用天皇的名分，標榜自己的合法性罷了。忠君的事是後來的明治天皇促成的。儘管明治維新廢除了武士的社會身份，卻把武士道向妖魔化發展了。那時候將軍、大名倒臺散夥銷聲匿跡，可盡忠的只有天皇了，他是全國人民唯一的主君。忠君情結發展到昭和時期，愚忠成了武士道。日本軍隊走向世界做盡壞事，殺起人來眼都不眨，眨眼就是對天皇不忠，虧欠了武士道。愚忠玷汙了正經的武士道，也把日本人變成了愚民。

林羅山對幕府有傑出貢獻，他還起草過一封致中國皇帝的信，信中說：「日本國主源（德川）家康業已統一日本，其德化所及，朝鮮入貢，琉球稱臣，安南、交趾、占城、暹羅、呂宋、西洋、柬埔寨等蠻夷之君主酋長，莫不上表輸貢……。」日本正致力於建立自我中心的小華夷秩序，沒有任何創造性就是想坐一坐中國的金交椅。從信中不難看出，中國的屬國都變成了日本的屬國。幕府另起爐灶創建日式華夷秩序，自稱為「大君外交體制」，在這個秩序中，日本為華，他者為夷。中國皇帝並沒看到這封信，自然也沒見有誰發脾氣。

西元一六四四年，大清國搬家，定都北京。日本很酸楚，因為就在半個世紀前，豐臣秀吉曾想遷都北京，結果「大業」未成。他們認為自己與中國同文同種，卻不能進北京做皇帝，清國僅憑地勢便利，一邁腿就取了中華，當然讓人妒忌！日本稱清國為「清夷」，認為明清鼎革是「華變於夷之態也」，因此，這個中華不純粹了，純粹的中華唯有日本了！日本真的也自稱中華、中國、神州等等。面對受過元、清統治過的中國，日本產生優越感，說唐土上的文化有了雜質，而日本承傳的漢唐文化沒有雜質，是中華文明的正宗。

自兩漢時起，日本正式向中國派出使者，進入華夷秩序。此後出入無常，時而做中國的屬國，時而背離而去，終竟衝破羅網，甚至要建立日式華夷秩序，凌駕於中國之上。

日本鎖國，列強欲撞開國門

大航海與併發症

日本對大清國自始就蔑視，並且與日俱增。初以東方視角看「清夷」，後來大清國移風易俗變夷習，可還是不行，這與西方東來有關。

西方東來，源於新航路的開闢。十五世紀以後，隨著指南針在航海中的運用，跨洋遠航成為可能。西元一四八七年，葡萄牙人迪亞士繞過好望角，沿東非海岸進入印度洋，繼而登陸印度，西方開闢出第一條通往東方的航路。

從西元一四九二年起，義大利探險家哥倫布連續四次西航，發現美洲新大陸。葡萄牙人麥哲倫由此更進一步，西元一五一九年十月航入太平洋。第二條通往東方的航路就這樣被開闢出來。隨後，西方人兩路出擊，越來越多的冒險家、海盜，漂洋過海來東方開創事業，開啓了人類文化融合的先河，近代社會也就拉開了大幕。

最早來到中國的是葡萄牙人。西元一五一七年，葡萄牙向中國派出了一個由八艘船組成的外交使團，他們在廣州上岸。不知道是怎樣報的家門，反正中國人賞他們的大號是「佛朗機人」，老百姓更喜歡叫他們「紅毛夷人」，對他們懷有今人見到稀有動物的那種好奇。佛朗機人鳴禮炮向中國致敬，驚動了廣州城。沒人知道紅毛夷人是從哪來的，更不知道無由開炮是為了什麼理由。團長皮雷斯先見到總督，後又進京給中國皇帝磕了頭。一切看似順利，沒想到事情發生了轉變，沿海有葡萄牙商人行為不端，觸怒了中國官府，官府奏請朝廷嚴辦佛朗機人。皮雷斯連坐，被關進廣州監獄，最後死在裡面。

緊隨葡萄牙之後，西班牙人、英國人、荷蘭人一波波來到亞洲。之後，更多的紅毛夷人來了，一步步深入亞洲腹地，是非就多了起來。西元一五四三年，一艘開往中國的葡萄牙商船遭遇狂風暴雨漂到日本。葡萄牙人的步槍讓日本人為之驚艷，出了高價購買，很快地日本人就學會造槍了。

以後，葡萄牙人進了日本的門，跟著又進來不同國別的紅毛夷人。進門後不老實待著，要傳什麼福音，全是上帝沒有將軍，這與日本的意識形態不同。那些販售貨物的商人，引得日本原本不多的金銀外流。幕府不能安寧，就想辦法整治他們。

從西元一六三三年十二月至西元一六三九年七月，近六年間幕府連頒五道鎖國令，宣布僅長崎一口通商，他處不許外國人上岸，禁止日本人與洋夷往來或貿易，違者處死。對歐美國家，日本僅與荷蘭貿易。之所以對荷蘭另眼相看，是因為荷蘭軍艦幫幕府鎮壓過農民起義，而且荷蘭是新教國家，不熱衷傳教，不會動搖幕府將軍的權威。

幕府閉關鎖國，世界翻天覆地。

西元一六八八年，英國發生「光榮革命」，資產階級登上政治舞臺，封建王權受到制約。

西元一七七六年，美利堅合眾國成立，也就是美國，北美大陸十三州擺脫英國殖民統治。

西元一七八九年，法國爆發大革命，以「自由、平等、博愛」為旗號，打倒了王權。

十八世紀後半期，英國工業革命，將人類帶入資本主義。在世界範圍內，商品市場的全球體系日漸形成，早期資本主義正以蓬勃的生機將每一根觸角伸展至全球的每一處角落。歐洲探尋的目光在亞洲搜索，日本關門閉戶也躲不過。

西元一七一一年，俄軍曾對日本北方及本州沿岸進行探測。

西元一七九二年，俄國派使節來日本要求通商，被幕府拒絕。同年，在中國發生的一件大事表明，英國也在打日本的主意，那就是馬加爾尼勳爵率領一個六百多人的龐大使團，來華謀求與大清國建立外交關係，他計劃回程時去日本。馬加爾尼的外交使命失敗，大概是掃了興致，沒去日本。

西元一八一一年，幾名俄國軍人登陸國後島，被松前藩扣押兩年之久。俄國人沒有止步，日本北方狼煙不斷，樺太、千島地區經常出現俄國人，與當地日本人頻頻發生衝突。

日本北方不太平，南方也不消停。

西元一八〇八年，英國軍艦菲頓號闖入長崎，威嚇長崎奉行（地方最高行政長官），要求提供補給品。

西元一八一八年，又有英國船來日本，開入江戶灣（今東京灣）浦賀港要求通商。

西元一八三七年，美國船馬禮遜號開進浦賀港，說要給日本送回海上難民，辦完好事後要求通商。日本也耍了陰招，不認恩公繼而炮轟馬禮遜號，好在美國來的不是軍艦。

西元一八三九年，大清國與英國爆發了揭開新時代序幕的第一戰，中國稱「鴉片戰爭」，英國稱「通商戰爭」或「貿易戰爭」。這場戰爭毀了大清國「訓練英夷下跪磕頭」的夢想，大清國醒了夢無路可走……，日本從「風說書」中聽見了炮聲。風說書是荷蘭人提供給日本的國際新聞，經日本翻譯整理後，給江戶幕府做「大參考」。原來，鎖國的幕府也想瞭解世界。從此，不斷有人來要挾日本，催逼開國，別走大清國的老路。幕府風聲鶴唳，草木皆兵，開始擔心日本鎖國的前景。

西元一八四四年二月二十五日，荷蘭軍艦帶來國王的書信，以鴉片戰爭為例，要求日本主動開國，免得淪為大清國的難兄難弟。

西元一八四五年二月，美國眾議院討論日本問題，一致認為美國有責任敦促日本開國。

西元一八五二年九月三十日，荷蘭商館傳來消息，說美國明年將派使來日本督促開國。果然，第二年美國人開來四艘黑色的軍艦，要給日本來個霸王硬上弓！

美國來日本叫關，主要有兩個原因。首先，與中國有關。他看中的中國市場，大英帝國已一馬當先。當時，蘇伊士運河尚未開通，英國來中國要走好望角繞遠。美國可以抄近路走太平洋航線，趕在英國前面。按當時船舶的續航能力，抄近路中途需要歇腳之地，美國選中日本當中繼站；其次，美國的捕魚船活躍在太平洋上，需要有塊基地對遇難船隻施救或用於常規補給，美國選中的還是日本。美國幾次向日本伸出和平的橄欖枝都被幕府拒絕。英國人在「事業」上的連連奏凱，逼得美國人著急：再不出手，英國一家就獨占了全亞洲！

因此，美國下定決心，不惜以武力衝破日本的鎖國令。

「撞門」引發的變故

西元一八五三年，美國海軍東印度艦隊司令佩里准將，奉命與日本交涉。七月八日，他率領四艘軍艦強行闖入江戶灣浦賀港。四艘軍艦艦體皆黑，打頭陣的兩艘是蒸汽動力軍艦，排水量都在三千噸上下。

日本人瞠目結舌嚇傻了眼！日本的風帆戰船不要說對戰，而是根本不堪一撞。美軍旗艦薩斯奎哈納號的桅杆上，高懸著一面十三條槓和三十一顆星的美國國旗。九十餘年後，也是在東京灣，戰敗的日本向美國為首的盟軍投降，舉行簽字儀式的美國軍艦密蘇里號上，不光有五十一顆星的星條旗迎風招展，還飄揚著這面三十一顆星的老國旗。

美國的艦炮露出森森的炮口準備隨時和日本對話。日本地方官打著哆嗦要求美國尊重日本特色，多元共存，日本不想與外國交往，長崎一口通商，有話去那兒好好說，江戶萬萬不可，這是幕府將軍所在地，是日本的心臟，儘管外夷嚮往，那也不能開放啊……。

佩里准將偏要剷除日本特色，就是要大鬧江戶，讓日本嚇到得心臟病！他堅持要見日本的「頭兒」，向日本遞交國書，美利堅合眾國政府強烈要求日本開國。日本人不敢接國書，告訴他大將軍健康有礙，這可不是瞎話，大將軍德川家慶身染重病，而且行將就木。佩里不管將軍死活，要求與將軍談判，不然就開戰，將軍可執白旗來見。他命令海軍陸戰隊登陸，艦炮驕傲地高昂著頭。

炮口下，江戶城在顫抖。僵持了三天，幕府扛不住了，派伊豆守備戶田氏榮代表幕府接美國國書，表示研究研究，明年答覆。佩里當即回答，明年他還會再來！佩里來了，幕府如臨大敵；佩里走了，幕府心有餘悸。因佩里率領的軍艦為黑色，故日本史稱為「黑船事件」。

幕府將軍德川家慶本來病重，佩里一來他的病加重了十分。佩里才走十天，德川家慶就死了。接班的第十三代幕府將軍，是他的四子德川家定。

該如何對付叩門的美國呢？幕府六神無主，讓正在江戶的大名傳閱美國國書，集體討論美國給日本帶來了「民主」！這些大名多是來參拜將軍的，順便也看一眼做了人質的老婆：按規矩，各藩大名要定期來江戶參拜幕府將軍，他們的妻子則要長期留住江戶為質。幕府要問他們的主意，真是太陽從西邊出來！結果孝明天皇居然破天荒地接到幕府的上奏！

首席老中[1]（將軍任命的幫手）阿部正弘收到反饋意見六十份，其中贊成開國的二十二份，想戰怕輸的十八份，堅持閉關鎖國不動搖的二十份。總之，大多數反對開國。

俄國人聽說美國人成了日本的座上客，也趕緊來下書，要求進門坐坐。這消息又刺激了美國，唯恐起個大早趕個晚集，讓俄國人把桃摘去。轉過年來，西元一八五四年二月十一日，佩里就來到日本要回話，這次他率領著七艘軍艦！

幕府不敢說不，談判在神奈川（橫濱）舉行。三月三十一日，雙方簽訂《神奈川條約》（又稱《日美和親條約》）。條約規定日本對美國開放下田、箱館（今函館），為美國過往船隻提供補給，保護遇難船員，給美國最惠國待遇。幕府本來鍾情於大君外交，建立日式的華夷秩序，不與西洋外夷接軌，結果半途上先讓美國拖下水，簽了第一個不平等條約。

美國開了頭，英國、俄國接踵而來，荷蘭更要沒完沒了地占便宜，他們都援引美國的先例逼日本簽約。日本左遮右擋，還是滿身中槍，二百年的鎖國體制被捅得遍體鱗傷，幕府逐個在不同版本的親善條約上畫了押。

按照《神奈川條約》，美國向日本派領事，在下田建領事館，掛星條旗。日本莫名驚詫，不知美國這是何意。日、美親善，沒等彼此熟悉就先鬧出誤會。原因是《神奈川條約》有日文、英文兩個版本，言詞不能對譯，日文版裡不見「領事」的蹤影，英文版裡卻真真切切。以誰為準呢？遊戲規則不是日本訂的，日本哪來來的解釋權？他們只能學習領會。美國領事哈里斯以英文版《神奈川條約》為依據給日本施壓，美國駐下田領事館於是建立起來了。

哈里斯做了名副其實的領事，館裡桌椅板凳才配齊，就逼著幕府趕緊談判！日本不得已又簽了美國的霸王合約《下田條約》，在《神奈川條約》的基礎上，美國登堂入室獲得領事裁判權。這就意味著美國佬來日本，就算殺人放火也不受日本的管控，全由美國領事說了算。

哈里斯得寸進尺，還要求簽署通商條約。幕府搞不清美國到底要挖多少陷阱，於是裹足不前了。荷蘭人來開導他們，再講「風說書」，說的是近鄰大清國，廣東水師拘捕了香港註冊船隻亞羅號上的海盜及走私嫌犯，英國以此藉口進行干涉。就這麼點事引發了噩夢般的「第二次鴉片戰爭」，英國人叫上法國人大打出手，已經給大清國備下兩份不平等條約等簽字呢！這新世界最大的特點就是沒地方說理去，該割一磅肉的時候不能吝嗇，不然就得大出血！聽了這段書，幕府人人面色如土。荷蘭人的勸說當然有用，幕府允許哈里斯來江戶談判。哈里斯成為第

1. 老中：江戶幕府的官職名。征夷大將軍直屬的官員，負責統領全國政務。

一位來到江戶的外國使臣。

西元一八五八年一月五日，雙方開始談判。日本方面談判的頭兒是老中堀田正睦。哈里斯充分利用日本因封閉隔絕而孤陋寡聞的弱點，連唬帶騙說英、法兩國大舉進入中國了，下一個目標就是日本。大清國都不是個問題，小日本能抵擋嗎？國是鎖不住的，唯一的出路是把門打開。哈里斯見老中堀田正睦驚魂不定的樣子，生了幾分惻隱之心，想日本就這麼一個明白人，若一棍子打死那是美國堵自己的路，得留著他談判，便換了循循善誘的招數，告訴他先和美國簽約，給美國當小兄弟有好處，英國、法國要想對日本動粗，看美國的面子也得讓著點。接著，哈里斯拋出了美國的條約草案。

按照美國的邏輯談了十三輪，才把事情搞定了。誰知，幕府不敢簽字，推說要經天皇敕許。美國人挺納悶，天皇是個什麼玩意兒呢？正式簽約被推遲到四月十八日。令人意外的是，當傀儡的天皇竟敢說不同意！

此後，這件不得敕許的條約成為社會動蕩的導火線，尤其是中下層武士，他們要求幕府「尊王攘夷」，拒簽條約。本來，幕府一直致力於培養武士和日本人「尊王敬幕」的情懷，結果被反對條約的人搞了修正主義，變為「尊王攘夷」，更沒想到這只是開頭，下一步還要「尊王倒幕」呢！

四月簽約泡了湯，直到五月都沒簽成！雪上加霜的是，將軍德川家定雖年僅在而立，可惜是個藥罐子，病懨懨地不說，偏還絕嗣無後。他的旁支裡有兩位接班人，一位是水戶藩主德川齊昭的兒子德川慶喜，時年十七歲，家住在江戶城一橋門附近。一些藩主大名想扶正他，時稱

「一橋派」；而以彥根藩主井伊直弼為首的另一派勢力，要推舉紀州藩主德川齊順年僅八歲的長子德川慶福，他們被稱為「紀州派」。德川慶喜是現任將軍德川家定的遠房親戚，德川慶福是德川家定的堂弟。一橋派主張攘夷，反對和美國簽約；紀州派則擁護幕府對外開放，贊成和美國簽約。兩派的對立把將軍繼嗣與條約敕許兩件事糾纏在了一起。

最終紀州派占了上風，幕府任命井伊直弼為大老；大老是一種臨危受命的角色，代表將軍主持幕府，位在老中之上。井伊直弼以權壓人，排擠一橋派，擁立德川慶福為將軍的繼承人。慶福後來成為第十四代將軍，改名德川家茂。總不簽約，美國領事哈里斯焦急，催促日本說，英、法已經把大清國收拾乾淨，等他們倆騰出手來就來收拾日本，必須和美國簽約日本才有安全保障。幕府已到了危急關頭。

西元一八五八年七月，大老井伊直弼未經天皇敕許便與美國簽訂《日美友好通商條約》，規定開放神奈川、長崎、兵庫、新潟、箱館五港，承認美國在日本享有公民居住權和公使、領事駐在權及領事裁判權、協定關稅權。

日本主權受損，自己地面上的事自己不能做主，全由美國看著辦，日本情何以堪呢？矛盾本來就尖銳，荷、俄、英、法諸國還追在美國屁股後面來湊熱鬧！日本一年裡連簽五國條約，西元一八五八年，日本年號安政，故此，史稱「安政五國條約」。

「黑船事件」和「安政五國條約」，讓日本出賣了主權，出讓了利益，它的副作用是促使日本人覺醒。以往日本人最高的共識是藩，二百六十多藩各是獨立王國，互相猜忌，勾心鬥角。如今，不平等條約讓所有的藩都有不良反應。這讓日本人意識到所有的藩都是一條船上的同伴，為了擺脫同一條枷鎖，應該將異己的外夷驅逐出去。

大老井伊直弼未經敕許就與外國簽約，獨斷專行擁立德川家茂（慶福），各藩要鬧事的、反幕府的，都對他口誅筆伐。世世代代對將軍避之猶恐不及的天皇，竟給水戶藩下「密敕」批評幕府，指出幕府不該一意孤行與外國簽約。過去，天皇若有「天意」，必須經由幕府轉達諸藩，現在顛倒過來了！這份「密敕」標誌著日本天皇開始干政。

幕府迫於西方的武力威脅而開國，享有條約特權的西方列強向日本傾銷商品，低價購買日本的生絲、茶葉、棉花等農產品，使日本逐漸淪為列強的商品市場和原料供應地，導致日本國內物價飛漲，原材料供應緊張，農村生活貧困，城市人口失業嚴重。

日本社會亂象叢生，農民起義與市民暴動層出不窮……長期受幕府壓制的強藩（如四大諸侯薩摩、長州、土佐、肥前）大名，對幕府早已懷恨在心，未經敕許就簽訂條約給了他們反幕府的強力藉口，他們已不滿足於尊王攘夷，還想「尊王倒幕」。不少藩主大名站到一橋派這邊，成為幕府的敵對勢力。而天皇反對開國、反對簽約，也使朝廷與幕府對立起來。

幕府孤立，形勢嚴峻。大老井伊直弼毫不手軟，遍施高壓，不管是皇族、公卿、大名、藩士、幕臣，順者昌逆者亡。西元一八五八年，井伊直弼對一橋派及倒幕人士實施大逮捕，日本史稱「安政大獄」。

「安政大獄」非但沒能將倒幕勢力鎮壓下去，反而更加激發社會對幕府的復仇心理。西元一八六〇年三月三日，水戶和薩摩兩藩的下級武士，在江戶城櫻田門外刺殺了井伊直弼，史稱「櫻田門外之變」。「安政大獄」與「櫻田門之變」讓幕府和倒幕勢力的鬥爭白熱化了。

從幕府政治走向維新

井伊直弼的繼任者安藤信正，化強硬為懷柔。一方面停止對一橋派的迫害，另一方面撮合幕府與朝廷聯姻，要把孝明天皇的妹妹和宮公主迎娶到江戶來做將軍家茂的夫人。天皇准請，此事史稱「公武合體」。公指以天皇為代表的朝廷，武指以將軍為代表的幕府。「公武合體」獲得了某些藩主和上層武士的支援，他們在幕府與倒幕派之外形成「公武合體派」。

下級武士的勢力，在長州藩最為強大，足以左右藩政，他們把「尊王攘夷」確定為本藩的政治方針。在京都朝廷內部也有一批尊王攘夷的公卿大臣，雙方聯手對幕府施壓，迫其「攘夷」。兩百多年的閉關鎖國，培養了民間的排外情緒，日本不斷發生「攘夷」事件。

西元一八六一年一月十五日，美國公使館祕書休斯肯在江戶街頭無端被殺。

五月二十八日，水戶藩武士襲擊了設在東禪寺的英國公使館，時過不滿一年又發動了第二次襲擊。連續兩次「東禪寺事件」，使大英帝國受到人員和財產損失。

西元一八六二年九月十四日，又發生了「生麥事件」，在橫濱生麥附近，幾名騎馬的英國人路遇前呼後擁的薩摩藩主島津久光，照規矩應當下馬侍立，可是英國人照走不誤，想要穿過藩主的儀仗。保駕的武士刀就出了鞘，當場砍死一個，重傷兩個，唯有其中一個英國人的妻子倖免。

一而再再而三，大英帝國的臣民竟被刀劈，是可忍孰不可忍！大英帝國找幕府算帳。幕府一問三不知，讓他們找薩摩藩，原來找錯了冤家！美國人發現了天皇，英國人發現了藩；天皇、幕府（將軍）、藩（大名），小小日本龍頭多，不知哪個是真神。到底誰是日本的主人呢？東洋制度讓西洋人好長時間看不明白！

公武合體後，朝廷不斷督促幕府「攘夷」，長州藩與朝廷內部的「攘夷」勢力聯合起來對幕府施壓。將軍德川家茂做了天皇的妹夫，迫於朝廷的壓力，答應將五月十日確定為「攘夷日」。西元一八六三年這天傍晚，長州藩率先發難，炮擊通過下關（又稱馬關）海峽的美國船，將「攘夷」付諸行動。

五月二十三、二十六日兩天，長州藩又炮擊法國、荷蘭艦船。長州藩是「攘夷」先鋒，受到朝廷的表彰，卻遭到西方列強的報復。

六月一日，美國軍艦炮擊下關，擊沉了長州藩兩艘軍艦。

六月五日，法國海軍也來炮轟下關。

六月二十八日，七艘英國軍艦開進鹿兒島灣，要求薩摩藩懲罰生麥事件的人犯，為受害者支付賠償金。薩摩藩予以拒絕。

七月二日，英國艦隊對準鹿兒島的炮臺和市街開炮，薩摩藩奮起反抗。由於氣候、風浪等原因，倒是英國的人員傷亡大，但薩摩藩的炮臺幾乎全被炸成廢墟，新建起的一些近代工業設施毀於炮火。薩摩藩沒有能力戰鬥下去，被迫坐到談判桌邊，賠了英國人兩萬五千英鎊。這次事件，史稱「薩英戰爭」。

在京都朝廷裡，不少公卿都是「攘夷派」。長州藩與他們合謀，以天皇的名義發布了「攘夷親征」的敕書，這就意味著幕府靠邊站，朝廷將取而代之「攘夷」。「攘夷親征」是長州藩與朝廷「攘夷派」公卿策劃的，薩摩藩不願意看到朝廷受長州藩左右的局面，況且，薩英戰爭後薩摩藩不再主張攘夷。為扼制長州藩，薩摩藩與會津藩密謀發動政變。

西元一八六三年九月三十日，是舊曆八月十八日，他們串通幕府及朝廷裡的「公武合體派」，先發制人，把「攘夷派」公卿解職，以武力將長州藩攘夷勢力逐出京都，由薩摩藩取代長州藩擔任堺町御門的警衛。史稱「八一八政變」。

長州藩攘夷派不甘心失敗，第二年捲土重來，七月下旬開始進攻京都，打到了皇宮附近。但在與薩摩、會津兩藩軍隊的交戰中失敗，史稱「禁門之變」或「蛤御門之變」。禁門指皇宮之門，「蛤御門」是京都御苑之門，薩摩藩、會津藩、桑名藩聯軍在此築有陣地。幕府乘勢命令各藩征討長州藩，但各藩都有自己的算計，既與長州藩有千絲萬縷的聯繫，又不情願幕府恢復元氣，都不積極。幕府也識相，見好就收，發出撤兵令。這是日本史上的第一次「征長」戰爭。

長州藩禍不單行，上年「攘夷」炮擊列強艦船，列強協調立場後找它秋後算帳。西元一八六四年九月，英、美、法、荷四國組成聯合艦隊，連續三天炮擊下關，海軍陸戰隊登陸，占領了下關炮臺。此事史稱「下關戰爭」。長州藩慘敗投降，與四國簽約，幾乎答應了四國所有的要求。四國制服了長州藩，轉過頭來再逼幕府擴大開放，為一系列外國人遇襲事件付出代價。

薩摩、長州是日本的兩大藩，也是攘夷勢力的中堅，都被列強的大炮轟過了，日本攘夷之勢大大受挫。長州藩內，以下級武士為核心的「攘夷派」受挫，以上層武士為核心的「公武合體派」得勢，他們清洗「攘夷派」，向幕府獻媚。失勢的「攘夷派」認識到攘夷行不通，倒幕的意志更加堅定。雖然沒了藩兵，但他們有一支自己建立的武裝「奇兵隊」（未來的日本陸軍）。通過武鬥奪權，他們重掌藩政，改弦易轍放棄「攘夷」，以「討幕」為方針，開始接近英國。

列強在日本總被攘夷，感到原因全在條約不被敕許上，便把目光轉向天皇。列強決定對日本朝廷施加壓力，迫使天皇屈服。西元一八六五年九月，英、美、法、荷四國聯兵，派九艘軍艦開進兵庫（神戶）海面示威。兵庫是京都的門戶，頑固的孝明天皇備受震懾，答應敕許。英國看到幕府的衰落，也看到昔日攘夷的薩摩藩和長州藩示好，漸漸調整了對日政策，要扶植它們建立以天皇為中心的雄藩聯合政權。

英、法兩國有許多歷史宿怨，是傳統敵國，兩國的對日政策不約而同也敵對。英國要拋棄幕府，法國卻要扶持。法國公使羅修企圖壟斷日本的生絲貿易，推動法國政府援助幕府。英國和法國的對立，也使得日本的討幕勢力與幕府勢力的矛盾更趨尖銳。

第一次征長戰爭不了了之，幕府不甘心，還想征討長州藩。但此一時彼一時，幕府再也不能拉攏薩摩藩同此大業。薩摩藩下級武士日益壯大，不斷有人走上藩政的領導崗位，他們暗中支援長州藩「倒幕」。西元一八六六年二月，兩藩強強聯手，結成薩長同盟。幕府偏在這個時候發動第二次「征長戰爭」，出兵令下達到薩摩藩被拒絕。第二次征長戰爭一開始就蒙上陰影，果真出師不利，七月二十日，將軍德川家茂在出征大阪城時突然病故。戰爭持續時間不足兩個月，幕府慘敗潰退，狼狽收場。

十二月五日，家茂曾經的競爭者，一橋家的德川慶喜成為第十五代將軍。幕府氣數將盡，不斷受到強藩的挑戰。不識相的法國公使羅修枉費心機，還想讓奄奄一息的幕府起死回生。薩長同盟在英國的支援下，要做日本的主人。法國正困於和德國的矛盾，沒有餘力與英國爭鋒。可憐的幕府終未得到強而有力的外援。

更為不幸的是，西元一八六七年一月三十日，孝明天皇突然死去。他熱衷於「攘夷」不贊成「倒幕」，這倒不是他對凌駕於天皇之上的幕府有感情，而是他擔心打倒幕府政局失控，導致國家混亂。無形之中他便做了幕府的保護傘。孝明天皇之死，給了幕府沉重的一擊，孝明天皇十五歲的次子睦仁繼位。

薩長同盟要用武力打倒幕府，建立雄藩聯合政府。主張公武合體的土佐藩不情願薩長同盟坐大，另闢蹊徑提議「大政奉還」，在朝廷之下建立一個各藩參與的合議制政府。土佐藩的理由是，幕府的權力來自朝廷對其委以大政，而幕府開國與夷狄勾結，其行為與「征夷大將軍」的稱號不符，故應將大政交還朝廷而不能交給薩長同盟。土佐藩給幕府寫提案，陳明利害，讓幕府大政奉還。德川慶喜考慮，朝廷被架空了幾百年，早已喪失了執政能力，縱然交權，也是出手不離手，朝廷還得交回給幕府，而且還能以退為進，使薩長同盟失去倒幕的理由。所以，德川慶喜接受了這項建議，上奏朝廷，要求大政奉還。然而，此前一天，薩長同盟溝通朝廷裡的「倒幕派」，先下了「討幕密詔」，堵死了和平的道路。幕府只好調兵遣將應戰。雙方對峙，要大擺戰場，朝廷又出面百般阻止。

幕府低估了朝廷的執政潛力。西元一八六八年一月三日，朝廷發布「王政復古大令」，宣布成立以天皇為中心的新政府。第二天又宣布廢除將軍一職。幕府挨了一棒，並不甘心失敗，謀求列強的支援，英、法、美、義、荷和俄羅斯都求到了，大家作壁上觀，宣布中立。

幕府鋌而走險，以「清君側」的名義討伐薩摩藩。西元一八六八年一月三日，幕府的軍隊與薩長同盟聯軍在京都附近的鳥羽、伏見開戰，包括倡導「大政奉還」的土佐藩，都派兵加入聯軍。由此展開了一系列幕府與「倒幕派」的戰鬥，歷時一年半之久。因這年按舊曆是戊辰年，故史稱「戊辰戰爭」。

最終，幕府敗北，德川慶喜逃回江戶，沒多久就開城投降了。新政府向列強通報，日本王政復古，天皇有權了，保證那些對外條約仍然有效。於是，各國也來祝賀新政府，見到了深宮裡的天皇。

一八六八年四月六日，新政府頒布《五條御誓文》作為施政綱領，核心內容是：廣興會議，萬機決於公論；上下一心，盛展經綸；官武一體，以至庶民，各遂其志，毋使人心倦怠；破除舊有之陋習，一展天地之公道；求知識於世界，大振皇國之基業。新政府還提出「富國強兵」、「殖產興業」、「文明開化」的三大政策。

日本由此出發，走上維新之路，朝向資本主義前進。

西元一八六八年九月三日，睦仁天皇頒詔，改江戶為東京。九月八日，再下詔書改元明治，他就是大名鼎鼎的明治天皇了！「明治」一詞，出典於中國古籍《易經》中「聖人南面而聽天下，嚮明而治」一句。西元一八六九年十月，天皇從京都移居東京。從此，東京作為首都成了日本的政治和文化中心。

西元一八七一年十一月，明治政府向歐美國家取經，派出以右大臣岩倉具視為首的考察團，對歐美國家進行了歷時一年零九個月的考察。通過考察，日本破滅了對民主的嚮往，對歐美國家產生了疏遠感，對普魯士卻產生了似曾相識的親近感。考察團認為，民主之下對官不尊，議會天天爭論議而不決。在他們看來，法、美兩國都是共和制，都把總統當賊防，制約過多；英國是君主立憲制，君主統而不治，實為無權。兩種體制均不符合日本的國情。由於過分注重符合日本的國情，而忽視了學習歐美的意義正在於改造國情。為了符合國情，唯見普魯士皇帝名實相符有權威，因此，日本未來的憲法不應採取歐美模式，該效法普魯士。使團的重大使命就是為制定明治憲法和創立近代政治體制導向。對普魯士政體的過多關注和過分尊重，使日本變本加厲創立出天皇制，可謂聚歐美之鐵鑄成大錯，起手錯走了路頭，往後作孽不斷，終無好收場。

從佩里叩門到安政五國條約，日本險些掉進殖民地的深淵；與大清國相比，水深火熱毫不遜色。歷盡劫波，日本避免了大清國的悲慘命運。大清國洋務破產，山河破碎，直走向國家滅亡的不歸路；日本富國強兵，脫亞入歐，實現了令人嚮往的現代化。

求補償，打朝鮮的主意

朝鮮，不冷不熱的西鄰

明治政府在外交上有兩件要務，一是與列強修改不平等條約，謀求相互平等的國家關係；二是與東亞鄰國交往，即要和大清國、朝鮮攀攀親緣。

兩件大事都不容易辦。第一件意味著要讓列強放棄既得利益，這與虎口奪糧無異。日本找他們談，他們找藉口搪塞，說日本還不夠文明，不能享受「正常國家」的待遇。

第二件也不可能一蹴而就。大清國是大國，講和諧而不尚同，一方面是它不給別國平等要做宗主，忙華夷秩序；另一方面是別國不給它平等，它也掙不脫霸王合約。日本領教過華夷秩序，不想再玩那套把戲；若論「另一方面」，力尚不逮又眼高手低。日本改天換地是劃時代的大事，大清國不來祝賀，日本也有必要去通報一聲。歐洲列強把大清國欺負成那樣，但也還認它是亞洲的主人，日本不能不面對。

無論為什麼，日本與兩家走動起來才好。朝鮮北鄰大清國，東北一隅與俄羅斯接壤，東南隔朝鮮海峽與日本相望。後來日本名相伊藤博文說過：朝鮮是一把刺向日本腹部的利劍！僅就自然地理而言，這話非常經典，若再考慮政治地理的因素，這話簡直就是真理。起碼日本人這麼看！為免太阿之柄握於他人之手，日本對朝鮮不捨思念。朝鮮是大清國的屬邦，歲修職貢，只看大清的臉色，對日本總愛理不理的。朝鮮可以不理日本，日本卻不可以不理朝鮮！

日本學者井上清在他的名著《日本的軍國主義》一書中指出：「朝鮮人民是傳授農業、陶器、紡織等進步生產方式和文字、學問的恩人。」此言不謬。中國是文化母國，日本接受中國文化，最初以朝鮮為中轉。日本、朝鮮關係的基調主要是平等相待，隙怨難免卻並無刻骨銘心的仇恨。然而，十六世紀末葉，豐臣秀吉的入侵，給兩國關係蒙上陰影。此後，朝鮮不願和日本打交道，甚至不接受幕府直接向朝鮮派遣使節。幕府無奈，遇事一般通過對馬藩代理，而對馬藩的使者，朝鮮又不准進入王京漢城，只能止步於釜山或東萊，由地方官接見。朝鮮與日本兩國關係長期維持在低水平。

幕府末期，日本開國以後，列強都來日本揩油。日本需要補償又惹不起列強，於是暗中打朝鮮的主意。被西方列強逼開國的日本，端著一副老油條的派頭，也要朝鮮開國，與日本親善。朝鮮交鄰的原則是：「西不失禮，東不失信。」即對西北的大清國謹守宗藩關係，不失屬國之禮；對東南的日本平等相待，不失信義。撫摸著歷史的傷痕，朝鮮與日本打交道小心翼翼，不進行高層對話，努力維持對馬藩傳話的現狀。

西元一八六九年一月，日本通過對馬藩向朝鮮通報，明治政府成立，維新了，欲修兩國鄰好，互通貿易，建立西洋式外交關係。對馬藩來使呈上國書，上面說：「爰我皇上登極，更張綱紀，親裁萬機，欲大修鄰好。而貴國之於我也，交誼已久矣，益篤懇款，以歸萬世不渝，是我皇上之誠意也。乃遣使節以尋舊悃，唯希照亮……。」國書喜氣洋洋，一團高興。可對朝鮮而言，明治政府換掉江戶幕府，卻換不掉日本人，依舊還是換湯不換藥！朝鮮不改變疏遠態度，要找藉口往外推日本。日本國書中的「皇上」二字，便成為被拒絕的理由。日本求知識於世界，已經建立起世界觀，但朝鮮是華夷秩序中最穩定的屬國，堅守天下觀，天下只能有一個皇上，朝鮮自己的頭兒才稱國王，是皇上封的；皇上最為上級而唯一，唯大清國為我「皇上」，認為日本沐猴而冠，自不量力，也敢在朝鮮面前稱「皇上」？朝鮮不承認日本皇上，不接日本的國書。

日本國書被拒，大為羞憤。參與木戶孝允提議「征韓」，他是明治政府中首倡征韓的人，不是激情報復，而是謀劃一樁國家長久的事業。他說：「韓地之事乃皇國建立國體之處，推廣今日宇內之條理故也。愚意如為東海生輝，應以此地始。倘一旦動起干戈，不必急於求成，大致規定年年入侵，得一地後，要好自確立今後策略，竭盡全力，不倦經營，不出兩三年，天地必將為之一變。如行之有效，萬世不拔之皇基，將愈益鞏固矣。」木戶孝允毫不諱言對朝鮮的侵略，設想要「年年入侵」。

西元一八七〇年初，日本政府再派使臣入朝通好，又被拒絕。使臣佐田白茅回國後上書天皇，說君辱臣死，朝鮮是不共戴天之寇仇，不可不伐。顧忌到大清國，奏書又稱，朝鮮仰正朔於清國，因此欲伐朝鮮，當遣使清國，如果清國不聽甚至出兵援朝，那就一併伐之。

當年五月，日本外務省提出《對朝政策三條》：一是斷絕與朝鮮的一切往來，待國力充實之後，再行處置；二是遣使率兵赴朝，迫其定約，如若不成，動用干戈；三是先向清國遣使，締結條約，取得與清國同等地位，迫使朝鮮就範。

該文件稱：「朝鮮服從支那，唯受其正朔節度。因而先對支那派遣皇使，達成通信條約等程式，其歸途至朝鮮王京，在皇國與支那確定比肩同等之格後，朝鮮必然位低一等而用禮典，彼方將無異議。萬一猶有不服，再論及和戰，也因遠同清國達成通信，則不易發生壬辰之役（指西元一五九二年豐臣秀吉征韓）明軍援助朝鮮之事，可謂遠交近攻之理也。與朝鮮交際相比，與支那達成通信雖非急務，但從懷撫朝鮮而論，乃是最急之程式。」如此一來，朝鮮問題轉化為清國問題。朝鮮為大清國屬國，日本若與大清國建立起平等關係，朝鮮自然就成為下級。所以，要征朝鮮得先和大清國打交道，況且大清國占據亞洲霸主的寶座，亞洲的事，列強還是找大清國幫忙，日本新政權也需要大清國承認。為此，日本決定「對清外交先行」，先和大清國締結西方式外交關係，回過頭來再對付朝鮮。

李鴻章對日懷柔

西元一八七四年，日本派外務大丞[2]柳原前光來華，試圖按照西方模式與清國建立新型的國家關係。他途經上海，到達天津，見到直隸總督李鴻章。柳原前光隨身攜帶了一封日本外務卿清原宣嘉致北京總理衙門的信，內容要求兩國修好，訂約通商。信中說：「方今文明之化大開，交際之道日盛，宇宙之間無有遠邇矣。我邦近歲與泰西諸國互訂盟約，共通有無；況鄰近如貴國，宜最先通好、結和親。而唯有商舶往來，未嘗修交際之禮，不亦一大闕典乎？」

日本的熱臉貼了大清國的冷屁股，總理衙門覆函搪塞：「中國與貴國久通和好，實際往

2. 大丞：明治初期的官職名，由高階軍官擔任，現稱大臣。

來，已非一日。緣貴國系近鄰之邦，自必愈加親厚。貴國既常來上海通商，嗣後仍即照前辦理，彼此信任。似不必更立條約，古所謂大信不約也。」自豐臣秀吉征韓以後，中、日雙方不復有官方往來，只有民間貿易、走私貿易。日本長崎建有唐館，算是民間交往的歇腳地。這次日本要求官方交往，總理衙門冠冕堂皇的答覆，就是拒絕。

李鴻章不以為然。柳原前光初見他時曾說，列強相逼，日本力難獨抗，特別希望與清國通好，相互提攜，協力相助。李鴻章深有同感，並且覺得如果拒絕日本，它拉攏列強，大清國要給面子，還得交往，反把日本推給了列強。

要籠絡日本，為我所用，不能讓列強給拉過去。他勸總理衙門：「日本……正可聯為外援，勿使西人倚為外府。」李鴻章不光是直隸總督，還兼銜北洋大臣，有一定的外交權力，並且是扶保大清國的功臣，說話有分量。總理衙門王大臣恭親王奕訢也怕日本拉英、法等國從中作梗，到時候卻之不可，允之示弱，反而尷尬，便沒給日本一個說死的答案，只說來年再談。

一石激起千層浪，不少士大夫反對。安徽巡撫英翰等人上摺子，說日本是臣服朝貢之國，若允與訂約通商，是於英、法之外，又添一大患，應該明示大意，以絕非禮之求。在兩廣總督英翰的腦中，天下就一個核心中國，其餘都是屬國。歐洲列強把大清國按在地上簽條約，兒子把老子打了不說也罷，日本哪有資格與中國平等訂約、享受通商的恩惠呢？

總理衙門把英翰的奏摺抄送疆臣討論。李鴻章致函總理衙門，反駁英翰說：「該國向非中土屬國，與朝鮮、琉球、越南臣服者不同，若拒之太甚，勢必因泰西各國介紹固請，彼時再准立約，使彼永結黨援，在我則更為失計，自不如就其求好之時，推誠相待，俯允立約，以示羈縻。」他進一步指出：「日本近在肘腋，永為中土之患……籠絡之或為我用，拒絕之則必為我仇。」

李鴻章的觀點得到兩江總督、南洋大臣曾國藩的支援。曾國藩也上奏朝廷說：「日本國兩百年來，與我中國無芥蒂之嫌，今見泰西各國，皆與中國立約通商，援例而來請，叩關而陳辭，其理甚順，其意無他也。」他還展望了立約的前景：「偵探彼族動靜，而設法聯絡牽制之，可冀消弭後患，永遠相安。」

曾、李本為師徒，各創湘軍、淮軍，鎮壓太平軍，拯救了大清國。師徒聯手，力排眾議。總理衙門請旨與日本開談。聖諭恩准。

西元一八七一年七月五日，以大藏卿[3]伊達宗城為全權大使、外務大丞柳原前光為副使的日本使團，離開橫濱港前來中國天津。清廷指派李鴻章為全權大臣，與日方談判。日方的談判思路是以西方列強與日本簽約的框架來套大清國，自己占據列強的位置。他們提出作為談判基礎的草案，包括單方領事裁判權、協定關稅權、在中國內地貿易權等等，要求「准予西人成例，一體定約。」日本雖還是個小國，口氣倒是挺大的！

大清國豈能讓日本遂願！李鴻章提出了清方的草案，基本原則是雙方對等。日本沒有國力作後盾支撐自己的主張，談到最後倒是以李鴻章的草案為基礎達成了協定。

3.　大藏卿：日本財務大臣前身，是日本財務省的最高首長，同時具有國務大臣身分，為日本內閣中最重要的職位之一。

西元一八七一年九月十三日，李鴻章與伊達宗城正式簽訂《中日修好條規》和《中日通商章程》。規定雙方互派使節，互設公使館和領事館。在彼此的開放口岸進行貿易，對等地享有領事裁判權。日本試圖單方面享有特權，與歐美各國一體均沾在華利益等等，一樣都沒實現。但日本獲得了與大清國平等的名分，這樣，在朝鮮面前就能踮得起腳來。

李鴻章知日本有謀朝鮮之心，在條約中設下防範條款，《中日修好條規》第一條規定：「嗣後大清國、大日本國倍敦和誼，與天壤無窮。即兩國所屬邦土，亦各以禮相待，不可稍有侵越，俾獲永久安全。」

所謂「所屬邦土」，李鴻章指的就是朝鮮，事後他還說「實欲預杜其意」。第二條牽動了列強的神經，它規定：「兩國既經通商友好，自必互相關切。若他國偶有不公及輕藐之事，一經知照，必須彼此相助，或從中善為調處，以敦友誼。」李鴻章幻想把日本「聯為外援，勿使西人倚為外府。」

西方列強如美國、德國誤解清、日訂了「攻守同盟」，要求日本解釋。日本政府也覺得條約需要修改。次年五月，柳原前光再來，提出兩國既結和誼，遇事從中調處，是條約應有之意，不必特別設立條款，故第二條應刪掉。而第十一條規定兩國商民不得攜帶刀械，違者議罰，刀械入官。可日本國內不禁帶刀，因此，也該刪除。李鴻章堅持成約不可改，予以拒絕。協商不成，日本又不好反悔，結果全讓大清國如了願。

日本對清外交先行，卓有成效。在列強眼中，大清國是東方道路上的主人，日本明治新政權獲得了大清國的承認，而且既得隴複望蜀接近了朝鮮。朝鮮是大清國屬土，清、日平等締約，日本還不是朝鮮的上國嗎？明治外交邁出了堅實的一步，「日出之國」將出現在東方的地平線上！

劍指臺灣，踩大清後腳跟

可做文章的琉球國

在清、日修好條規御批換文前夕，臺灣發生了一樁意外案件，影響到了兩國關係。西元一八七一年十月十八日，六十多名琉球船民遇颱風漂流至臺灣，其中五十多人被臺灣牡丹社原住民所殺。琉球是群島王國，列島像一道弧影自東北向西南綿延一千二百多公里，縱貫於日本九州島和臺灣之間。

西元一三七二年（明洪武五年），明太祖朱元璋向琉球國王頒下冊封詔書，收琉球入華夷秩序為屬國。從此，琉球向中國稱臣，改奉中國正朔，間歲一貢，至清光緒五百年間從未中斷。琉球與日本則隔海相望，兩國有貿易往來。西元一六〇九年，日本薩摩藩主島津家久發兵入侵，擄琉球國王至鹿兒島，逼其進貢。琉球終成兩屬，一身二許。

十九世紀以後，琉球國又吸引了列強的目光，英、美、法、俄的艦船不斷駛入琉球港口，提出友好、貿易、布教等要求。西元一八五四年，美國准將佩里完成第二次日本之行後，也去了琉球。七月，兩國簽訂《琉美修好條約》。第二年十一月，琉球又與法國簽下《琉法修好條約》。根據條約，琉球先後成了美國和法國的海上補給地，允許「友好」、「貿易」、「布教」等行為。

上述種種條約簽署，琉球皆一次次向大清國報告，然而，大清國只感受到了藩屬的忠心，並沒有意識到華夷秩序受到了威脅。

琉球夾在清、日之間，又有列強相問，難以維持現狀。英國人巴爾福在《遠東漫遊》一書中，針對琉球的兩屬狀況指出：「**這種國家所處的位置如此令人絕望，以至於在歐洲人的思維方式下，我們很難想象它的存在能維持一年。**」對於琉球，清國是棄是取，日本奪與不奪，都必須做出決策，這是一場對兩國政客膽識與魄力的考驗。

與大清國麻木不仁、遲鈍反應相反，日本十分敏銳，立意高遠。他們認為琉球勢孤，若不收進來，不是便宜了清國，就是丟給了列強。日本決定要收琉球，做法上求穩妥分兩步走，第一步是將其變為日本傳統意義上的藩。明治政府正在趨向中央集權，要把全國的二百六十多藩盡數廢除，改制為縣，結束封建藩閥的割據，完成國家的統一。這就注定了收琉球的第二步，是要把它加入到內政改革行列變成縣，也就是完全混同為日本任意的一個縣！

琉球船民遇害案，恰巧就發生在日本醞釀要奪取琉球的期間，這給了日本一個藉口。西元一八七二年九月，天皇下詔收琉球王國為日本琉球藩，封琉球國王尚泰為日本琉球藩王。這等於是把獨立的琉球王國吞作日本傳統意義上的藩了！這是日本做出的「第一次琉球處分」。強收琉球之後，自然會衍生出「琉球人便是日本人」的幻覺。琉球船民的遇害，終引出日本兵略臺灣的一段故事。

日本政府先向美國外交官諮詢——西元一八六七年美國商船羅發號遇難，十三人漂流至臺灣屏東登陸。高山原住民非但不加救援，反將他們全部殺害。美國駐廈門領事李仙得曾為此與清廷交涉。相隔幾年，悲劇又發生在琉球船民身上。清廷失政，難辭其咎，對不起屬國琉球。李仙得是受諮詢者中具有實務經驗的一個，他是軍人出身，給日本的建議也是軍人式的：出兵臺灣，自行解決。

登陸臺灣，投石問路

西元一八七三年四月，日本外務卿副島種臣和外務大丞柳原前光要來華完成兩大使命，一是換約，以履行《中日修好條規》的法定程序；二要祝賀同治皇帝大婚及親政。天皇授權他們與清國談判臺灣土著殺害琉球船民案。天皇說：「朕聞臺灣島生番數次屠殺我國人民，若棄之不問，後患何極！」他表示，如果清廷不以生番地為其所屬，不接受談判，當任由朕做出處置；如果清廷以臺灣全島為屬地，推脫責任不接受談判，日本應辯明清廷失政情況，論責生番暴行。如清國不服，以後當任由朕做出處置。

副島種臣和柳原前光來天津與李鴻章換約。從此，清、日兩國在西方條約制世界體系的框架下，正式建立起近代意義上的外交關係。換約後，二人以祝賀同治皇帝大婚及親政為名進京，要與清廷交涉琉球船民遇害案，奇怪的是他們對李鴻章保守了祕密。

在京期間，直接出面和大清國交涉的是柳原前光。就日本方面提出的問題，總理衙門大臣毛昶熙回答：臺灣之民向有生熟兩種，服我朝王化者為熟番，已設府縣施治；未服者為生番，姑置之化外，尚未甚加治理。生番之橫暴未能制服，乃我政教未逮所致。這番話奠基於華夷秩序原理，但華夷秩序原理與西方的國際法原理不接軌，毛大臣所說的這種「化外」，國際法視為「無主地」。所謂「無主地」，並非要荒無人煙才算數，而是指一切未建文明國家之地，土著野蠻人的存在根本不被考慮，還不如無人島和無人區。那是一個瓜分世界的時代，歐洲列強開疆拓土的事業，不正是征服了一塊塊野蠻人的「無主地」而成就的嗎？依照西方列強帶到東方的國際法，如果說臺灣島上有大清國政權效力不及的地方，那麼，日本若有足夠的實力，動武征伐、收編管治，並非不可行。

柳原前光果然就進逼了一步，他指出對於生番既然貴國政教不到，殺害琉球民人的生番皆為化外，與清國無關，那麼，日本有權處置。

這就嚴重了，毛昶熙不退讓，聲明說番民殺的是琉民不是日本人，臺灣、琉球皆我屬土，屬土之人相殺。我恤琉人，自有措置，與你何干，何勞相問？這就說得像些話了！柳原前光只能爭說琉球屬於日本，毛昶熙要爭屬於清國。爭不出結果，柳原前光甩下一句話，說日本將查辦島人，為盟好故，特先告之！大清國的大人物都還沒出場，柳原前光就下了通牒。

副島種臣、柳原前光回國後，日本政府反覆磋商、謀劃。西元一八七四年二月六日，參議員大保久利通和大隈重信提出《臺灣番地處分要略》，內稱：「臺灣土番部落，乃清國政府政權不逮之地……因此，報復我藩屬琉球人民被殺，乃日本帝國政府之義務，而征番之理，亦於茲獲得主要依據。」他們要「征番」即侵略臺灣，而用意卻是琉球：「控制琉球權力皆在帝國，琉球須停止向清國遣使進貢，對臺灣番地進行處分的目的即在於此。」

這份要略，確立了日本處理臺灣事件的方針，即用意在於「解決」琉球問題。西元一八七四年四月四日，明治政府設立「臺灣蕃地事務局」，任命陸軍中將西鄉從道為事務都督，令其相機用兵。二十七日，西鄉從道統兵出征，計有兵員三千六百人，軍艦日進和孟春兩艘，運輸船明光丸、有功丸、三邦丸三艘。日進排水量一千四百六十八噸，航速九節，裝備有七門火炮。孟春排水量三百五十七噸，航速七節，裝備兩門火炮。艦隊從長崎開出，假道廈門歇腳，馳往臺灣。

五月七日，日軍在臺灣南部琅嶠（今恆春）登陸，圍剿原住民。駐台清軍作壁上觀，「文明」得看不出來和生番有任何關係！西鄉從道舉兵之初，曾照會清國閩浙總督李鶴年，當時的臺灣隸屬於福建省，說日本出兵臺灣，船過閩境，請勿阻攔。李鶴年漠然處之，甚至不曾向朝廷稟報。大概是生番受伐事不關己吧！而朝廷獲悉後，上諭也不過說：「**李鶴年於此等大事件，至今未見奏報，殊堪詫異。**」並不深究。於今而論，李鶴年的行為實屬瀆職！因為清廷竟是從歐美人士的詢問中得知日軍侵臺的。

五月二十九日，上諭總理船政大臣沈葆楨為欽差，辦理臺灣等處海防，又令福建布政使潘霨幫辦臺灣事宜。六月十四日，沈葆楨與潘霨同臺灣夏獻綸、船政[4]洋[5]監督日意格、洋幫[6]斯恭塞格乘軍艦前往臺灣。艦隊以伏波、安瀾、飛雲為主力，三船為同級軍艦，排水量均為一千二百五十八噸，航速十節，火炮各七門。此時臺灣還有福建船政水師的軍艦揚武號，排水量一千五百六十噸，航速十二節，火炮十三門；福星號，排水量五百一十五噸，航速九節，火炮五門；海東雲號，排水量三百五十噸，航速八節，火炮兩門；長勝號，排水量一百九十五噸，航速十節，火炮一門。清國在臺軍力，大大超過了日軍。

沈葆楨與西鄉從道交涉撤兵無果，又奏朝廷調南、北洋的洋槍隊[7]增援。但他並沒有與日本開戰的決心，不過是增加籌碼。李鴻章也沒決心，雖給沈葆楨增兵五千洋槍隊，卻總不放心，囑咐沈葆楨勿挑釁，又叮囑洋槍隊：「進隊不可張揚。」

恭親王奕訢因家國內鬨同樣沒決心。這年是慈禧太后的四十萬壽，她和同治皇帝想重修圓明園，恭親王率軍機處全班抗旨，迫同治皇帝收回成命，惹得孤兒寡母不高興。恭親王想緩和氣氛，維持太平景象，因此不願和日本衝突。

在辦理臺灣交涉中，沈葆楨萌生了購買鐵甲艦的想法。他和福州將軍文煜、閩浙總督李鶴年聯銜給同治皇帝上了一個摺子，說日本之所以猖狂就是因為有兩號鐵甲艦，因此，中國也必須要購得兩號鐵甲艦，這是清國官員第一次提出購買鐵甲艦。其實，日本那時尚沒有鐵甲艦，但清廷幾乎人人以為日本有；不知是自己嚇唬自己還是受人矇騙。沈葆楨既要調洋槍隊，又要買鐵甲艦。我們從他的私人書信中，可以看出其心裡糾結。信中說：

弟亦不甚欲戰，所以必調洋槍隊購鐵甲船者，冀彼知難而退耳。然於弟則干係未免過重。何者？鐵甲船在外國，非能目睹其優劣，萬一購來，群以為劣；萬一購定而撫局已成，

---

4. 船政學堂：源自一八六六年清朝船政大臣沈葆禎於福建福州馬尾港所設的海軍學院，是專門為福建船政培訓人材而設。學堂成立之初即聘用外國教習教授造船、航海等專業知識，畢業生中優異者更會被派往西歐各國深造。
5. 洋：西洋。
6. 幫辦：指主管人員的助手，或即用為職稱。
7. 洋槍隊：清朝為鎮壓太平天國等農民起義，政府僱募外籍官兵及部分中國人組成的、裝備洋槍洋炮的僱傭性武裝。由外國人充當各級軍官，士兵主要是中國人。

群以為浪費；萬一購成仍無以勝敵；萬一勝之於台，而他處仍被擾，援之無及，此皆弟萬不能辭之，他人不能分謗也。

由此信看得出他謹小慎微患得患失，不以常備不懈為計，只求一時權宜。日本的困境是出兵前不曾想到的。臺灣土著深處山中，冷不防竄出來打幾下子就沒了人影，搞得日軍暈頭轉向。更難辦的是，臺灣窮山惡水，瘴癘流行，外來人很難適應。侵臺戰爭中，日本兵死亡五百六十一人，其中戰死者僅十二人，餘者幾乎皆死於瘟疫。那時，日本的國力還不足以抗衡大清國，即便大清國軟弱，日本也不敢把壞事做絕，放棄和平後，還是要回到談判桌前。

一著軟棋，後患無窮

清、日兩國還在修好的蜜月期中，從根本上來說，這是一件不該發生的事。修好條規生效後互派公使，日本派柳原前光出任駐清公使，他負有談判臺灣問題的使命。臨行前日本政府授他錦囊，其妙計濃縮為三點談判須知，一是獲得賠償金及攻取之地，二是斷絕琉球兩屬之淵源，三是開啓朝鮮自新之門戶。

西元一八七四年六月末，柳原前光赴任來華，在上海見到潘霨，提出三點要求：一、捕前殺害日人者誅之；二、抵抗日兵為敵者殺之；三、番俗反覆難治，須立嚴約，定誓永不剽殺難民。

七月二十四日，柳原前光路過天津，會見李鴻章。柳原前光幾次來華，和李鴻章談日、清修好，可謂老相識了。此次李鴻章見到他，怒氣大發，質問道：「一面發兵到我境內，一面叫人來通好。口說和好之話，不做和好之事，除非有兩日本國，一發兵，一通好也！」

這話說得有道理，按照洋人帶來的國際法，兩國修好的目的，就是要常交流、常溝通，有問題及時解決。日本把問題當法寶藏著，不肯擺上桌面，大兵突然開到島上，打得剛重修舊好的好朋友措手不及。

但柳原前光當然不會這麼想，李鴻章質問柳原前光後，柳原前光也反詰李鴻章：「貴國既知生番歷年殺了許多人，為何不辦？」

李鴻章答：「查辦凶首，有難易遲早，你怎知道我不辦？且生番所殺是琉球人，不是日本人，何須日本多事？」

柳原前光答：「琉球國曾有人到日本訴冤。」

李鴻章問：「琉球是我屬國，沒有不到中國申訴的道理！」他指出：「如要動兵，不但要說明白，且應用公文商議。我國若回言不能查辦，方可。今日如此辦法，中國文武百官不服，即婦孺亦不服。中國十八省人多，拚命打起來，你日本地小人寡，吃得住否？大丈夫做事總要光明正大，雖兵行詭道，而兩國用兵，題目總要先說明白，所謂師直為壯也！」

李鴻章大概是想起日本初來時，是他頂住壓力主張與日本交往，立約墨跡未乾，日本便背盟肇釁，兵發臺灣，不宣而戰，讓他愧對國人，裡外不是人！他既失望又傷心：「我從前以君子相待，方請准和約，如何卻與我丟臉？可謂不夠朋友……今甫立和約，而兵臨我境，你對不起我中國，且令我對不起我皇上百姓。若有約各國皆如是，天下豈不大亂了！」

日本之舉無異於搧了李鴻章一記響亮的耳光。

柳原前光辭別天津進北京，任駐清公使，又找總理衙門交涉。交涉了半天，到底所欲者何，又吞吞吐吐，沒句痛快話，大概忘了三點談判須知。李鴻章和恭親王奕訢參透了他的心中想法：一想索軍費，二想侵土地。這是日本三點談判須知的第一點，其餘兩點太離譜了，以至於誰都沒想起去猜它。但大清國不求認認真真，只求息事寧人，李鴻章和恭親王並不排斥以銀子換和平，只要日本撤兵就行。

九月五日，李鴻章致信總理衙門說：「平心而論，琉球難民之案，已閱三年，閩省並未認真查辦。無論如何辯駁，中國亦小有不是。」就此而論，清廷該辦的案辦得差勁，前文說到李仙得建議日本越過清廷，自己出兵解決，怕也是一種經驗之談。大清國將此事不當事辦，得過且過不成樣子，官僚們鼠目寸光、尸位素餐，對臺灣血案一拖三年不辦，誰也不相信還會再辦。他們的學識不足以使他們胸懷遠大，意識到查辦臺灣血案，是對全世界宣示大清國是琉球的宗主國的大好時機。但機會就這樣讓昏官們白白地喪失了，反被日本抓在手裡。

李鴻章在給總理衙門的信中接著說：「萬不得已，或就彼因為人命起見，酌議如何撫恤琉球被難之人，並念該國兵士遠道艱苦，乞恩犒賞若干。不拘多寡，不作兵費，俾得踴躍回國。且出自我意，不由彼討價還價，或稍得體，而非城下之盟可比。」他以為若主動給日本幾個錢，不容討價還價，就不是城下之盟，雙方都得體面，就大事化小，小事化無了。可是，以苟且偷安為計，不分是非，不辨黑白，不究日本侵臺之罪，不索賠還要倒貼，喪失原則，必將遺患於來日。

儘管大清國的軍隊對侵臺日軍一槍不發，但派兵調艦增援洋槍隊，虛張聲勢起來日本也怕，不希望事態擴大，要找個臺階下。限於國力，日本必須見好就收，結束衝突。

西元一八七四年九月，日本派內務卿大久保利通為全權辦理大臣出使清國，與總理衙門談判撤兵事宜。大久保利通要求清國承認日本進攻臺灣是「保民義舉」，賠償日本軍費二百萬兩。

經英國公使威妥瑪調停，西元一八七四年十月，清、日雙方簽訂《北京專約》，達成如下協定：一、清國承認日本出兵臺灣為保民義舉，不以為不是；二、日本國從前被害難民之家，清國給予撫恤銀十萬兩，並補償日軍在臺灣修路建房費用四十萬兩；三、對於臺灣生番，清國應設法妥為約束，以期永保航客不再受其凶害；四、日本從臺灣撤軍。

本來，清、日兩國都稱琉球是自己的屬國而互不承認為對方的屬國，但「保民義舉」和「被害難民」之民均指琉球人，條約承認他們是日本國民，也就是說琉球人是日本人，那麼，誰說琉球不屬於日本呢？問題如此重大，大清君臣頭腦如此顢頇，態度如此輕忽，泱泱大國掌握在昏庸大清之手，豈能不敗完喪盡？日本已經在事實上吞併了琉球，程序上正在法律內進行後續的消化，積極爭取國際輿論的認可；這是一個不加掩飾的赤裸目的。

為了捍衛自己的權益，大清國最應給日本以迎頭痛擊，正告它沒有代琉球問罪的權利。如不可理喻，就該用大炮博弈，寧可留待後人解決，也不能讓日本解決！可是，大清國逆來順受，不思長遠只為苟安。

日本侵略臺灣，調兵遣將勞民傷財，卻沒能從中直接獲利，阻止琉球向大清國進貢，更沒能樹立起開啓朝鮮門戶的榜樣。總之，沒有實現預期目的。日本國內普遍不滿，自由民權派攻擊政府：「未能保番地為我之所有，未能全琉球為我之所屬，五十萬兩豈能掩三千萬人之耳目焉？」

畢竟，無論軍力還是國力，日本還不是大清國的對手，不敢透支而必須保存「體力」。自思自嘆，趕添海軍，指望著下回照面的時候多撈幾把。

清廷籌議海防

恭親王與丁日昌的真知

日本侵臺給大清國敲響了警鐘。恭親王奕訢在和日本簽約後的第五天就上書奏請加強海防。他說，日本僅一小國，咱們就苦無對策，倘西洋列強聞風而動，更當奈何？他提出六條意見：練兵、撿器，造船、籌餉、用人、持久。

上諭將六條意見抄送沿江、沿海督撫、將軍詳議，限一月內覆奏。由此，引發了一場海防大討論，主要議題是外海水師的建設。

大清國的水師分為外海與內河兩種。外海水師，歐美國家稱海軍，是用於海洋作戰的獨立軍種，其裝備是蒸汽戰艦，船堅炮利。內河水師是中國的傳統軍種，附屬於陸軍，其裝備是木帆船上架大炮，主要戰場是江河。在鎮壓太平天國的過程中，內河水師有所改良，但若想和蒸汽軍艦對壘，只能是螳臂擋車。如果說留著還有用處的話，那就是鎮壓農民起義。

大清國的海軍濫觴於同治五年（西元一八六六年），閩浙總督左宗棠設福建船政局，開辦船政學堂，培養出懂西洋艦船的學生，並且創建了造船廠，仿西方艦船造出蒸汽軍艦。福建船政局開風氣之先，建起大清國的第一支海軍，即福建船政水師。但這支海軍並沒引來清廷的青睞！而沈葆楨去臺灣與日本打交道，率領的正是福建船政水師。

討論中，在家養疾的前任江蘇巡撫丁日昌托人轉呈《海洋水師章程》，提出六點建議：

一、外海水師專用大兵輪。大清國養了太多的內河水師，那些老式師船五十條相聚一處也頂不上一艘西洋蒸汽戰艦。丁日昌認為與其這樣，不如淘汰五十條船，省下費用養一艘西洋戰艦。

二、沿海修築炮臺，與大兵輪相表裡。中國傳統的炮臺被洋槍洋炮摧毀以盡，丁日昌主張修建西式炮臺。

三、編練一支十萬人的水陸兩棲部隊，以應沿海不時之需。

四、沿海地方官宜精選仁廉幹練之員。

五、分沿海為北、東、南三洋，每洋各設大兵輪六艘，炮艇十艘。

六、精設機械局。三洋各設機械局，局下再設廠，製造輪船、槍炮、機械等。以前，他提過類似的建議，這次舊事重提並加以修正、充實。

總理衙門對丁日昌的建議甚為看重，又下發給各省討論。督撫、將軍們熱議一番，有的主張訂購鐵甲艦，有的認為本省不需要，有的認為若分「三洋」，弊多利少。李鴻章支援丁日昌的意見，主張淘汰舊式戰船以養兵輪，進一步建議「三洋」各配兩艘鐵甲艦。他還主張破除舊習，廢改以章句為進身之途的選人制度，設洋學局。此間，同治皇帝駕崩，討論者進京吊喪，倒有機會當面磋商。

丁日昌臥病在家，又寫來摺子，認為中國海疆萬里，目前至少要有十艘鐵甲艦，以後若能國產化，至少要有三十艘鐵甲艦。這樣才能防守海口，遊歷五大洲，保護中國商人。他標新立異，然曲高和寡。因為說來論去，這一輩人所理解的海軍戰略，就是看家護院，守住海口不讓敵人進門！難得有人把眼界放寬放長，主張離開海岸線，投向遠海，甚至要遊歷五大洲，保護海外中國商人。

海軍是西化軍種，保衛海外僑民，保衛海上貿易是應盡之責，大清同僚們尚不知就理，丁日昌就先知先覺，用當今的話來說，就是他有海洋意識。但丁日昌的這份見識，直到二十年後的甲午海戰，也未見出其右者。這次自然定律太超前，天不假年，丁日昌死於西元一八八二年，身手未能施展。

儒臣排拒，垂簾定奪

總理衙門匯總督撫、將軍們的討論，請懿旨派王爺們會同京官們再行討論。王爺們鮮衣美食，安富尊榮，說些冠冕堂皇的話則可，真知灼見全無。比如醇親王奕譞，他兒子載湉剛被慈禧太后抱進宮做光緒皇帝，不知他是喜是憂，奏摺寫得心不在焉，前後句相互矛盾，前句說購買鐵甲艦「固不可輕於一試」，別人以為他反對，後句忽而一轉又說「尤不可因噎廢食」，又好像認為可嘗試買鐵甲艦，看不出來他在胡思亂想些什麼。倒是那些讀四書五經的京官們真動肝火，從根本上就反對建立洋式水師。主要代表人物是通政使于凌辰和大理寺少卿王家璧，他們的鋒芒直指李鴻章和丁日昌。

于凌辰上奏認為李鴻章、丁日昌師事洋人、講洋學、製洋器、造洋船，均為以夷變夏之法，於中華文明是可恥之事。若能得逞，中國將以洋學作為人才標準，視禮義廉恥為無用，人心將因此渙散，結果洋器雖精，國家卻無與共緩急之人。他說學習敵人之法用為勝敵之策，從古未有，要用忠義觀念，堅定士卒的信心，不必學習洋人的技巧。因此，不可購買洋器、洋船，以免為敵人誘取，也不可仿照製造，這會使朝廷有數之帑項在暗中銷蝕，如擲於汪洋大海。他主張修陸戰之備，不必爭利於海中。

王家璧恨丁日昌恨得咬牙切齒，斥為「丁鬼奴」，破口大罵：「矯飭傾險，心術不正，實為小人之尤。」丁日昌提出淘汰五十條舊式師船可養一艘西洋兵輪，王家璧針鋒相對：「以艇船五十而論，可用以更番疊戰，互相應援，即令一船有失，尚存四十九船。四十九船俱失，猶有一船尚存。若裁並為一大兵輪，設遇有失，則一敗塗地，一舉而失五十艇船也。」王家璧認為：「但就我所能辦之炮臺、輪船、洋槍、洋炮，參以我所常用之艇船、舢板、快蟹、長龍等船，劈山炮、子母炮、線槍、火彈、火箭、刀矛弓矢及易得之銅鐵各炮，練習不懈，訓以忠義，水陸兵勇互相援應，即足以固江海之防矣。」他指駁李鴻章說：「洋人在中國者，尚請中國人士教習經史，正可用夏變夷，李鴻章何乃欲胥中國士大夫之趨向盡屬洋學乎！」

西元一八七五年五月三十日，恭親王奕訢上奏，對海防籌議作總結，提出如下辦理意見：限於財力，請先就北洋創設水師一軍，俟力漸充，就一化三，擇要分布。舊式舢板、紅單等戰船，倘實不堪用，即行裁撤。建議購買洋槍洋炮，並派員赴各國學習製造諸藝。鐵甲船也先購一二隻試用，確有實效，再行購買。針對于凌辰、王家璧的抵制，奕訢乾脆說：

「應請毋庸置議。」

奕訢的上奏，吸取了眾多討論意見。丁日昌建「三洋」海軍的想法，為他修改為先練北洋一軍。同日，上諭發布，核心意思是派李鴻章督辦北洋海防，沈葆楨督辦南洋海防，購買兵輪。至於鐵甲艦，上諭說需費過巨、購買甚難，著李鴻章、沈葆楨酌度情形，先購一二隻。

這道上諭，破了奕訢先練北洋一軍的想法，確定了南有沈葆楨，北有李鴻章「兩洋並舉」的方針。紫禁城裡東、西兩宮太后垂簾聽政，一對美人平分秋色。就此，持續大半年的海防討論降下帷幕。丁日昌想了多年的「三洋」海軍，奕訢半年間改為「一洋」海軍，奕訢琢磨了半年的「一洋」海軍，一對美人一天內就改為兩洋海軍。其實，「南洋」、「北洋」與「三洋」名異實同，因為南洋實際上涵蓋了丁日昌所說的「東洋」和「南洋」，地跨江蘇、浙江、福建、廣東四省沿海。「北洋」洋面包括直隸、山東、奉天三省沿海。

李鴻章慘澹經營

海防經費怎麼出？

大政方針確定後，接下來的問題是經費。中國不光東南要海防，西北還要塞防；東南、西北都要銀子。「蛋糕」必須做大，還要切割。這裡只說東南海防這塊蛋糕是怎樣做大，如何切割的。

有關海防經費，討論過後，真抓實幹必須落到實處。聖諭令總理衙門和戶部妥議。二衙門奏請從洋稅和釐金裡調撥。所謂洋稅，即海關稅；釐金也稱抽釐，指從生產、運銷日用必需品中抽收的稅款。

朝廷最終決定抽粵海、潮州、閩海、浙海、山海五關四成洋稅，併臺灣滬尾、打狗兩口和江海關四成洋稅內的兩成，此外再加江蘇、浙江、江西、廣東、福建等省的釐金，共計四百萬兩，作為海軍專款，分解南、北兩洋。當時，大清國歲入八千萬兩，四百萬兩占歲入的二十分之一，可謂不少，只是誰也不敢保證能到位幾個錢，至於是否都用於海軍，更不好說！

大清國海疆遼闊，督撫各霸一方，獨行其政；一旦臨事，各保本位，互難援應。無論是一洋、兩洋、三洋，其根本都是地方化。討論中就有人擔心互不為謀，海軍經費從一開始就千難萬難，也是這個癥結——名義上，總督轄二至數省軍民要政，品秩是正二品，巡撫掌一省之治，品秩是從二品；實際上，數省的總督並不因銜高就管到一省之外，對巡撫並無領導關係。兩江的區域包括江蘇、安徽、江西三省，兩江總督的權力卻只能覆蓋江蘇地面；直隸的區域包括直隸、山東、河南三省，直隸總督的政令，效力出不了直隸（河北）。

同樣，南、北洋大臣的海防權力並不因南、北洋地跨四省或三省水域就名實相符，南洋水師就是江蘇水師，北洋水師只是直隸水師。省際不相干，朝廷裡對海軍既無專管衙門，也無專職人員。海軍既沒有名分也沒有編制，根本不是正規軍。朝廷定策抽稅抽釐養海軍，抽到誰，誰失血，誰也不甘心認倒楣，自己治下百廢待舉錢無所出，抽血給別人養海軍，這豈不是冤大頭嗎？照這樣看來，海軍經費的來源取向怎麼能不難呢？

四百萬兩海軍專款方案確定後，南、北洋各得二百萬兩。李鴻章致函沈葆楨，要求暫且全款先解北洋。因為南洋有些家底，初具艦隊規模，而北洋白手起家，臨時拼湊來兩條火輪船，起步晚底子薄。沈葆楨也謙讓，讓李鴻章先制辦下幾艘船。有人說沈葆楨公忠體國，也有人說是投桃報李，因為他任兩江總督，李鴻章有推薦之恩。不論真假，沈葆楨是讓了。

三年後，西元一八七八年三月六日，沈葆楨上奏總理衙門，力請仍按原議將南洋經費撥歸南洋。他說：「夫以餉項如此之絀，海防如此之重，而派定南洋海防經費若仍悉數解歸北洋，似臣博推讓之美名，而忘籌防之要務，使後人無可措手。」就此，北洋不能再占南洋款項。

但李鴻章並沒得到兩家的款項，他也寫信向沈葆楨抱怨：「各關四成，唯粵海、浙海可稍撥而為數無幾……各省釐金，唯江西、浙江可稍勻撥亦斷不能如數，其餘皆無指望。統計每年實解不過數十萬。」

從西元一八七五年六月定策，至西元一八七八年三月，經歷了兩個完整的財政年度，按計劃應解南、北洋的海防軍費是八百萬兩，就算除去其中被朝廷挪用為西部塞防軍費的一百萬兩，這樣也該剩下七百萬兩，而各省關實解到北洋的經費，李鴻章說是數十萬兩；今有研究者統計為二百萬兩。若以此大數為定論的話，只能說明在兩年之內，北洋水師頂著占用南、北兩洋全部經費八百萬兩的虛名，實際所得，僅為自家一年的經費二百萬兩，而南洋水師分文未得。各地方都有難處、都有藉口，一個個虛與委蛇，李鴻章到處磕頭作揖，結果還是如此。

海軍常項經費，因各地方的消極抵制不能保障；購買鐵甲艦，又止步於各謀心機。沈葆楨、丁日昌、李鴻章都是購艦的倡議者，但李鴻章行動不積極。他一面推說無款、無人駕駛、無塢修理、無港停泊，一面強調來自國外的消息，說鐵甲艦已經過時，洋人要停造，還滿腹憂心地表示：「**南、北洋面萬餘里，一旦有警，僅得一二艘，恐不足以往來扼剿。或有失利，該船不能進口，必先為敵人所攫，轉貽笑於天下。**」

李鴻章精打小算盤：兩宮太后要兩洋並舉，南洋水師起步早，若得鐵甲艦如虎添翼。北洋底子薄，即使購得一兩艘鐵甲艦，也不能成軍，反倒可能為南洋合併。這樣一算計，他寧願擱置鐵甲計劃，只在暗中打聽行情，私下留意。

擱置鐵甲之議也得買軍艦。購艦大家都外行，恭親王十分信任海關稅務司赫德，於是托他辦理。赫德是英國人，儘管英國海軍是世界老大，可赫德既不是軍人，更不是海軍，其知識拘於耳食；李鴻章的鐵甲艦過時論，就是聽赫德說的，而赫德又是聽他的倫敦辦事處主任金登幹說的，金登幹也是海軍外行。他推薦了倫道爾式炮艦，此名得之於其設計師倫道爾。「倫道爾」的特點是炮大船小，長處是守口，堪為靈活機動的水炮臺，但不適於遠海作戰。根據赫德的理解，清國要打造的是窩在海口裡防守的海軍，不會去遠海侵略，沒有什麼比這種炮艦更適合的了。總理衙門命李鴻章與赫德商辦，李鴻章興致勃勃地說：「有此巨炮小船，守口最為得利，較陸地炮臺更為靈活。」

李鴻章與赫德兩個外行，瞎子背瘸子跌跌撞撞。二人決定向英國阿姆斯壯公司購買倫道爾式炮艦四艘，造價及運費合計四十五萬兩。由此，揭開了中國近代史上大規模購買軍艦的序幕。

鐵甲艦，李鴻章的底牌！

西元一八七六年十一月，兩艘排水量為三百二十噸的炮艦，懸掛英國國旗，由英國人駕駛，駛抵天津大沽口。翌年春天，兩艘排水量為四百四十噸的炮艦，再度送至中國，其中一位駕艦的英國軍官琅威理，將對北洋水師產生影響。

這四艘炮艦是李鴻章外購的第一批戰船。李鴻章分別將其命名為：龍驤、虎威、飛霆、掣電，駐紮北洋之大沽及北塘兩港。李鴻章曾登船巡視，認為既可在港裡守口，又可在海上攔截鐵甲艦，甚為滿意。

李鴻章把這個理論四處宣揚，引來南洋大臣沈葆楨的羡慕：既是南、北洋並舉，南洋水師自當有份。總理衙門委託李鴻章為南洋水師再購四艦。西元一八七九年十一月，琅威理率隊，將四艦送達天津大沽。照沈葆楨之意，四艦分別命名為鎮北、鎮南、鎮東、鎮西。李鴻章近水樓臺，截留給北洋自用，把跑了三年的龍驤、虎威、飛霆、掣電清理打掃後，送給南洋李代桃僵。

李鴻章奏請沿海各省購買。聖諭頒下，命相關各省籌辦。李鴻章借此東風，代廣東和山東又購三艦。西元一八八一年到貨，一艘交廣東，起名海鏡清。另兩艘起名鎮中、鎮邊，山東不催討，李鴻章趁機下手，說山東無人駕駛，就把鎮中、鎮邊留在了北洋。至此，大清國先後分三批，買下十一艘英國倫道爾式炮艦，共計用銀一百四十五萬兩。北洋一家就占下六艘。此後再無購買。

「倫道爾」炮大船小，火力威猛，攻擊能力強，但自衛能力弱；像蚊子螫人一下不得了，但一掌下去也就拍死了。因此，中國人稱之為蚊子船。蚊子船是守衛海口的專用船，是會移動的水炮臺，哪兒告急去哪兒。但炮管直挺向前，沒有炮塔，炮隨船轉而不能自轉，不便於出征大洋，受到非議。然而，出買騾子的錢，怎麼可能乘上千里馬呢？

西元一八七九年秋，兩名年輕的水師軍官劉步蟾、林泰曾寫成《西洋兵船炮臺操法大略》，上達李鴻章指出：蚊子船利於攻人，無力自衛，只可用於守港。非擁有鐵甲艦決勝於海上，不足臻以戰為守之妙。劉、林二人是福建船政學堂畢業，剛剛從英國留學歸來，摩拳擦掌後生可畏。

這年年底，盼鐵甲艦望眼欲穿的沈葆楨齎志而歿，沒能見到飄著龍旗的鐵甲艦。臨終前給朝廷留下遺言：「臣所每飯不忘者，在購買鐵甲船一事，至今無及……鐵甲船不可不辦，倭人萬不可輕視。」

清國加強海防是受日本侵臺刺激的結果，其假想敵是日本。日本侵臺後自度其能，知實力跟不上野心，也四處購艦壯大海軍。西元一八七五年，日本向英國訂造了扶桑、金剛和比睿三艦，三年後入伍服役。扶桑排水量三千七百噸，航速十三節，有四門二百八十公釐口徑的火炮，水線帶裝甲厚達二百三十公釐，是二等鐵甲艦；也就是說直到西元一八七八年日本才有鐵甲艦，而幾年前大清國就鼓噪說日本有鐵甲艦，是自己嚇唬自己。金剛和比睿同級，排水量兩千二百噸，航速十三節，部分帶甲，最厚處一百一十公釐，各有兩門一百七十公釐口徑的火炮。扶桑、金剛和比睿均為風帆蒸汽混合動力。

日本是窮國，買不起一流艦船，但三艦都是攻擊型軍艦。大清國買了十一艘蚊子船，錢也沒少花，皆用於防守。相比之下可謂良善，全無謀人之心！

李鴻章心裡並沒放下鐵甲艦，他一方面壯大北洋水師，另一方面打探鐵甲艦的行情，還沒遇上合適的。赫德又推薦了英國阿姆斯壯公司最新設計的巡洋艦，說這種船艦底部設有尖鼻子撞角，能追趕碰壞極好之鐵甲船。後來，清國定造的巡洋艦艦底部都設有尖鼻子撞角，並且譯稱為「碰快船」，實與這種推薦有關。在日後的甲午海戰中，鄧世昌的最後一搏就是想用尖鼻子撞角撞沉敵艦，可惜沒有成功。由於赫德向總理衙門建議設立海防司，並且毛遂自薦擔綱主管，李鴻章有了戒心，轉而委託清國駐德國公使李鳳苞，向英國廠商訂購這種巡洋艦。西元一八七九年十二月十八日簽了合約，用銀六十五萬兩，訂購了兩艘。李鴻章為二艦命名：超勇、揚威。

北洋已有六艘蚊子船，再加上這兩艘巡洋艦，像個樣子了，不必再擔心為南洋所吞併。李鴻章開始緊鑼密鼓，要購買鐵甲艦。過去他深藏不露，現在則說：「中國永無鐵甲之日，即永無自強之日。」

李鳳苞在英、德兩國活動，接洽兩國廠商談鐵甲艦，選定德國伏爾鏗造船廠。如今「德國製造」聞名全球，幾乎是優質的代名詞，而那個年代，英國事事世界第一，論海軍法國第二，全世界都買英、法的軍艦。德國後起，普法戰爭之後才引人注目。事實證明，李鳳苞有慧眼，棄英、法而就德國，物美價廉。甲午海戰時日本五艦都沒打沉這兩艘德國造鐵甲艦，引得全世界讚嘆。可憐李鳳苞卻因這兩艘艦名節不保：有言官風聞奏事，說他索賄受賄。查來查去，不知是真是假。李鳳苞最後被搞臭回了老家，但這是後話，本書不表。

西元一八八〇年十二月二日，李鳳苞與德國伏爾鏗造船廠擬了合約，一個月後正式簽約，訂下大清國的第一艘鐵甲艦，五個月後又簽約訂下第二艘。李鴻章分別命名為定遠、鎮遠。為此付出近三百四十萬兩白銀（合八十餘萬英鎊）。兩艦的排水量達到七千三百三十五噸，鐵甲厚度超過了三百五十公釐，亞洲還沒有誰能撕開這等厚甲的大炮。劉步蟾是李鴻章派去德國的監工，五年後隨艦回國，對李鴻章誇讚兩艦是「遍地球一等鐵甲船」。本想訂購四艦，限於經費，只能作罷。

李鳳苞用餘款六十二萬兩在同一廠家訂了艘穹甲巡洋艦，李鴻章命名為濟遠。十九世紀，水線帶設有防護裝甲的巡洋艦稱鐵甲艦，排水量在五千噸以上的為一等鐵甲艦，等而下之的稱二等鐵甲艦或裝甲巡洋艦。鐵甲艦是在軍艦兩側舷敷甲，求其厚重堅固，炮彈很難穿透；鐵甲越厚越難穿透，船越大鐵甲也就越厚。穹甲艦是在艦體中間向兩側舷敷甲，敷成穹形如蓋，遮護主機艙。穹甲艦防護能力不及鐵甲艦，但甲薄船輕，航速相對就快，中國也稱為穹甲快船。

當鐵甲艦在德國船塢上鋪設龍骨的時候，巡洋艦超勇、揚威從英國回來了。天津鎮總兵、記名提督丁汝昌兼領北洋水師。西元一八八一年八月，他和英籍總教習葛雷森及北洋水師軍官林泰曾、鄧世昌赴英國接艦。九月二十六日回到天津大沽，李鴻章親往驗收。兩船是同級軍艦，排水量均為一千三百八十噸，航速十六節，各有兩門二百五十公釐口徑的主炮，能夠撕開日本的二等鐵甲。李鴻章甚為滿意

西元一八八三年，時任兩江總督、南洋大臣的左宗棠，為南洋水師訂購了兩艘德國巡洋艦南琛、南瑞。兩艦的戰鬥力強於北洋的超勇、揚威，稍遜於濟遠，更不能望北洋鐵甲艦之項背。籌議海防，兩洋並舉，都有起色。北洋水師白手起家，後來居上，實力超過了南洋。李鴻章慘澹經營，功德無量。不過，別老盯著南洋，再來讓我們來看看日本在幹些什麼！

日本染指朝鮮

日本軍艦叫關韓門

西元前後，朝鮮半島南部形成馬韓、辰韓和弁韓三個部落聯盟。所以朝鮮又稱「三韓」或簡稱「韓」。

朝鮮北與中國、俄國交界，南隔海峽和日本相望。日本欲做大做強，心懷征服大清國，稱霸亞洲，走向世界的願望。千里之行始於足下，征韓是第一步。當日本窺伺朝鮮的時候，對視到另一雙同樣發紅的眼睛，那是小半個身，位困於冰海的「北極熊」。俄國有著同一個夢想，每思朝鮮便恍惚覺得那裡是俄國的不凍港。在這個意義上，朝鮮對日本十分危險，因此，伊藤博文才說朝鮮是「一把刺向日本腹部的利劍」。日本絕不能允許太阿之柄握於他人之手，要著先鞭執朝鮮之牛耳。

朝鮮被盯上了，何其不幸！好在朝鮮有宗主大清國！大清國很看重朝鮮，當然不是圖它來磕個頭或是進貢幾根高麗參。朝鮮接壤大清龍興之地，是大清的籬笆或者說院牆，倘若籬笆被毀或者說牆頭上爬滿外人，院子裡還能好嗎？所以，對待朝鮮，大清國不會像待琉球那樣漫不經心。

西元一八六四年，朝鮮第二十五代國王哲宗去世，身後無嗣，第十六代國王仁祖的後裔繼了王位。這家是當朝的旁系遠親，新國王李熙十二歲，由生父李罡應攝政。依朝鮮慣例，凡以旁系繼統的，生父皆稱「大院君」，故李罡應又稱「大院君」。其人任事善謀，但守舊，仇視新事物。日本學西洋，大院君不以為然，日本人穿西服，大院君看不慣。日本建設明治新政府，大院君卻不許朝鮮人與日本人交往，更不許通商，違者處死。日本大受其辱，恨不得一刀宰了他！

國王李熙長到十四歲，大院君就給他張羅了媳婦，納妃閔氏。兩家本來沾親，本是好事偏沒辦好，大院君肉眼凡胎，沒看出來這小姑娘不愛紅妝愛武裝，有野心、好弄權。老公公與兒媳婦同一個愛好，都想把權柄攬進自家懷抱，於是正經國王李熙倒給架空了。李熙懦弱懼內，不像執掌殺伐的國王，一個耳朵聽爹爹聒噪，一個耳朵任閔妃枕邊吹風，不知何去何從。

西元一八七三年，李熙二十一歲，早該親政了！大院君時年五十三歲，揮舞權力的大棒正是最有力氣的年紀，不情願交棒子。宗主大清國的皇帝十六七歲親政，大院君有什麼理由戀棧呢？迫於形勢，他宣布歸政。國王李熙接過權力的魔杖，還沒掂出斤兩呢，閔妃順手就給攬進後宮。大院君臨走前安插好親信，扶保他的窩囊廢兒子，閔妃的權杖將他們逐一挑落馬下。閔氏家族雞犬升天，朝中官員大凡閔姓者，幾乎都是閔妃的親故。大院君天天生悶氣，原本挺好的兩家親戚，一下子形同陌路。

前文說過，明治政府曾一連兩次派使節去朝鮮通好，想「日韓」親善，結果連連被拒，引得「征韓」殺聲起。明治政府為收一箭雙鵰之效，最終決定對清外交先行。

「征韓」論調在日本不光歷史悠久，而且行市也好，不因悠久而有價無市。西元一八七三年四月，日、清兩國換約，八月，「征韓」激進分子西鄉隆盛就請纓出使朝鮮。他有亡命徒不惜命的特質，想去激怒朝鮮斬殺來使，貽日本以征韓口實。他是兵略臺灣的激進分子西鄉從道的族弟，不知是否受了兄長侵略立功的刺激，「征韓」情緒格外偏激。剛從西方考察回國的岩倉使團一批人主張「先內後外」，不急於征韓。西鄉隆盛不能成行。兩派人因政見不同，爭權奪利，「征韓」一派受到排擠，包括西鄉隆盛和副島種臣在內的「征韓派」，一個個辭職下野。

「先內後外」一派並非反對「征韓」，而是反對操之過急；若說不急，也不是文火慢燉，長久等下去。西元一八七五年初，日本重起對韓外交之議。二月，明治政府派外務官森山茂赴朝。談判在釜山原地擱淺，朝鮮拒絕開國，不能滿足日本的要求。森山茂無功而返喊「征韓」，鼓吹軍事壓力才是迫使朝鮮就範的有效手段。昔日那些主張「先內後外」的人，都覺得時候到了，便批准「征韓」。

「征韓」從江華島下手。江華島位於漢江出海口，朝鮮王京漢城在漢江北岸，兩地相距幾十里。無疑，江華島的存在關涉京城的安危。西元一八七五年九月，日本派三艘軍艦前往朝鮮半島，說要測量黃海沿岸水路。二十日，日軍旗艦雲揚號的隨船快艇以獲取飲用水為由，試圖登陸江華島。朝鮮守軍放空炮示警，禁止登岸。雲揚號立即還以顏色，實彈射擊。頓時，江華島水域炮聲隆隆。日軍摧毀了炮臺，占領了江華島。日本稱「江華島事件」，朝鮮稱「雲揚號事件」。

日本與大清的文字遊戲

事件發生後，木戶孝允上書政府說：「朝鮮之於清國，現奉其正朔，雖於其互相交誼之親密，患難之互相之關切情況，未可明知；然而其有羈屬關係則可必。是我不可不舉朝鮮事件之始末，質諸清國政府，以請其居中代辦。清國政府如能本其屬邦之義，代我問罪，向我帝國道歉，講求至當之措施，則我亦可適度而止。如清國政府不允居中代辦，任我帝國自行處理；我始可舉其由，責詢朝鮮，要求其妥善處分。彼若始終不肯，則不得不問其罪。」

誰都清楚大清國與朝鮮有宗藩關係，但誰都不知道大清國到底能給朝鮮多少保護。現在出事了，看看大清國的反應，日本也好下手，這就是木戶孝允的態度。日本政府予以採納，向朝鮮和清國兩路派出使臣。陸軍中將黑田清隆為一路，以全權特使的身份赴朝，外交少輔森有禮為一路，赴任為駐清公使，與清國交涉。

西元一八七五年，森有禮來北京，與總理衙門王大臣恭親王奕訢談朝鮮，其勢洶洶，擺出發兵問罪的架勢。奕訢對他說：「不獨兵不必用，即遣使往問一節，亦須自行籌劃萬全，務期兩相情願，各安疆土，終守修好條約中兩國所屬邦土不相侵越之言。」這段話一是說日朝關係，日本既不必興兵也不必問罪，二是說清日關係，兩國簽有《修好條規》，規定不侵越邦土，朝鮮是清國屬邦。

森有禮說日本往朝鮮跑了好幾趟，要修兩國之好，朝鮮不答應，說是清國屬邦，要由宗國做主。這回朝鮮炮轟日本，宗主你管不管？

奕訢說，朝鮮是清國藩屬不假，但一切均自行專主，清國從不干涉其內政。日本國欲與朝鮮修好，亦當由朝鮮自行主張。皮球又踢回朝鮮——大清國不護自己的屬國，把它孤零零地拋出來，正合日本的意。

會談後，森有禮給奕訢發照會，以西方國際法原理，否定東方華夷秩序，目的是把朝鮮從大清國剝離出去。圖窮匕首見顯出他的真意：「因此，凡事起於朝鮮、日本間者，於清國與日本國條約上無所關係。」

森有禮的邏輯若能成立，李鴻章在《修好條規》中為保護朝鮮設的專條就成為空文。總理衙門豈能鑽森有禮的圈套，次日便照覆森有禮，特意強調朝鮮是清國屬邦。森有禮再覆照說清國對朝鮮不負責任，所謂屬邦，有名無實。雙方幾輪辯論，互不買帳。森有禮強調，大清國讓朝鮮自主，分明不是宗主，所以遇事才拚命往外推。可是，日本當真找朝鮮算賬，大清國又說自己是朝鮮的宗主，日本不得侵越清國屬土。森有禮最後的照會乾脆把話說絕：「原夫朝鮮實具有獨立之體，其內外政令悉自主，我國亦以自主對之。」

森有禮到底曾是日本首任駐美公使，頭腦裡全是西方邏輯而無視東方的華夷秩序。按照國際法原理，內政外交全由自主的不是屬國，而是獨立國家。朝鮮不受別國干涉，自主其內政外交，說明朝鮮沒有宗主，與清國誰也不對誰負責任。若偏要說有宗屬關係，只能是自相矛盾。所以，日本總說，清國與朝鮮的宗屬關係是沒有國際法依據的曖昧關係。

總理衙門就與森有禮的交涉，致函天津問計於李鴻章。森有禮和總理衙門辯論後，也去見李鴻章，不用說又是一番屬國不屬國的辯論。李鴻章引經據典，提及雙方的《修好條規》，說當初規定兩國所屬邦土不得侵越，指的就是朝鮮。森有禮說指代不明，日本國內都認為指的是十八行省。這是別有用心，說是狡辯或者揶揄均無不可。在日本看來，中國已經亡國，做了大清國的殖民地，十八行省漢地皆被大清國吞併，成為大清國所屬邦土，是大清國領土的一部分。他們與大清國立約不侵所屬邦土，從無違約。

宗主不管事，日本擺平朝鮮

李鴻章回覆總理衙門的垂問說：「雖執條規責問日本不應侵越屬國，而彼以關說在先，中國推諉不管，亦難怪其侵越，又將何以制之？即仍永遠兩不過問，而使朝鮮失望，日本生心，似已薄待屬國鄰交，顯示天下以不廣；更恐朝鮮為日本凌逼，或加以侵占，東三省根本重地遂失藩蔽，有唇亡齒寒之憂，後患尤不勝言，此皆不可不預為籌及者也。」他獻計密致朝鮮一書，勸其息事寧人；至於與日本通商與否，聽憑自主，中國不干涉。

恭親王奕訢按照李鴻章的獻計請聖旨，聖意准許朝鮮自主。然而，大清國的聖旨不過是雨過送傘，去朝鮮的黑田清隆率六艦叩關，在日本的艦炮之下，日本、朝鮮已經談得差不多了！大清國不干涉屬國內政，朝鮮無須害怕；日本那副嘴臉，朝鮮卻已膽寒。日本邀請大清國居間，為日朝斡旋。大清國樹葉掉下來都怕砸了頭，哪有如此膽量，寧願讓雙方當事人閉門去談。朝鮮做屬國幾百年，話都不敢說，遽爾失怙，哪能談出什麼好結果！

西元一八七六年二月二十六日，日、朝雙方在江華府簽訂《日朝修好條約》（通稱《江華條約》），第一條開宗明義：「朝鮮國是自主國家，和日本國保有平等權利。」這一條從根本上剝奪了大清國對朝鮮的宗主權，因為按照西方的國際法，自主國家不是屬國。從此，日本不承認朝鮮是清國的屬邦，於是就有了法律依據，並且也被朝鮮所承認。這是大清國假清高，標榜不干涉朝鮮內政的必然結果。

《江華條約》在朝鮮自主外，還規定雙方互派使節，朝鮮開放元山、仁川兩處港口。在開放地區，承認日本的領事裁判權，允許日本人租借土地和房屋，經營商業。為方便海上交通，允許日本測量朝鮮沿岸並繪製地圖。

《江華條約》使日本率先打開了朝鮮的國門，從此，日本勢力滲入朝鮮，日、朝之間有事直接面對面，在法律上與大清國無關。半年後，雙方又簽訂附加文件，日本獲得國民待遇，朝鮮放棄了關稅權。

一葉障目，永失琉球

日本再次瞄準琉球

琉球王國被日本收為藩，還向大清國進貢，兩屬狀況仍未改觀。「第一次琉球處分」只是過渡性辦法，事情還沒辦完。經過臺灣事件，日本把琉球和大清國作了切割，卻沒切乾淨。

現在，日本要走第二步——將琉球納入廢藩置縣的內政改革，斬斷琉球與清國之間的連線，宣示日本對琉球有主權！大清國無爭，日本欲壑難填，要獨吃獨占，心裡才舒服。

臺灣事件以清、日兩國簽訂《北京專約》為標誌而告終。承認遇害的琉球船民是「日本受害難民」，日本出兵是「保民義舉」，大清失了先手棋，接下來只能處處被動。有先手棋墊底，日本要繼續攻擊，直至實現最終目的。西元一八七五年三月，大保久利通向日本政府聘請的法律顧問——法國人波索納德諮詢。波索納德給出了符合日方意圖的意見。正如英國人巴爾福《遠東漫遊》一書所說：「中國人有權統治這個美麗島嶼的土著部分和沿海的文明地帶，這是確定無疑的，然而，清政府與日本簽署的條約又默認後者是琉球的主人。」

日本終於虧心不虧理了！

為進一步剝離琉球與清國的關係，西元一八七五年六月，日本政府就琉球問題做出決定：「今後禁止隔年向清國朝貢、派遣使節，或清帝即位時派遣慶賀使之規定；今後藩王更替時，禁止接受清國冊封；琉球應奉行明治年號，年中禮儀概當遵照布告行事；為調查實施刑法定律，當派遣二三名承擔者進京；廢止福州琉球館，在琉球設置鎮台分營，以及要求琉球王進京謝恩；按照別紙規定，實行藩制改革等。」

琉球國王拒不從命，辯稱琉球受日本、中國兩國厚恩，兩國實為琉球的父母之國，願對兩國奉公，永久勤勉。琉球做了中國五百年藩屬，其中的後半段二百多年淪為兩屬，苟活偷生到了末日。大清國可以得過且過，日本不願將就湊合，正告琉球：「爾藩為我國之版圖，若臣事他邦，成兩屬之體，則是國家權利之不能確立之最，不從速改之，則無以對答世界輿論，是不獨我政府之缺乏典章，且關係爾藩之存亡，豈可不戒？」這是結束中古、通向近代的時刻。

日本政客有前瞻性，已經意識到「國家權利」，這一點比清國昏官強得多！為了強調琉球只屬於日本而不屬於清國，日本政府書面質問琉球：「我征伐生番之役，彼視為義舉，向我政府支付爾藩遇難遺族金額，若是清國可向世界公開表明琉球為自己管轄，何不自行處置牡丹社，保護爾藩人民？又為何向我政府支付爾藩遇難遺族金額，而不自行向爾藩支付？且又為何將我征伐生番之役視為義舉？琉球不受清國管轄之條理，歷歷在目，我政府於征伐生番之役，與清國談判之結局，也可證明矣。」

由於大清國的愚蠢，這樣的一番話就有理有據，無可辯駁了。

琉球強調自己「介於皇國與中國兩大邦國之間，服事兩朝，數百年如一日，更無薄厚。」但是看日本殺氣騰騰的那張臉就可知道，琉球夾在清、日之間兩面討好、兩面不得罪的日子難以為繼了。以琉球對日本來說，那是以卵擊石。

現在，就看大清國的了！

日本挺兵琉球，大清國打文仗

西元一八七七年四月，琉球密派紫巾官[8]向德宏來清國報告：日本阻止琉球向大清國進貢。清廷聞報後，頒發了一道上諭：「琉球世列藩服，歲修職貢，日本何以無故梗阻？是否藉端生事，抑或另有別情？著總理各國事務衙門即傳出使日本大臣何如璋等，俟到日本後，相機妥籌辦理。」

翰林院侍講何如璋才受命為駐日公使，未及啓程。他認為，日本阻貢的意圖在於滅琉球，而琉球與臺灣近鄰，若為日本所得，臺灣亦無寧日。何如璋不是個精明的人，在後來的中法戰爭中平庸誤事，但他看問題還算敏銳，有意無意間，後來的事都讓他不幸言中了——日本霸占了琉球，琉球近鄰臺灣，釣魚臺是臺灣的附屬島嶼，臺灣又曾經割讓給日本……所有的因素在歷史中攪成一鍋粥，日本渾水摸魚，把臺灣附屬的釣魚臺往琉球身上掛靠，才生出今日的釣魚臺問題。

何如璋給總理衙門提出三條對策，上策：發兵責問琉球，令其入貢，以示日本；中策：支援琉球與日本據理力爭，倘日本對琉球用兵，清國援琉抗日；下策：與日本反覆辯論，打「文

8. 紫巾官：琉球位階，為上級士族。

仗」，以萬國公法相責，或約各國評理。他覺得日本國力尚弱，明治維新混亂朝綱，民心不附，無力與清國開戰。因此，他的態度較為強硬。

對於何如璋的上、中、下三策，李鴻章主下策。他漠然地說：「琉球朝貢，本無大利，若以威力相角，爭小國區區之貢，務虛名而勤遠略，非唯不暇，亦且無謂。」他所見短淺，清廷卻採信作金玉良言。對琉球，日本看到的是「國家權利」，清國看到的是「區區之貢」。這便是差距。

何如璋奉命打「文仗」，頗有武家之風。西元一八七七年十月七日，他照會日本，開門見山：「查琉球國為中國洋面一小島，地勢狹小，物產澆薄，貪之無可貪，並之無可並……我政府聞之，以為日本堂堂大國，諒不肯背鄰交，欺弱國，為此不信不義，無情無理之事。」日本遭此棒喝，惱羞成怒，說何如璋的指責是「暴言」，要求他書面道歉，並且覆照辯稱：「該島數百年來皆為我國之邦土，現為我國內務省管轄……。」何如璋自然不能如日本所願，道什麼歉？雙方照會辯駁，連打文仗。

西元一八七九年三月二十七日，日本派軍隊和警察登陸琉球，四月四日，又宣布廢除琉球藩，改為「沖繩縣」。這是「第二次琉球處分」。經過第一次琉球王國就被吞併為日本的一個藩，經過第二次又變成一個縣。至此，琉球王國被日本吃乾抹淨。最後時刻，琉球也曾請求英、美、法、荷等國評理，但列國中立。

日本事已做絕。何如璋主張對日本「假兵力以示聲威」，但清廷哪有這麼大氣魄！恭親王奕訢說：「揣度中國現在局勢，跨海遠征，實覺力有不逮。」正當大清國裹足不前之際，美國前總統格蘭特來亞洲遊歷，先來中國後到日本。西元一八七八年，他在天津見到李鴻章，三天後又在北京會了恭親王。二人都請格蘭特居間調停。格蘭特答應協助。

琉球被吞併為日本沖繩縣以後，明治天皇召見琉球國王尚泰，封其為侯爵。尚泰不貪圖日本爵位，更不甘心亡國，祕密派員向清國駐日公使何如璋求救，托閩商給福建巡撫帶密函，還派遣紫巾官向德宏北上天津見李鴻章。

西元一八七九年七月三日，向德宏直扣北京衙門，上表求援，文曰：「溯查敝國前明洪武五年隸入版圖，至天朝定鼎之初，首先效順，納款輸誠，疊蒙聖世懷柔，有加無已，恪遵《大清會典》，間歲一貢，罔敢愆期。」他請李鴻章「據情密奏」，盼大清朝廷「速賜拯援之策」，對日本「立興問罪之師」。

直隸總督李鴻章與總理衙門王大臣恭親王奕訢，一個在天津，一個在北京，心有靈犀一點通，不爭「區區之貢」，都以虛與委蛇為計。他們不計較大清國失去的是什麼，只盤算該對琉球施捨點什麼。

七月四日，美國前總統格蘭特來到日本，見了日本的重要人物。當然要談琉球。有清、日簽訂的《北京專條》在，日本要不和格蘭特嘮叨嘮叨，豈不成了白癡！當格蘭特搞清楚「日本國被害難民」、「保民義舉」的時候，還開得了口嗎？

七月二十三日，向德宏來北洋衙門聽李鴻章的回話，上表詢問：「中堂據情密奏之後，大皇帝允否興師問罪……如得興師問罪，即以敝國為向導，宏願充先鋒，使日本不敢逞其凶頑。巨集於日國地圖語言文字，諸頗詳悉，甘願效力軍前，以泄不共戴天之憤……。」

李鴻章已經和恭親王統一口徑，只以言語撫慰，敷衍向德宏。

格蘭特於八月一日、二十三日兩次致函李鴻章，說明調停情況，轉告日本對何如璋當初的「暴言」耿耿於懷，表示如果清國撤銷此言，願意談判。對此，恭親王奕訢照會日本稱：「本王大臣認為從前所論，可概置勿論，一一照美前大總統來書辦理。」日本覆照稱：「深表欣慰。」雙方互開了談判之門。

向德宏來天津求救無果，琉球又派員直接去北京告急。十月二十四日，琉球耳目官[9]毛精長等人剃髮易服，喬裝改扮進北京。事急燃眉，君辱國亡，但規矩不能亂，琉球是屬國，只能對口上書清廷禮部。書曰：

伏念敝國，累世相承，上膺冊封，久備外藩。自國主以迄臣民，罔非天朝赤子，今遭倭人荼毒，竟至主辱國亡，長等誤國之罪，萬死猶輕。為此剃發改裝，附舟北上，長跪哀號，泣血籲請……。

禮部閱後轉總理衙門，總理衙門閱後奏至聖皇。朱筆怎麼批的，今人沒見著，最終結果是，天朝字小為懷，賞發路費，派人護送他們至天津，再由李鴻章派人送至福建，搭船回琉球。大清國的差事就辦到這裡了。大清國坐視不救，任琉球自生自滅。日本人不領情還得寸進尺，和格蘭特說：「琉球前貢清國，不過虛名，只為貿易得利起見耳。」

大清國痲木沒感覺，僅把琉球看成是可有可無的「區區之貢」。做君的糊裡糊塗，做臣的庸庸碌碌。他們以眼見為實而短視，不會去想像視而不見的來日。因此，不思作為、毫無進取，態度疏忽行為怠惰。國際社會對於清、日關於琉球的爭執，公開的態度雖是中立，但不等於不明白是非。英國駐清公使威妥瑪指出：「琉球事件真正決定了中國的命運，它向全世界宣布，富饒的清朝帝國願意任人宰割，而不願意用武力抵抗。」

格蘭特搭好鵲橋，讓清、日見個面。兩國都有意談談，又都挺彆扭不來不往。日本得了利益，黑不提白不提是正理，大清國是失主也不著急，究竟何意呢？沒人能理解！僵持了一段時間，倒是日本先開了「破冰之旅」。

西元一八七九年十二月三日，李鴻章的衙門裡進來個叫竹添進一的，自稱「日本閒人」，也沒帶什麼官方手續，奉上書信一封，開篇就說：「天下無兩婚之婦。」琉球兩屬是日本一手造成的，儘管大清國從不承認。竹添進一沒有名分，到底是受爹媽指使還是日本政府的委派呢？這句「天下無兩婚之婦」，表明的是他的個人立場還是日本政府的態度呢？一時不好妄斷。李鴻章肯見竹添進一，若不是開恩或者平易近人的話，一定是不拘於國際慣例。他們談了什麼，無可稽考。西元一八八〇年三月二十六日，竹添進一又至，帶來分島方案，說日本願講兩國之好，將琉球群島中最南部的宮古、八重山兩處分給清國。

琉球群島由三十六島組成，北部九島，中部十一島，南部十六島。之所以打算將琉球南部的宮古、八重山給清國，竹添進一的解釋是：格蘭特調停，說李鴻章爭琉球，是因為琉球南部與臺灣相接，為東洋門戶，日本若占，有侵逼清國之勢。故此，日本願意忍痛割愛！

---

9. 耳目官：琉球位階，為上級士族。

宮古、八重山荒蕪貧瘠，是琉球群島裡的兩小堆群島，最近鄰臺灣。按照竹添進一的分島方案，日本得到的是北部和中部的二十島，清國得到的是南部的十六島。若論眼前利益，日本的分島方案，當然打的是日本算盤。若論長遠，這兩處永遠威脅著臺灣的安全。竹添進一的分島方案附條件，即修改兩國的《通商章程》，允許日本人進入清國內地貿易，加入「利益均沾」條款。竹添進一說：「**清國舉其所許西人者，以及於我商民；我國亦舉所許西人者，以及之清國商民。**」

八月十五日，清廷對竹添進一的方案做出三分琉球的修正，即北部各島歸日本，中部各島給琉球復國。南部各島歸清國。按照這個修正案，琉球王國不能滅，日本要把中部的十一島物歸原主。

日本不答應，清日雙方又開始打文仗。

事情就是這麼湊巧，這時剛好趕上俄國侵占新疆伊犁，清廷擔心俄國拉攏日本，想先施以懷柔，聯日孤俄。為此，定策接受日本的分島方案，修改清、日《通商章程》。經過八輪談判，清、日兩國達成協定，簽訂《琉球專約》，約定三個月內御筆批准，在北京換約。按照清廷的計劃，收回宮古、八重山後，自己並不打算真要回，而是給琉球復國，繼續進貢！

不料，清、日換約之前，清、俄關係先打破僵局，談判出成果，簽訂《伊犁條約》。沒有了俄國的威脅，就可以全心全意地對付日本！於是，不少人就覺得和日本分琉球吃了虧。反正還沒換約呢，就先牽著小日本，島於是不分了！這個「悔約」的主意，終成為清廷的決策。

西元一八八一年，清廷發上諭推翻成議，引得日本公使宍戶璣憤然出京，以示抗議。清廷因失信而心虛，像欠了日本的債，再也羞於提「琉球」二字。日後，竹添進一當了日本駐天津領事，和李鴻章挨得近了，難免串串門子，傻乎乎地提了琉球的事，說是趕快來個了斷，以後誰也不許再提。李鴻章倒顧左右而言他了！清廷上下都怕日本借題鬧事，怕日本勾結俄國，怕西北邊庭重生不靖。怕這怕那，庸人自擾，琉球之事不了了之。大清國雞飛蛋打，雞毛也沒落一根，徹底和琉球說了掰掰。

琉球是被大清國親手拋棄的。

垂餌虎口，列強入韓

李鴻章開講，給朝鮮灌迷湯

《江華條約》簽訂之後，日本在朝鮮大顯身手，在政治上培植親日力量，經濟上壟斷朝鮮市場。起初，日本自己沒有什麼商品可販賣，只能充當中繼販子，對朝貿易主要是轉賣英國產品，然後賺取中間利潤。日本商人還從朝鮮廉價進口農產品和原料，通過低買高賣，轉賣加價等手段投機發財，牟取暴利。

朝鮮與滿洲接壤，大清國視滿洲為龍興之地。日本人來到朝鮮，大清國腳下搖晃了起來。幾年來，日本侵臺灣、征朝鮮、謀琉球，馬不停蹄。清廷對日本日益警惕。不光北京紫禁城裡提心吊膽，地方督撫也耿耿於懷。

前文提過的丁日昌，他在福建巡撫任上曾奏《條陳海防事宜》說：「朝鮮不得已而與日本立約，不如統與泰西各國立約。日本有吞噬朝鮮之心，泰西無滅絕人國之例，將來兩國啓釁，有約之國皆得起而議其非，日本不致無所忌憚。」所謂「泰西無滅絕人國之例」很有意思，大清國對西方列強普遍有好感。西方戰爭的慣例是戰勝國享特權，迫使戰敗國賠款割地，東方的慣例是戰勝國來戰敗國做皇帝。因為日本的緣故，丁日昌擔心朝鮮的命運，慮其有國亡主滅之虞。丁日昌想引列強來朝鮮牽制日本。兩江總督劉坤一也致函總理衙門說：「務勸高麗結好泰西，以杜日俄窺伺。」他又考慮到俄國因素。

清廷百般拿捏，要「以夷制夷」，引西方列強入韓牽制日本，確保滿洲安全，密諭李鴻章聯絡朝鮮，令其與西洋各國通商。李鴻章也正是打的這個主意。

西元一八七九年八月，李鴻章給朝鮮元老李裕元寫密信，說日本行事乖謬，居心叵測，應早為之防。為今日計，宜用以毒攻毒，以敵制敵之策。以朝鮮之力制日本或虞不足，以統與泰西定約通商，制日本則綽乎有餘。他長篇大論，最主要的重點是日本不可交，西方列強倒是塊香餑餑。似乎大清國與西方簽了幾十年條約，先嘗到許多甜頭。

李鴻章誘導朝鮮和西方簽條約，說泰西通例，不得無故奪滅人國，其志不過欲通商耳，保護過境船隻。又因俄國與朝鮮相鄰，他勸朝鮮：「若貴國先與英、德、法、美交通，不但牽制日本，並可杜俄之窺伺，而俄亦必遣使通好矣。」還代為謀劃：「不必別開口岸，但就日本通商之處，多萃數國商人，其所分者日本之貿易，於貴國無甚出入。若定其關稅，則餉項不無少裨。熟其商情，則軍火不難購辦。隨時派員分往有約之國，通聘問、聯情誼，平日既休戚相關，倘遇一國有侵占無禮之事，盡可有約各國，公議而非，鳴鼓而攻，庶日本不致悍然無忌。貴國亦宜於交接遠人之道，逐事講求，務使剛柔得中，操縱悉協，則所以鉗制日本之術，莫善於此，即所以備禦俄人之策，亦莫先於此矣……。」

李鴻章給閉關自守的朝鮮上了一堂外交課。大清國靠天靠地靠外夷，就是不靠自己，口口聲聲說是朝鮮的上國，卻不敢給朝鮮撐腰，這回更要垂餌虎口，把朝鮮放到列強的嘴巴底下。

朝鮮失去原色

朝鮮到底還認大清國這個宗主，聽了李鴻章的話，與英、美、德、俄、法、義、奧、匈等國開談。

朝鮮首先與美國談。最初的朝、美談判在中國天津舉行，代表朝鮮方面的是中國人李鴻章及其幾位幕僚，和朝鮮政府代表金允植、俞允中。美國方面主談的是海軍將軍薛斐爾。

西元一八八二年一月間，開始進行談判。鑒於日朝《江華條約》規定朝鮮為自主國家，李鴻章令幕僚為朝鮮起草了提交給美國的條約草案。第一條旗幟鮮明：「**朝鮮為中國屬邦，而內政外交事宜向來均得自主。**」美國代表認為這是自相矛盾，不能成立。按照國際法，內政外交均得自主的就是獨立國家，而不是屬邦。薛斐爾指出，朝鮮與美國平等談判，與中國無關；美國不以朝鮮為中國屬邦，而朝鮮若願奉中國旨意，美國亦不過問。

雙方反覆辯論，李氏草案形同廢紙。大清國志大才疏，無力左右局勢。五月二十二日，朝、美談判移往朝鮮漢城（現今首爾），雙方代表簽署《朝美修好通商條約》。不久，朝鮮又與英國、德國簽約。

在朝鮮與各列強談判時，李鴻章照方抓藥，都試圖塞進他的草案，想把大清國的宗主地位坐穩，都沒成功。列強個個得意，紛說美國首破成例，薛斐爾挫敗了李鴻章。對此，英國學者季南指出：「**有人認為，薛斐爾挫敗了李鴻章，要他承認中國有宗主權的要求，可是單憑他在天津進行談判這件事，實際上就承認了這一點。**」這真是一種幽默。以後列強經常陷入矛盾，出於功利目的，對屬國論或承認或否認無定見，像喝了李鴻章的迷魂湯。從根本上說，列強否定屬國論，時而有默認的情形，則是為自身利益行權變。

列強涉足朝鮮，它們的商品進入朝鮮市場也不必再經日本一手，這就砸了日本中繼販子的飯碗。大清國線不白牽，確有「以夷制夷」之效。可日本自己的產業有了長足的進步，沒有了中繼販子的好處，還有關稅上的特權，日本藉此向朝鮮傾銷商品。由於成本低廉，售價比列強的便宜，銷路看好，日本找到新的增長點。而朝鮮受到外來經濟的衝擊，失業和破產劇增，對外抵觸情緒嚴重。官貪民怨，上下相嫌，人心不安，社會混亂。

「壬午」、「甲申」之變

兵變！日本「合理」涉足朝鮮

日本對朝鮮，用意並不在賺幾個投機倒把的小錢，而在政治野心。幾經努力終成正果，攬到一個好活兒——幫朝鮮建立西式軍隊「別技軍」。

別技軍受日本教官訓練，待遇高於舊式軍隊。舊式軍隊不能按時領餉還會被苛扣，官兵不滿，怨氣彌天。

西元一八八二年農曆六月五日，朝鮮京城裡發放軍糧，欠糧一年僅發一個月的量，且多摻雜糟糠和砂石等雜質。軍兵與糧委會發生衝突。兵曹判書閔謙鎬將其定性為「暴亂」，進行鎮壓，引發兵變，閔謙鎬被殺。朝鮮民間積蓄已久的不滿，如同乾柴遇火被兵變點燃起來。變兵亂民打開監獄，放走人犯；衝進王宮，軟禁國王；欲殺閔妃而未得。一不做二不休，他們襲殺日本人，日本練兵教頭崛本等十三人遇害。朝鮮人還不解恨，又縱火燒了日本公使館。日本公使花房義質狼狽逃竄，遁走仁川。西元一八八二年是農曆壬午年，這次兵亂因此稱為「壬午兵變」。

兵變發生後，亂軍請大院君主持公道。朝鮮李熙為亂兵要挾，宣布大小公務稟決於大院君。大院君受閔妃一族排擠歸隱，閔妃越不得人心，他威望越高。大院君一面發餉大赦，安撫亂兵，一面安插親信，排擠閔妃勢力，迅速穩定了局勢。為了從政治上徹底埋葬閔妃，大院君迫不及待地宣布閔妃死亡，舉行國葬，而此時，閔妃正躲在外地親戚家裡窺伺風向。

另一方面，日本內閣召開緊急會議，黑田清隆中將等人要求立即出兵朝鮮。陸軍卿山縣有朋和外務卿井上馨認為，日本還沒有做好和大清國交鋒的準備，應避免與大清國衝突。建議向朝鮮興師問罪，見好就收。

清國方面，接到駐日公使黎庶昌的報告，也接到閔妃親信的急報。當時，直隸總督、北洋大臣李鴻章因母逝，正在廬江（今合肥）老家，兩廣總督張樹聲暫署其職，一面上報總理衙門，一面聯繫李鴻章。

總理衙門認為，朝鮮是藩屬，大清理應保護；日本是締約國，在大清屬土上受了驚，也應一併護持。因此，大清師出有名，也必須出兵，以防日本趁機而入。於是，命令張樹聲派兵入朝。這時，大清國已經有了福建船政、南洋、北洋、廣東四支外海水師。北洋水師超勇、揚威二艦的主炮能夠打穿二等鐵甲艦。因此，大清國是無所畏懼的。

張樹聲命令記名提督丁汝昌率北洋水師趕赴仁川，命提督吳長慶率淮軍六個營共三千人東渡入朝。就在這支隊伍中出了一位歷史人物——大名鼎鼎的袁世凱，當時只有二十三歲，他隨軍任營務處[10]會辦。

八月十日，丁汝昌率超勇、揚威、威遠三艦抵達朝鮮，揚威艦的艦長就是後來在甲午海戰

10. 營務處：官署名。清末督、撫多增募軍隊，因設營務處，以道、府文官充任總辦、會辦等，負責軍營行政。

中名揚天下的鄧世昌。北洋軍艦如猛虎下山，直入朝鮮王京漢城的門戶仁川港。日本的兩艘軍艦先已在泊，並不阻攔，清軍亦無戰意。兩國海軍都學歐洲，奉行西方的國際慣例，還互鳴禮炮致敬，心裡暗自較勁，而面子上都過得去。

丁汝昌考察形勢後，回國接應大部隊。八月二十日，他率威遠、日新、泰安、鎮東、拱北諸艦，載大軍入朝。按照李鴻章的指示，要避免與日軍衝突，清國大軍選擇在遠距仁川三十公里的南陽登陸。大清國赴朝部隊到齊後，快刀斬亂麻，連做三件大事：

一、進駐朝鮮王京漢城。

二、設計拘捕大院君。

三、鎮壓兵變。

日軍並不去鎮壓亂兵，也不干涉清軍的鎮壓，只為找朝鮮問罪。日本駐朝公使花房義質，面謁朝鮮國王李熙，提出一系列索賠要求。八月二十七日，在朝鮮濟物浦港的日本軍艦上，雙方舉行談判。日本要求朝鮮謝罪賠款、懲辦兇手，允許日本駐兵保護使館，擴大對日本的開放範圍，增開新口岸。八月三十日，雙方簽訂《濟物浦條約》（又稱《仁川條約》）和《修好條規續約》。日本通過條約以保衛使館的名義獲得駐兵權——這是日本走出國門殺向世界的起點。

從此，朝鮮地面上有了日本兵。但日本國窮，駐兵海外全如窮小子住飯店，靡費不起，也不過駐軍兩個中隊二百四十人（後又撤回一個中隊）。《濟物浦條約》和《修好條規續約》是

《江華條約》的深入與發展。對日本在朝鮮經濟利益的擴大化，大清國尚不敏感；如今，日本駐兵朝鮮，大清國開始心煩意亂了起來。

黨爭，雙方誰的後臺硬？

「壬午兵變」後，為了阻止日本勢力在朝鮮擴張，清廷接連出招：

第一、將吳長慶的三千兵力六個營屯駐朝鮮王京。這樣，大清國的駐軍超過日軍十二倍以上，一旦有警，立竿見影就能把日本的氣焰壓下去。

第二、朝鮮窮得可憐，還要向日本賠款，大清宗主要幫忙墊一點，貸款白銀五十萬。

第三、贈朝鮮以武器彈藥，並令吳長慶派員為朝鮮教練新軍。

第四、簽訂《中朝商民水陸貿易章程》，加強兩國商貿關係，排擠日本在朝鮮貿易中的地位。

第五、派員幫助朝鮮辦外交、商務、礦務。

五條措施皆為防範日本，控制朝鮮。

大院君被抓去清國，軟禁於保定。國王李熙懼內，朝鮮政權掌握在閔妃手裡。過去，大院君無限親清，閔妃相對親日。現在，大清國抓了大院君，替閔妃鏟了絆腳石。要說她還算有良心，對大清國多了親近，對日本有了戒心。

此時，朝鮮崛起一批具有初步民族獨立意識的貴族青年，如金玉均、朴泳孝、洪英植、徐光範等人。他們受到日本明治維新的影響，主張開化自強，擺脫大清國獨立，自稱「開化黨」；因其親日排清謀獨立，又為時人稱作「日本黨」或「獨立黨」。開化黨後起，沒有多大地盤。朝鮮的統治集團是老派的親清勢力，人稱「事大黨」；「事」即服事、侍奉之意，「大」指大清國。

閔妃年輕，心眼活泛。她不是日本黨，相形之下更為事大，但又不像大院君那樣單純事大。大院君講理想，與大清國有共同的價值觀；閔妃重實際，趨於利而輕於義。所以，她腳踏兩隻船，事大之外，與沙皇發展曖昧關係。李熙做起傀儡國王負責吃喝玩樂，亦非全無算計。他事大不純，偶爾也親日，曾在開化黨慫恿下，組織起「朝鮮紳士遊覽團」赴日本考察三個月，參觀人家「改革開放」的成果。閔妃兩口子雖事大但卻都有心機，大清國未來的麻煩還會少嗎？

朝鮮為壬午兵變善後，向清國和日本兩路派使。赴清的是「謝恩使」，由事大黨組成。屬國來「謝恩」，大清國榮耀。赴日的是「謝罪使」，由開化黨組成。他們忍辱負重，到了日本備受恩寵，還受到天皇的接見。

日本賞謝罪使臉，對《濟物浦條約》規定的五十萬日元賠償金，原說每年十萬，五年還清，現改為每年五萬，十年還清。鼓勵他們為爭取國家獨立而奮鬥。謝罪使們受寵若驚，把日本當成靠山。從日本謝罪回國後，朴泳孝建議國王李熙聯日排清，自主建國，李熙深嘆氣暗點頭。

朝鮮的大權掌握在事大黨手裡，開化黨在側窺伺，他們都是年輕人，官卑職小，無法推動改革大業。事大黨多是老傢伙，位高權重，故意把這些小官們調來調去，讓他們一事無成。年輕人們達成共識，要改革必須先奪權，發動政變，推翻事大黨的一群老傢伙。

西元一八八四年八月，大清國為越南對法國宣戰，駐朝清軍奉調撤回三個營一千五百兵。朝鮮開化黨的機會來了，日本也加緊了在朝鮮的活動，鼓動朝鮮脫離清國獨立。《濟物浦條約》規定的賠款尚餘四十萬，日本願予免除，貼補朝鮮的改革事業。年輕的開化黨有恃無恐，策劃政變。

袁世凱駐朝，年紀尚輕，肩上擔子不輕。他是吳長慶的幕客，吳長慶奉朝廷旨意，派員為朝鮮教練新軍，派的正是袁世凱。中法開戰後，吳長慶率三營撤回。朝鮮形勢微妙，袁世凱有所察覺，密稟李鴻章：「朝鮮君臣為日人播弄，執迷不悟，每浸潤於王，王亦深被其惑，欲離中國，更思他圖。」李鴻章趕緊報於總理衙門，以為警示。

袁世凱的密報發出尚不足月，開化黨的政變就發生了。西元一八八四年十二月四日，朝鮮郵政大樓落成，這是開化黨廢除驛馬，創辦近代郵政的政績工程。開化黨洪英植任郵政總辦，發請柬大肆慶賀。布下鴻門宴，設下機關，欲將清國駐朝官員和事大黨一網打盡。

黃昏日落，貴客們該來的都來了，日本公使竹添進一和大清國的袁世凱卻沒露面。袁世凱是先走了一步！有一種版本，說袁世凱揣著槍帶保鏢先到，弄得開化黨措手不及。他問開化黨，怎麼人都沒來？時間搞錯啦？我還有公事，不能久等，吃點小點心、喝點小飲料算是賀喜，打完牙祭後，他嘴一擦就走了。照此看來，袁世凱早有警惕。其他版本與此大同小異。袁世凱早到早退，竹添進一又有何公事呢？開化黨向嘉賓們解釋說是因病缺席。

宴會中突然牆外火起，閔妃外戚禁衛大將軍閔泳翊離席察看遇刺，帶傷返回，撲倒席前。

政變由此揭開序幕。開化黨按照事先的布置，捕殺事大黨，聯絡日本人，分頭行動。金玉均、朴泳孝、洪英植、徐光範等夜闖深宮，挾持國王和閔妃，要坐實政變的合法性。在金玉均的催逼下，國王李熙手書「日本公使來護朕」七字詔。這時，駐朝日軍不過一個中隊一百二十人。日本公使竹添進一當即點起人馬衝進王宮，控制了高宗。次日，開化黨向全國發布《革新策》，宣告新政府成立，朝鮮獨立，廢除對清國的宗藩關係。他們扯下了大清國的龍旗，不再奉為國旗，打出自己的新國旗——太極旗。

國王李熙不甘心任開化黨擺布，祕密派人到清營求救。清國在朝鮮尚有三營駐軍一千五百人，相比日軍兵員上占絕對優勢。此外，袁世凱還掌握著為朝鮮訓練的三營軍隊。他與提督吳兆有、總兵張光前計議，照會日本公使館，告以朝鮮內亂，清軍有保護屬邦之責，將入宮護駕，請日軍撤出王宮。日軍霸住王宮，不予理睬。吳兆有、張光前躊躇不前。袁世凱警告說：「若再不發兵入宮，不但朝鮮保不住，連我等歸路都要被截斷。」催促吳兆有下令發兵，不惜與日本一戰。吳兆有終於採納。

駐朝清軍發兵入衛，袁世凱居中路，吳兆有、張光前分兵於左右翼。日軍和開化黨軍開槍阻擊，哪裡能敵。清軍人多勢眾，衝進王宮。郵政總辦開化黨洪英植斃命於朝鮮兵的亂刀之下。國王李熙已被挾持出宮，幾經周折，清軍救駕回鑾。高宗獲救後，下令捕殺開化黨，通緝在逃犯。

日本公使竹添進一敗走仁川，逃難回國，金玉均等開化黨尾隨而去。朝民仇日甚久，藉機發洩，日本僑民受到人員和財產損失，使館也被焚毀。事後，袁世凱向李鴻章報告，說日本公使竹添進一自焚使館，似為不確。對混亂中清軍的表現，亂定後清、日兩國說法不一，日方承認清軍護送日本婦女到仁川交予竹添進一，又指責清軍對日本僑民打家劫舍。對此，清國不予接受。

西元一八八四年是農曆甲申年，此事因此被稱為「甲申事變」。從壬午到甲申，兩年間朝鮮一亂再亂。

大清與日本「坐下」協商

日本政府接報後，決定採取穩健對策，不爭軍事短長，而謀外交進取。一方面，當時日本國力有限，軍力不足，對大清國頗為顧忌；另一方面中、法兩國正在越南開戰，日本怕為人作嫁，使法國漁利。

袁世凱的果斷勇敢，引起李鴻章的注意。事後，袁世凱建議乘勢而進，對日本示以必戰之決心，對朝鮮則完全控制，派大員監國。袁世凱年輕氣盛，膽大敢為。李鴻章老成持重，謹言慎行，他欣賞袁世凱的銳氣，自己卻暮氣沈沈。事實證明，李鴻章才是大清國的貼心人，清廷給他發來密諭：「目前辦法，總以定亂為主，切勿與日人生釁。」袁世凱到底還是稚嫩了些。

袁世凱與日本爭雄占了上風，卻給清廷闖了禍。日本指責袁世凱妄啓釁端，向清廷提出抗議，讓大清國對朝鮮甲申事變負責。清廷因中法戰爭的牽累，願息事寧人，也認袁世凱是個禍主。清廷派會辦北洋事宜吳大澂、兩淮鹽運使續昌赴朝鮮為甲申事變善後，把袁世凱調查了一番，還株連了別人。因此，都埋怨袁世凱。

日本任命外務卿井上馨為全權大臣赴朝鮮談判，並將此事知照清國駐日公使黎庶昌。黎庶昌電請清廷授來韓的吳大澂、續昌以全權，和日本方面交涉，清廷沒有准請。清廷勸朝鮮忍耐，把守衛王宮的軍隊悉數調回。清廷退一寸，日軍就進一尺，於是二進宮，援軍也開進京城。在這樣的陣勢下，日本、朝鮮舉行談判！

清廷兩大臣吳大澂、續昌想作為宗主代表與日本一談。日方原有與清國代表談判的準備，但見他們的名分是「查辦朝鮮事宜」，便說是權位不當，無政府授權，不具備談判資格，拒之於門外。

日方與朝方開閉門會議。朝鮮全權代表又是金弘集，簽《濟物浦條約》時他是主談，這回還由他主談，當然又談出個類似的東西，名叫《漢城條約》。條約規定朝鮮向日本書面道歉，賠款十一萬日元，對殺害日本人的凶徒從重處罰，為日本重建公使館等等。

甲申事變引發清、日兩軍武裝衝突，無論如何，清、日兩國也得談談；清、日談好了，朝鮮才能太平，否則，亂無止期。於是清、日兩國約定，相會於天津。

西元一八八五年四月二日，日本宮內大臣伊藤博文、農商大臣西鄉從道來天津談判。出發前，伊藤博文曾與清國新任駐日公使徐承祖晤談，表示清、日如同一家，當使西人不敢正視，雙方軍隊應同時撤出朝鮮，免得以後擦槍走火讓俄國人撿便宜。徐承祖電報國內，正中李鴻章下懷，淮軍駐韓三年，師疲人怨，他早有心撤回。

清國首席談判代表是李鴻章，副代表是吳大澂和續昌。談判中，雙方難免口舌之辯，伊藤博文指責袁世凱，李鴻章指責竹添進一，互以對方為肇事者。日本方面提出三點要求，一是議處營官（指袁世凱），二是撫恤日本受難僑民，三是雙方同時撤兵。

李鴻章只答應磋商第三點。僵持中，他說：「朝鮮事中國並未辦錯，其錯處全在竹添。若因此決裂，我唯有預備打仗耳！」李鴻章辦外交，一輩子沒厲害過幾回，這回還真嚇了日本一跳。日本的軍力抗不過大清國，雖在預備打仗，卻還沒預備好。在不能抗衡的情況下，從朝鮮清空大清國的軍事存在，才是避免吃虧的辦法。前兩點談不出結果，伊藤博文不想因小失大，就擱置下來談第三點。

李鴻章或許是虛榮心獲得滿足的緣故，談鋒甚健，興致亦高，慷慨陳詞一番：「我有一大議論，預為言明。我知貴國現無侵占朝鮮之意，嗣後若日本有此事，中國必派兵爭戰；若中國有侵占朝鮮之事，日本亦可派兵爭戰；若他國有侵占朝鮮之事，中、日兩國皆當派兵救護。緣朝鮮關係我兩國緊要藩籬，不得不加顧慮。目前無事，姑議撤兵可耳！」他得意忘形，信口開河，引狼入室，幾乎許給日本與清國同等的特權！好在胡說亂侃不用簽字，誰也不能信以為真。匪夷所思的是，最終奉旨簽下的條約竟與此相去不遠。

會後，雙方各擬了一個撤兵草約送致對方商酌。清國草約中有一條排斥日本的條款，說雙方不向朝鮮派兵，日後朝鮮生亂，朝鮮國王若請中國出兵與日本無涉。日本草約的第一條也說雙方不向朝鮮派兵，第二條又說戰時是否派兵不在此限。清國是朝鮮的宗主，無論日本是否承認都必須面對現狀。因此，清國可以排斥日本出兵，日本卻無由排斥清國出兵。日本草約要為自己派兵留下餘地。雙方互不認可。

四月十五日繼續開談。會前，李鴻章接到總理衙門的電旨，指示他變通草約為：兩國遇有朝鮮重大事變，各可派兵，互相知照。清方的變通是一種喪失原則的重大讓步，使日方有了與清國對等的派兵權！

伊藤博文暗自竊喜！大事已定，他又談回前兩點，重提開戰的責任。按照中國人的習慣，大事都講定了，雞毛蒜皮還算事嗎？可日本人是以斤斤計較見長的，大處著眼自不必說，小便宜也不能放過，即使一時取之不便，遲早也要找到機會補回來。李鴻章本以為已擱置的話題，伊藤博文卻是略施小技，先謀根本利益，繞道迂回再謀微利。伊藤博文說是中國兵先開的槍，李鴻章說是日本兵先開的槍。伊藤博文說，如果日本兵先開槍，只能打中前面的朝鮮兵，不會打到中國兵。李鴻章說中國兵開槍也只能打中前排開化黨的兵，不會打到日本兵。兩人爭過兵，又爭國王，都把國王拉過來證明自己的合法性。朝鮮國王李熙，耳軟心活，當著日本人他感謝竹添進宮，當著中國人又說亂臣矯詔，他從未讓日本人進宮。這種表裡不一更加大了清、日兩國的互不信任。

伊藤博文提出請美國居間公斷，李鴻章以為大事都談妥了，為小事找裁判，徒令西人恥笑，應該盡量放寬，不爭細節。伊藤博文不認同。吳大澂插話說，裁判必要確定是非，若中國不是，中國肯定不服；若日本不是，日本肯定也不服。縱使你們兩位大人都認，兩國官民也不會認。總有一方不得其平，怎能和好呢？他的立場當然與李鴻章一致。裁判行不通，伊藤博文堅持讓清方處理營官。李鴻章順水推舟，說營官都是我的部下，我行文申飭好了。伊藤博文揪住話頭兒，要求李鴻章按這個意思給他寫個照會，以便他和國人有個交代。李鴻章慶幸能揭下這帖黏人的狗皮膏藥，當即答應下來。

西元一八八五年四月十八日，清、日雙方簽訂《中日天津會議專條》。主要內容有三條：一、四個月內雙方均撤出駐朝鮮軍隊；二、兩國均不再派員教練朝鮮兵；三、以後遇有變亂重大事件，兩國或一國要派兵赴韓，應先相互行文知照，及其事定，仍舊撤回，不再留防。

《中日天津會議專條》後患連連

條約讓伊藤博文占盡便宜，李鴻章吃虧還渾然不覺。按照第三條之規定，清國要派兵朝鮮，需知照日本；日本知照清國，也有權利出兵。清國因是朝鮮的宗主才有權利出兵，日本享有同等權利，該算朝鮮的什麼人呢？這條規定動搖了大清國的宗主權，更埋下遠患。大清國之所以失琉球，就是由於琉球一身二許讓日本有了動手腳的餘地。現在，朝鮮的處境較之何異？

日、朝曾簽《江華條約》，確認朝鮮為自主之國，其用意在於聲明朝鮮非清國屬國，這是別人挖坑埋了大清國。《中日天津會議專條》承認日本之於朝鮮有與大清國對等的派兵權，這是大清國挖坑埋了自己。李鴻章自鳴得意地說，條約可保朝鮮二十年無事。他以為所有的問題在天津都已一併化解，以後盡可安享太平之福了。但後來事實卻給了他一記響亮的耳光：不足十年之後的甲午戰爭，日本出兵朝鮮，《中日天津會議專條》第三條正是其法理依據之一。在這場戰爭中，日本徹底打敗了大清國，一躍成為亞洲的霸主！

簽約同日，李鴻章兌現諾言附照會給伊藤博文，表示駐朝清軍未能小心將事，他要行文戒飭。對日方訴清軍搶掠傷害日本僑民之事，他說因無確證，將派員調查，一經查證，必依法嚴辦。

伊藤博文帶著《中日天津會議專條》，再拿去這樣的照會，簡直可以凱旋回日了。既能向日本人民交代，也可讓全世界看！從壬午到甲申，大清國兩次在軍事上壓制了日本，但兩次事後的外交抗衡中，日本都做了贏家。

李鴻章以為唬弄趕走了伊藤博文，這是他看不清事實的痛點。當然，他也有精明之處，在致函總理衙門時，如下幾句話不無見地：「大約十年內外，日本富強必有可觀。此中土之遠患，而非目前之近憂，尚祈當軸諸公及早留意是幸。」李鴻章高看日本，日本卻還之以輕蔑，伊藤博文回國後說，大清國剛和法國打完仗，似乎要奮發有為了，可是一二年後則因循苟安，誠如西方人所說，中國又睡覺矣。

朝鮮風雲變幻，大清國需要針對朝鮮的幹才。當別人都抱怨袁世凱惹是生非的時候，李鴻章卻說袁世凱：「兩次帶兵救護韓王，屢立戰功，該君臣士民深為敬佩。」他拿袁世凱向清廷薦賢。這是袁世凱人生的轉捩點。此前，他是吳長慶的私人幕客，不入清廷官僚序列，李鴻章點石成金讓他做了四品官，有了名分：大清國駐朝鮮通商事宜。

李鴻章待袁世凱恩同再造，對待朝鮮，念大院君親清事大，想放他回去，日後可以起到一些好作用。袁世凱有良心該感念李鴻章的知遇之恩，大院君念大清國什麼恩呢？就為抓他放他一擒一縱嗎？「壬午兵變」時，他被疑為幕後推手，清廷把他抓回來軟禁在保定。本來大院君回國無望，偏又峰回路轉，慈禧太后要放他回去穩定朝鮮。大院君最親清的時候被清國抓捕，經過四年軟禁虎要歸山。一來此大院君已非彼大院君，二來難說閔妃不做噩夢。老公公與兒媳婦誰將成為大清國的死黨呢？在後來的在甲午戰爭中，大院君終為日本所用。

西元一八八五年，於大清國不平凡，於日本更有意義——不光簽下了《中日天津會議專條》，還出了篇名作《脫亞論》。

文章發表於三月十六日的《時事新報》，作者叫福澤諭吉。他指出日本雖在亞洲，卻已脫離亞洲之痼陋而神通西洋文明，日本國早有脫亞入歐之民意。不幸的是，日本有清國和朝鮮兩個近鄰，對現代文明熟視無睹。西洋文明人誤把三國視為一丘之貉，這種誤解成為日本外交上的障礙。文章也指認過去的日本是壞蛋，「脫亞」包括自我解脫臭毛病，該知恥而後勇，不可與清國、朝鮮為伍，應與西洋文明共進退。不必因為是鄰國就客氣，要以西洋方式對其進行處理……。

本來，日本就想把和歐洲列強簽不平等條約的損失，從左鄰右舍身上找回來，現在，理論基礎更紮實了。文章不長，卻在日本家喻戶曉，成為名篇，至今不朽。

巨文島斡旋

大清聯俄，英國退出

壬午、甲申兩次事變，日軍與清軍都在朝鮮照了面。日本軍事上沒優勢，外交上有進展，既試探了清國的決心，又動搖了它對朝鮮的宗主權。

按照《中日天津會議專條》，清、日兩國從朝鮮撤了軍，朝鮮一變而為真空。真空一出人盡生心。朝鮮是俄國南下來亞洲的必經之路，俄國有心在朝鮮謀個不凍港，因此，對朝鮮有情有義，很想「保護」它。

俄國在亞洲的對手是英國。西元一八八五年，英、俄兩國為阿富汗爭鬥，關係緊張，俄國調軍艦集於海參崴，有起錨南下太平洋之勢。英國怕俄國搶它的亞洲地盤，先下手為強。四月間，英國海軍突然占領朝鮮巨文島，立定腳跟後才和朝鮮打招呼，說是暫借，以防不測。朝鮮沒義務讓自己顯得慷慨來成全英國，自然是要求英國撤兵。此島是朝鮮濟州海峽的要路，英國卡在這裡，俄國艦隊南下來亞洲就得先鑽過大不列顛的口袋陣。俄國惱火，日本也緊張，朝鮮水深火熱，各方都找大清國交涉。大清國不著急不上火，事發突然，事關重大，錯綜複雜，要仔仔細細慢慢辦。

清廷認為，英占巨文島是防俄，並非與朝鮮和清國為難。因此，不發異議暗中與英國做交易，要求英國向朝鮮和清國支付經濟補償。這令俄國不安，給大清國發來照會：「若中國政府承認英國占領巨文島，則俄國認為有占領其他島嶼或朝鮮王國之必要。」俄國要占朝鮮對日本來說，那是動它的地盤。日本坐立不安，可國力尚弱，拿俄國莫奈何，便四處打探，惶如餓犬。清廷如夢初醒，不敢玩火，發照會要勸退英國。英國不予理睬，像個沒事人似的。大清國一連數月一催再催，英國終於回覆說撤出可以，但清國必須保證俄國不侵略朝鮮。

大夥兒都圍著朝鮮轉悠，勾心鬥角找機會。日本故意給俄國透口風，說清國近來有廢朝鮮國立為郡縣的打算。雖是不懷好意，亦非空穴來風。朝鮮多事，大清國要謀個長治久安之法，從廢國王李熙選立幼主，到向朝鮮派監國大臣，再到把朝鮮變為大清國的一個行省，議論紛紛。清廷拿這些方案反覆權衡，既怕與日本衝突又怕列強干涉。最終空議半天，全無進展。日本對俄國透過口風，掉過頭去又告訴清國，俄國對朝鮮有侵占之意，要在永興灣謀不凍港。

湊巧的是穆麟德給朝鮮和俄國當「紅娘」事機敗露。此人原是德國駐天津領事，卸任後成為李鴻章的私人朋友。壬午兵變後，李鴻章把他當自己人派去朝鮮辦外交。大清國聽說朝鮮和俄國已訂密約，俄國負有保護朝鮮之責。日本提示大清國，再清高下去不干涉內政，屬國就沒了！大清國心意憂煩，真就派鐵甲艦去朝鮮永興灣轉了一圈。回途上去日本長崎養護時，還發生了水兵與當地警民毆鬥事件，釀成一樁慘劇。此事留待後敘。

日本縱橫捭闔，當然不是坐懷不亂讓別人占便宜。它對俄國又恨又怕，希望以清國為橋頭堡，擋在俄國與朝鮮之間，把機會留給自己。

西元一八八六年八月十三日，袁世凱在朝鮮向李鴻章呼叫，告訴他截獲了朝鮮的聯俄電報。八月二十日，袁世凱一天內給李鴻章發去七封電報，談的全是朝鮮和俄國，說朝鮮李熙居然以做我大清屬國為恥，要轉投俄國！說自己已經挑明了，讓李熙休得妄想。李熙甚為驚慌，推說一無所知，全是小人造謠。袁世凱要求李鴻章給他派兵，高調表決心：「如有五百兵，必可廢王，擒群小。」李鴻章既不如袁世凱勇敢，也不如他莽撞，當然不敢發兵。

大清國對朝鮮廢李熙、設監國、收為行省都推敲過了，結果這也不成那也不成，最後想出一招以為能成功，那就是以俄制日：對於日本而言，清國占朝鮮就如同替日本託管，沙俄要占了朝鮮，那是肉包子打狗有去無還；對於大清國而言，俄國比日本好打交道，甚至可能是個好夥伴——大清國定策聯俄，拿俄國牽制日本。

大清國押中了這一寶。清、俄兩國把意見交流了，一致認為日本施展小伎倆，意在使清、俄相爭，從中漁利。這樣一合計，清、俄的矛頭同指日本。為了讓日本死了謀朝鮮的心，俄國承認清國對朝鮮的宗主權，只要英國退出巨文島，俄國保證不侵略朝鮮，倘日本染指朝鮮，俄必興兵逐倭。

大清國穿梭斡旋，拿著俄國的白紙黑字問英國，俄國保證了，英國還有什麼擔心呢？英國已占巨文島近兩年，師出無名，不好耍賴。西元一八八七年二月，英軍撤出巨文島。

美國插手，朝鮮開了眼界

占領巨文島這件國際難題是大清國解決的，不然大英帝國和沙皇帝國非打起來不可。大清國在外交上有所收穫，把宗主國的地位強化了。幾方面都占了上風，唯日本不得所欲。雖然大清國贏得一輪外交，但朝鮮連年不靖也夠拖累人的，急需加強控制。

清、日《中日天津會議專條》協定雙雙撤兵，清國是宗主不能撒手不管，日本也費盡苦心常惦念。因忌憚穆麟德通俄，日本外相井上馨致函清廷，提出以美國人取而代之。清廷接受了。美國這個國家也很神祕，百年之前還是受人欺壓的殖民地，轉眼之間就做了世界的小王之一。當時，它的可信度非常之高，亞洲就清、日這麼兩個還上得了檯面的國家，都信任美國。

穆麟德開缺，李鴻章推薦美國前駐天津領事德尼頂補。這人比穆麟德還糟糕，當年日本攻臺灣，他慫恿，這次更辜負了李鴻章的推薦，又慫恿朝鮮「結洋獨立」，自主辦外交。德尼又引來李仙得，就是日本侵臺時諮詢過的那位，這兩個傢伙去到朝鮮一唱一和，害得大清國著急上火。

在德尼和李仙得看來，朝鮮是自主國家，不是任何國家的屬國，他們本著這種原則在朝鮮工作，人緣混得比大清國的袁世凱好。袁世凱是愛國者，但樂遊玩厭讀書，修養有限。自西元一八八五年至一八九四年清日甲午戰爭，袁世凱的所作所為儼如朝鮮的太上皇。朝鮮越要蠢蠢欲動，袁世凱越要彈壓，不要說朝鮮開化黨，就是國王李熙都恨袁世凱，但卻又同時懼怕他。袁世凱有一副愛國肝膽，但想在朝鮮這樣一個列國雜處的環境下維護宗主權益，有很大難度。如果奉行不干涉政策，對朝鮮的內政外交不聞不問，就混同於普通一國，顯示不出宗主權，上國地位只能停留在口頭上空喊。

袁世凱所經營者，就是向全世界宣示大清國對朝鮮的權利，讓朝鮮清醒地認識到自己的屬國地位。為此，他對朝鮮的干涉可想而知。今天想來，這怨不得袁世凱。若以儒家文化觀看問題，袁世凱可歌可泣。今人看他滑稽，是因為文化觀念變了。大清國堅守華夷秩序不思改變，袁世凱也死不動搖，不知道他所捍衛的文化正在窮途末路之上。

大清國以夷制夷，引列強來朝鮮。按照西方的國際慣例，正常國家間要建立外交關係，需互設公使館，互派使節長駐。朝鮮這種做小伏低的屬國，哪裡懂什麼外交關係！全得力於德尼、李仙得的悉心指導。朝鮮井蛙出於墟，見到花花世界開了眼，大清國的盛世之光就暗淡了。

西元一八八七年八月，朝鮮向美國派駐外交官。這等於向全世界宣告它是自主國家，獨立行使主權，並非誰的屬國。袁世凱不懂洋規矩，傻小子看家，盯著瓶瓶罐罐。但他身邊有能人，助手唐紹儀，是留美學生出身，洞悉洋規矩，提醒袁世凱朝鮮要出軌，必須干預。

袁世凱的干預人人反感。美國提抗議指出，美朝簽約平等自願，條約規定互派使節，清國無權干涉。進一步質問，朝鮮有使節派駐日本，清廷不加干涉，卻阻撓向美國派使，居心何在？大清國啞巴吃黃蓮，有苦不能言，不能明說是以夷制夷牽制日本，更不能禁止列強登堂入室掀開朝鮮的蓋頭真見面。

受到抗議的大清國搓著手不好往長處伸，又不甘心就此罷手，要求朝鮮把派赴美國的外交官朴定陽的全權公使改為三等公使。而朝鮮不肯去掉全權之意，頭一回衝出亞洲走向世界，憑什麼要他們自輕自賤呢？朝鮮對大清國強調，與美國是對等交往，美國來全權，朝鮮去三等，豈不失禮？朝鮮提出妥協方案，派全權公使去美國遞交國書，之後再派個書記官把全權公使替回來。無論如何，朝鮮堅持讓「全權」在世界上亮個相。大清國無話可說，提出三點要求：第

一、朝鮮公使抵美後，須先向大清駐美公使報告，同赴美國外交部；第二、參加國家間的正式儀典、集會等，朝鮮公使當跟隨大清公使之後；第三、遇重要事項，朝鮮公使應先同大清公使磋商。朝鮮點頭應諾。

西元一八八七年十一月十二日，朝鮮公使朴定陽抵美。清國駐美國公使張蔭桓等著他報門而進。大概是將在外君命有所不受吧，朴定陽徑直獨往美國外交部，一連數日也不去找張蔭桓報到，單人獨騎先後拜會了美國國務卿、美國總統。張蔭桓無比憤恨又無可奈何，遂向北京發報訊息。北京立即通電袁世凱，袁世凱闖宮見國王李熙。李熙當然低頭認錯，但事實證明他並不悔改。之後，朝鮮越來越與大清國離心離德。

海軍衙門開張

法國炮艦引發清廷鼓噪

早在十八世紀，法國就有心向越南擴張，以抗衡傳統敵手英國對亞洲的圖謀，因法國大革命的爆發影響了進度。

越南與中國邊省雲南、廣西接壤，本為中國版圖的一部分，漢唐兩朝都曾設官管理。宋朝初年，越南始與中國脫離。但人是文化的動物，脫離中國政權並不等於脫離中國文化，因為在進入「世界」以前，它是「天下」唯一的文明。越南不敢自絕於文明，還要做中國的藩屬。

中國熱衷於華夷秩序，既是文化的結果，也是安全的需要。法國人不懂規矩，老想著刨牆鑽入藩籬，西元一八七四年法國與越南簽訂《法越和平同盟條約》，公然宣稱越南獨立。只是越南還不懂什麼叫「獨立」，更習慣因襲，大事小情依然要問問大清國的主意，兩國你有情我有意，還有宗藩關係。法國的目的是變越南為東方的法蘭西，沒有得逞又不甘心失敗，這一次又弄得大清國後院火起。

從總理衙門的奏摺中，能看出清廷對問題的認識較為清醒。奏摺說：「環伺而起者，不止一法國。相逼而處者，不止一越南。此不特邊疆之患，抑亦大局之憂也。」當時，日本已吞併了琉球改為沖繩縣，正在虎視著朝鮮，英國據有緬甸想向西藏發展。一旦法國人占領越南，再一邁腿就會前腳踩雲南，後腳踩廣西。如此下去何以收拾？清廷決定不賞法國這個臉，出兵越南，把法國人趕出去。

法國陸軍在越南與清軍作戰，沒占到便宜。法國海軍遠東艦隊從南中國海北上，進入福建船政水師基地馬尾港，伺機發動進攻。大清國的封疆大吏、欽差大臣們，面對強敵坐以待斃。這些人裡既有張佩綸，也有何如璋。年輕的福建船政水師像個剛破殼的幼雛雞，沒撲幾下翅膀就被完封了。大清國的第一支近代海軍未能殲敵，一艦全軍盡覆，被扼殺在搖籃裡。

朝廷也曾調南、北洋水師援閩。當時的兩江總督、南洋大臣是曾國荃，直隸總督、北洋大臣是李鴻章，都明哲保身，不肯出兵。曾國荃揚言不能坐視，接令後卻說：「南洋只有南瑞、南琛、開濟三船，不足當鐵甲一炮。」南洋的主力是兩艘德國巡洋艦南瑞、南琛和國產戰艦開濟。李鴻章也怕法國鐵甲艦，言及北洋水師則說：「我船小皮薄，絕非其敵，易為敵炮轟沈。」北洋的主力是兩艘英國巡洋艦超勇、揚威和兩艘國產戰艦威遠、康濟。當年，北洋在德國訂造的鐵甲艦定遠、鎮遠本該回國，由於德國中立，依國際慣例不能交貨。法國是德國的仇家，怕德國搗鬼，先放出狠話說要在公海上截擊。德國並沒打破規矩，於是什麼也沒發生。

法國是世界第二海軍強國，排名僅在大英帝國之後。南、北洋都沒有鐵甲艦，曾國荃、李鴻章二位爺自掂斤兩，全都避戰保船，拒不援閩。那年月的朝廷，已非清軍入關時的殺氣沖天可比，此時，竟調不動他們了！

戰後，慈禧太后要求臥薪嘗膽，亡羊補牢。西元一八八五年六月二十一日，朝廷頒發上諭：「自海上有事以來，法國恃其船堅炮利，橫行無忌。我之籌劃各禦，亦嘗開立船廠、創立水師；而造船不堅，制器不備，選將不精，籌費不廣。上年法人尋釁，疊次開仗，陸路各軍屢獲大勝，尚能張我軍威。如果水師得力，互相援應，何至處處牽制？當此事定之時，懲前毖後，自以大治水師為主。船廠應如何增拓，炮臺應如何安設，槍械應如何精造，均須破除常格，實力講求。至於遴選將才，籌劃經費，尤應謀之於豫，庶臨事確有把握……。」慈禧太后發號召，要「大治水師」！

日本侵臺時，朝廷就發上諭籌議海防。防了十年，日本近憂未解，法國遠患又來。這回，上諭再令沿海督撫、將軍：「各抒所見，確切籌議，迅速具奏。」老生常談，督撫、將軍們又是一通大鳴大放。朝廷又收到一大堆奏摺，其中李鴻章的摺子搏得紫禁城的青睞。以前，曾有外國輿論說中國應該設一個海軍部，使海軍中央化。李鴻章的摺子沾了洋氣，談的就是這個問題，他指出：「宜添設海部，或謂宜設海防衙門。有專辦此事之人，有行久之章程，有一定之調度，而散處之勢可以聯絡。若專設有衙門，籌議有成規，應手有用款，則開辦後諸事可漸就緒，至辦之愈久，愈有裨益。一切詳細綱目，須參考西國海部成例，變通酌定，南、北一律，永遠遵循，斯根柢固而事權一，然後水師可治。」

總理衙門一如十年以前，歸納各種觀點，出具真知灼見，上奏說：「與其長駕遠馭，難於成功，不如先練一軍，以為之倡。此後分年籌款，次第興辦……查北洋遮罩畿輔，地勢最為扼要，現有船隻亦較他處稍多，擬請先從北洋開辦精練水師一支。」按照這個意見先練一軍，從北洋水師開始。十年前，恭親王奕訢主持總理衙門就是這個主意，但兩宮太后不知怎麼嘀咕的，改為南、北兩洋齊步走。現在，慈安太后死了，恭親王下臺了，主持總理衙門的是他七弟醇親王奕譞，龍椅上坐的是奕譞的兒子光緒皇帝，後面一枝獨秀慈禧太后垂簾聽政。醇親王奕譞與恭親王奕訢如出一轍還是想先練一軍，覺得北洋給北京城守大門更為重要。不知是慈安死的緣故，還是慈禧不死的緣故，反正懿旨准了：先練北洋水師！

「國控」海軍的尷尬

這次海防討論，李鴻章最為受益，一來他的北洋水師獲得獨自壯大的機遇，二來他的設海防衙門之議也被採納。為此，還把他召進紫禁城面奏。

這個話題並非首議，可以追溯到總稅務司英國人赫德。英國海軍部成立於西元一五四六年，是三百多年前的舊事。而大清國的競爭對手日本也在西元一八七二年成立了海軍省。赫德在西元一八七九年曾向清廷毛遂自薦做總海防司。赫德是大清國的錢袋，沒有他稅都收不上來，因此他對中國有貢獻，他的稅務司是大清國最廉潔的衙門。

赫德想做總海防司，有自己的小算計。若說他要把大清國往火坑裡推，那可就惡語傷人六月寒了。當時主事的恭親王奕訢，有成全赫德之意。但南、北洋兩大臣李鴻章、沈葆楨都反對，認為赫德有攬權之嫌，難保不誤中國的大事。沈葆楨以赫德推薦蚊子船而不買鐵甲艦為由，質疑他不懂海軍。李鴻章的幕僚薛福成寫了篇《論赫德不宜總司海防書》，認為赫德：「為人陰鷙而專利，怙勢而自尊，雖食厚祿、受高職，其意仍內西人而外中國。彼既總司江海各關稅務，利柄在其掌握，已有尾大不掉之勢，若複授為總海防司，則中國兵權、餉權皆入赫德一人之手。」薛福成獻計於李鴻章，萬一不能阻止恭親王奕訢，那就正告赫德，總海防司必須親往海濱，專司練兵。薛福成斷定赫德貪戀利權，不肯捨此就彼自請開缺於總稅務司——這樣，他總海防司的美夢就化成了泡影。

這件事使李鴻章對赫德有了戒心，超勇、揚威都是赫德推薦的，由於出了海防司問題，李鴻章就不再托赫德購艦，才輪到李鳳苞辦理。赫德的總海防司終未做成。之後，有人提出過與赫德類似的建議，出了成果，那就是總理衙門之下增設了一個「海防股」，管些開票報銷之類的雜務，和海防大事不相干。

大清國沒有國家海防，只有地方海防。赫德是否要攬權姑且不論，但清國確實需要有個海防司總攬全局，不能再各自為政下去。恭親王奕訢下臺前有感於時局艱難，海防吃緊，想設個海防衙門，專管沿海七省海防，統一調度，在煙臺設專署。他欲委命於李鴻章，李鴻章卻推辭不就。因為大清朝廷無兵，軍隊盡歸地方。李鴻章身為疆臣之首，有自己的地盤，犯不上捨總督實權而就海防虛位。做個被架空的水師總管，遠不如做實權總督。這事還沒等到進一步推動，恭親王就在與慈禧太后的鬥法中落馬，被勒令「回家養疾」，七省海防於是不了了之。

慈禧太后召李鴻章進京論海軍，關於海軍、關於朝鮮都談了不少。來之前，李鴻章剛和伊藤博文簽下《中日天津會議專條》，能分享的事可多了，想必朝廷吸取了他不少意見。

西元一八八五年十月十二日，懿旨頒下，定策先練北洋一軍，設立總理海軍事務衙門，指派醇親王奕譞為海軍衙門總理大臣。李鴻章被任命為兩個會辦大臣中的第二位，排名在慶親王奕劻之後，成為海軍衙門的第三號人物。三人中李鴻章是唯一懂洋務，辦過海軍的。

西元一八八六年一月二十日，兵部左侍郎黃體芳上奏，請開去李鴻章的會辦差使。黃體芳列出四條理由：一是李鴻章身為直隸總督，公務繁重，而海軍需要專人研求，不便兼任；二是李鴻章的權力已經很大，如果兼辦海軍，「兵權益盛，恐用以禦敵則不足，挾以自重則有餘」；三是李鴻章辦洋務將近二十年，耗費國帑「以億萬計，百弊叢生，毫無成效」；四是李鴻章所信任的人都是「貪詐卑汙之輩」，會辦海軍勢必貽誤國家。

慈禧太后並不兼聽則明，只偏信李鴻章，說黃體芳「妄議更張，跡近亂政」，令吏部議處，黃體芳因此官降一級。李鴻章為扶保大清國效過犬馬之勞，如今重兵在握，慈禧太后待他既投桃報李又羈縻權臣。此前，翰林院編修梁鼎芬就上摺子，為海防之弊、對法戰爭失利歷數李鴻章有六可殺之罪，同樣遭貶。

海軍衙門白手起家，衙無專署，人為兼差，從奕譞到李鴻章都是兼職，具體辦事人員是從神機營臨時抓的差，公章也是借的。神機營是禁衛軍，醇親王專管，人財物盡由調遣，十分方便。直到三年後，海軍衙門才有自己的公章，六年後有了自己的衙署，等到第九個年頭北洋水師全軍覆滅，海軍衙門也走到盡頭被撤銷。這是後話，姑且不表。

海軍衙門開張後，表面上海軍邁出走向中央化的步伐，實際上大清國的水師沒見起色，海軍經費的空頭支票上仍然蓋著「資金不足」的戳子。海軍衙門沒有權威，拿地方沒辦法，不想交錢的照樣不交。而且經過海軍衙門的中轉，錢到南、北洋的帳面上還要遲到。儘管李鴻章常犯糊塗，卻是大清國不可多得的明白人。奕譞遠沒有李鴻章那兩下子，在任五年，他忙著給慈禧太后修頤和園，給自家修王府，給自己修墳，墳沒修好他就死了。他曾經是修園的反對者，可最終園子是他修成的。他盼著兒子光緒皇帝親政，希望慈禧太后去遊山玩水，修園就是要給老太婆找個去處，分分心，寄情山水，也便於放權。還算走運的是，他在臨死前看到了兒子親政。

修頤和園的錢與海軍有瓜葛的，唯有醇親王奕譞讓李鴻章集資的二百六十萬兩，他以「海軍鉅款」的名義存進了洋行。可這只是名義啊，集資前就講明了是修園費用，正由於是拍慈禧太后的馬屁，才有號召力，才能集來鉅款。如果說是為海軍，一分錢也集不來！因此，不應將這筆拍馬屁的鉅款和海軍經費混為一談。不能因為頤和園是海軍衙門修的，就想說是用海軍經費，甚至狹義到北洋水師軍費修的。海軍衙門不光管海軍，還管電線、電報、鐵路、開礦等諸多洋務。至今尚未有人說修園子挪了修鐵路的錢、設電報的錢、架電線的錢、開礦的錢，只是因為北洋水師被全殲了，就想當然地拿來做北洋水師的文章。北洋水師的經費從來就沒收齊過，長期以來進帳不足百分之五十，維持自身運轉都困難，拿什麼去修園？

歷史不能證明頤和園是海軍經費修的，能證明的只是清廷文化觀念的腐朽與執政能力的低下。家國一體公私不分，以致將民脂民膏一擲千金地揮霍於一家一姓之私：為慈禧太后修三海（中海、南海、北海）花了一大筆錢；為同治皇帝修墳花了一大筆錢；為光緒皇帝辦大婚花了一大筆錢；為慈禧太后修頤和園花了一大筆錢；為慈禧太后萬壽花了一大筆錢。這幾筆大錢如果拿去壯大海軍，不光北洋、南洋這兩支海軍可以具備勝於日本海軍的堅強實力，就算再建兩支這樣的海軍也綽綽有餘。

長崎爭殺

關於「長崎爭殺」，眾說紛紜，事實怎樣，真偽何辨，人言人殊。傾向於日本的觀點，幾乎把北洋水兵描畫成尋釁滋事、打架鬥毆的兵痞無賴；傾向於清國的觀點，說日本民眾都嫉妒大清國有一流鐵甲艦，喊出「打沉定遠」的口號。李鴻章在事件發生後，說爭殺肇始於妓樓。明確說來，這件事與朝鮮通俄有關。

朝鮮不光有事大黨親清、開化黨親日，還有親俄勢力。有消息傳到大清國，說俄國艦隊欲以保護為名，開進朝鮮東海岸的永興灣，目的是踩點建設不凍港。朝鮮既為大清國屬邦，大清國就享有特權，不容他人覬覦朝鮮。清廷打算派北洋艦隊去永興灣遊弋幾日，以操演練兵的名義哨探，向全世界宣示清國對朝鮮的宗主權，表明捍衛屬土的決心。

北洋水師擁有兩艘世界一流的鐵甲艦定遠、鎮遠，具有威懾作用，此趟航行當然要去，但鐵甲艦長途航行，需要作例行維修，以為養護。永興灣不具備條件，就近的選擇是日本長崎港，這頗契合大清國震懾日本的意思。日本從不承認朝鮮是清國屬邦，現在卻熱望清國炫耀宗主權，讓北洋秀秀鐵甲艦給俄國看，因此對鐵甲艦的維修養護，日本願行方便。日本想利用大清國制俄，以防俄國染指朝鮮。

這件事發生在英國占領巨文島期間，與當時的大國博弈有關。

記名提督、天津鎮總兵丁汝昌兼理北洋水師，他和總查英國人琅威理接下李鴻章交代的任務。西元一八八六年八月二日，北洋水師定遠、鎮遠、濟遠、超勇、揚威和威遠六艦前往朝鮮東海岸的永興灣。連續多日，海上練兵，觀察動靜。唯見風平浪靜，波瀾不驚，根本沒有俄國的蹤影。

八月七日，北洋六艦分作兩路，超勇、揚威北上海參崴，接勘察清、俄邊界的特使回國。定遠、鎮遠由濟遠、威遠陪同前往日本長崎做例行維修。

八月九日，北洋四艦抵長崎。

八月十三日星期五，「爭殺」開了肇端——前文說過，這天駐朝鮮的袁世凱曾向李鴻章報告，說截獲了朝鮮的聯俄電報。

肇端一開，輿論譁然。當地的英文報紙《長崎快報》稱：「有一群帶有醉意的清國水兵前往長崎一家妓館行樂，因而發生糾紛。館主前往警察局報告，一日警至，已順利將糾紛平息。但因清國水兵不服，不久乃有六人前往派出所理論，非常激動，大吵大鬧，引起衝突。日警一人被刺重傷，而肇事的水兵也被拘捕。」此屬偶發事件，報稱起因於「妓館行樂」，李鴻章說「肇始於妓樓」，兩種說法基本吻合。日方與清方交涉，要求清水兵不再登陸。但接下來，反而爆發了第二次大規模衝突，爭殺起來。時間是兩天後的星期日，八月十五日。

北洋水師是西化軍種，按西曆作息。星期天是假日，水兵不情願拘守在船上，要求放假外出。丁汝昌鑒於前車，堅辭不准。總查琅威理認為酷暑天氣，不宜過分約束。丁汝昌退後一步，准下午放假半天，為免意外，禁止攜帶兵器。北洋水兵便赤手空拳上了岸。

當晚，凶釁起於廣馬場外租界及華僑住區一帶，北洋水兵與日本警察及長崎市民混戰三小時不等，雙方傷亡八十餘人。因何而起則各執一詞。清國的說法是，日本警察挑釁，數百上千人將各街巷兩頭堵塞，逢兵便砍，還於沿街樓上潑沸水、擲石塊。北洋水兵散在各街購物，徒手無備，故吃大虧。混戰中，日本人的詘罵和叫喊，反映出對清國擁有一流鐵甲艦的嫉妒，以及對「北洋水師要收琉球」的敏感；日本方面的說辭是，清國水兵報復兩天前的仇恨，向日本巡警挑釁，終有百餘水兵圍毆巡警，致巡警死亡。當地警署聞報，增援巡警。長崎市民氣不過，與清國水兵毆鬥起來。

事件對清、日關係造成傷害。如何解決呢？兩國開始交涉，磨嘴皮子打文仗，都沒錯誤不認帳，攻人之短揚己之長。李鴻章聘請了英國大律師，連續交涉半年沒結果。問題的關鍵是事實不能認定，是非說不清，都指對方為不是。在德國的調停下，清方提出「傷多恤重」的原則，這就意味著用中國智慧解決問題，大事化小，小事化無。日方接受這個原則，雙方達成共識，不爭是非，傷多恤重。

西元一八八七年二月八日，日本外務卿井上馨與清國全權大臣徐承祖簽約，將事件歸因於語言不通產生誤解，引發鬥毆，願兩國不因此影響友誼等等。大清國賠本賺吆喝，北洋水兵死五名，失蹤五名，受傷四十四名，日本國死兩名，傷二十七名。清方向日方受害者支付撫恤金一萬五千五百日元，日方向清方受害者支付撫恤金五萬二千五百日元。對於肇事者的刑事責任，雙方約定各自按國內法追究，互不追究。

在長崎事件交涉過程中，兩國關係緊張，日本國內甚至傳說清國要開戰。中國上海的《申報》還轉譯了一則《長崎日報》的相關消息：「傳聞中國內閣，謂長崎事遷延至今，日本人實屬非理。今後可不必口舌相爭，務與日人相見於煙彈炮雨中。又稱，日國人民知政府決意與中國開戰，已將軍情密備矣。」實際上，兩國政府均無戰意。清國方面因為談不下來，談判人員建議總理衙門兵壓日本，總理衙門謂其「似涉張皇」。日本方面先將此事作為地方案件處理，談不下來後，就升級為國家大事，移送到外務省。誰也沒想要打仗，巧合的是，南洋水師按計劃出巡，遊歷朝鮮海岸，這引起日本的緊張，以為清國真的要兵壓日本，忙與總理衙門交涉，才知道是虛驚一場。

事後，日本有感於海軍實力不及清國，更懼怕北洋定遠、鎮遠的威名，加快了海防步伐，不斷地修築炮臺，擴充海軍力量。從政府要員到知識精英都在全國遊說演講，為海軍募捐，半年內募集二百萬日元。天皇下令從內廷費用中節省三十萬元，捐資海軍。政府還發行了一千七百萬日元的海軍公債。

有人認為正是由於北洋水師的這次日本之行，助推日本海軍進入擴張新階段，兩艘鐵甲艦刺激了日本。也就是說，北洋水師過早地暴露了自己的實力，這次日本之行是清廷的失策。其實，即使北洋水師不來，日本照樣擴充海軍。清廷派北洋水師來長崎有炫耀心理，更是出於鐵甲艦例行維修的實際需要。日本海軍的發展是必然的，而且也是持續的。問題在於北洋水師違背必然律停滯，才讓烏龜趕超了兔子。

北洋成軍

西元一八八六年五月，北洋水師巡遊朝鮮永興灣前夕，海軍衙門總理大臣醇親王奕譞曾來北洋，觀南、北兩洋水師會操。北洋水師出動了鐵甲定遠、鎮遠，快船濟遠、超勇、揚威以及蚊子船和魚雷艇。南洋水師來了三艘巡洋艦：南琛、南瑞、開濟。

朝廷大政方針已定，先練北洋一軍，醇親王奕譞覺得北洋水師不夠厚實，和南洋水師加在一起才能像個樣子。過去李鴻章總怕被南洋水師吞併，現在北洋水師的實力超過了南洋水師，醇親王奕譞並沒想讓北洋吞併南洋，他另想了一個壯大北洋的辦法：福建船政水師覆滅後，朝廷欲加強臺澎海防，委託李鴻章為閩省購艦。李鴻章從英國訂購了兩艘巡洋艦致遠、靖遠，從德國訂購了兩艘巡洋艦經遠、來遠。醇親王想既是先練一軍，不如把這四艦先給北洋，使其壯大，獨立成軍。回京後，他奏稟慈禧太后，說北洋為京師拱衛，水師船少，俟明年英、德新訂快船四隻北來，合之北洋五船，自成一隊。太后准奏。這樣，李鴻章獲益，北洋水師白撿了四艦。

至西元一八八七年年底，經遠、來遠、靖遠、致遠四艦分別在德國、英國竣工，接回大清國。北洋「遠」字型大小的巡洋艦就有了七艘，其中定遠、鎮遠是一等鐵甲艦，經遠、來遠是二等鐵甲艦。致遠、靖遠、濟遠是穹甲巡洋艦。北洋水師的硬體設施一躍為亞洲之最，正式成軍的問題開始浮出檯面。

大清國的國家常備軍是八旗和綠營，但這兩支正規軍被太平天國消滅殆盡。在政權幾乎易手的時刻，是曾國藩、李鴻章組織起號稱湘軍、淮軍的民兵鎮壓了太平天國。事後，曾國藩怕權大招禍，解散了湘軍，李鴻章卻把淮軍當成政治資本和權力後盾。淮軍已經歷史性地取代了八旗、綠營，成為國家的武裝力量，可並沒掌握在清廷手裡，當家人是李鴻章，這也是清廷防範李鴻章的原因。所以，儘管李鴻章頂著文淵閣大學士的空名，號稱李中堂，名分如宰相，卻進不去軍機處，算不得真宰相，只是地方疆吏。朝中的清流言官總攻擊他，恨及他的洋務，都嫌他手握兵柄權大，李鴻章成為眾矢之的。

外海水師是後起的西化軍種，沒有納入大清國的國防系列，算不得正規軍。大勢所趨令西化軍種越來越重要，想不正規都不成，必須轉正。為此，要定崗定編，設立營制、餉制和官制。北洋水師有洋人總查和吃過洋麵包的留學生做軍官，要按照洋規矩建軍。在丁汝昌的領導下，也保留了不肯割捨的中國特色，諸如部隊編制、軍官設置等方面，沒打算與歐洲海軍接軌，比較注重與自己的淮系陸軍對口，因此，不學歐洲設中將、少將、上校之類的軍銜，還是大清國自己那套提督、總兵、副將直至老把總之類的官稱。也沒像日本海軍那樣採用西式軍裝，戴有風向帶的海軍軍帽，而是保留著淮軍特色，穿對襟襖、緬襠褲，戴布包頭；如果膚色再黑點兒，留起鬍子，就像印度兵了。布包頭的好處是能把辮子全扣在裡面，西式軍帽無此神功，戴在頭上兩條風向帶加一條辮子，三條黑綹讓人不知道該看哪條。

北洋水師以英國、德國海軍章程為藍本，雜燴清軍舊制，土洋結合自立規矩，起名為《北洋海軍章程》。李鴻章曾致函醇親王說：「查各國水陣，唯英最精最強，而法德諸國後起學步，其規模亦略相仿。吾華船政學堂，本襲英國成法，故北洋現在辦法及此次所擬章程，大半採用英章。其力量未到之處，或參仿德國初式，或仍遵中國舊例。」

西元一八八八年十二月十四日，海軍衙門向慈禧太后上奏《北洋海軍章程》，三天後太后批下兩個字「依議」，章程得以頒行。這是北洋水師正式成軍的標誌，從此，它就是大清國的正規軍了！

成軍後，這支部隊以「北洋海軍」為官稱，但口語中人們還愛稱它為北洋水師。丁汝昌的天津鎮總兵也不幹了，專司北洋海軍，記名提督改授為實缺實銜，級別相當於歐洲的海軍中將。留過洋的林泰曾、劉步蟾分別為左翼、右翼總兵，兼為定遠、鎮遠二艦的管帶（艦長）。今人最為熟悉的鄧世昌為副將，管帶致遠巡洋艦，後來被殺頭的方伯謙也是副將，任濟遠艦管帶。這時，北洋海軍作戰艦船的總排水量在三萬噸以上，日本海軍為一點五萬噸，北洋海軍的實力超過日本海軍一倍。

北洋水師起步於西元一八七四年日本侵臺，至西元一八八八年正式成軍，十四年間走上巔峰，從此也陷於停滯，至西元一九八四年走完二十年歷程，全軍覆沒。

依李鴻章之意，購艦還要繼續，結果終未如願。官場上爾虞我詐，李鴻章越要發展，別人越要防範。都把日本甩那麼老遠了，卻還要購艦，怎能不落人話柄？就算有不壓制李鴻章的，又把軍艦當作了地主老財一次性投入置辦的田產，肥田沃土還需要更新換代嗎？北洋海軍成軍後原地踏步，只在西元一八九〇年六月添了艘國產戰艦平遠號。李鴻章老愛說自成軍以來未添一艦，如果說不準確的話，那是因為添了平遠一艦。北洋海軍最終有了八艘「遠」字型大小主力軍艦，定遠、鎮遠、致遠、靖遠、濟遠、經遠、來遠七艦都是洋貨，唯平遠是清國造。定遠、鎮遠管帶銜最高，為總兵（少將）；平遠艦長銜最低，為都司（上尉）；餘者皆為副將（上校）。

西元一八九〇年三月，時任日本內閣總理大臣的陸軍大將山縣有朋拋出一份《外交政策論》，十二月又在國會演說《施政方針》，提出守衛主權線、保護利益線的觀點。所謂「主權線」即日本國家之疆域，「利益線」是與「主權線」安全緊密相關的形勝之地，具體指朝鮮和清國。他認為守衛主權線已不足以維護國家獨立，立足於形勝之地，保衛利益線，才能達到目的。所以，日本必須在朝鮮和清國站穩腳跟。

面對如此性情的日本，北洋海軍任重道遠，必須時刻準備著！可是，北洋海軍並不能主宰自己的命運，全得靠大清朝廷。大清國有什麼見識，就給什麼政策。大清國以弓馬取天下，會騎馬的多，見過大海的卻沒幾個。

科學技術日新月異，北洋海軍成軍時的艦船在八十年代都是先進軍艦，到了九十年代全落伍成為舊式。西元一八九一年六月，帝師、戶部尚書翁同龢奏請將南、北洋購買外洋槍炮、船隻、機器暫停兩年，以節省費用解部充餉。光緒皇帝准奏。北洋水師的腳步就立定在這裡。

此時，武備落後的日本海軍趕添艦船，悄無聲息地實現了超趕清國的動作。

洋員無實缺

北洋水師用洋總查

北洋海軍成軍一年多後，艦隊領導層發生了內鬨——總查琅威理和右翼總兵劉步蟾起了衝突。

總查，是北洋水師的總顧問、總教練，這個職位設置於八十年代初，那時李鴻章一方面購船購艦，一方面物色領軍之人。由於地方利益、門戶之見、官場之爭，決定了他要在淮系內部選賢。而淮系內部都是吃窩窩頭[11]的農民，既沒啃過麵包也沒乘過軍艦。李鴻章沒有自己的海軍人才，臨時抱佛腳辦天津水師學堂，但也不可能馬上就得到人才。福建船政學堂創辦在先，李鴻章只能借才閩省，搶人家的學生兵。學生兵年紀輕，未涉官場、未歷戰陣，看不出才幹與主見，他不敢把費盡心血弄來的船交給學生兵，選定淮軍舊將丁汝昌統帶北洋水師。可海軍要馳騁大海而非玩弄於股掌，不同於傳統水師，搖船劃槳開弓放箭就能打仗，船炮器械的管理與操縱，並非是人人都會，不要說發號施令的軍官，縱是聽候命令的水兵，非經特殊教育與訓練亦不能勝任。

11. 窩窩頭：是中國北方的一種饅頭。空心錐形狀，以前為窮人吃的便宜食物。

李鴻章隨即又通過物色洋員、洋教練的辦法解決問題，他辦海軍，對內借才閩省不夠，又對外借才異域。各個具體部門崗位上的洋員姑且不論，最重要的總查不可不提。丁汝昌是馬隊出身，海軍外行，忠心有餘能力不足。

北洋水師從始至終聘用過五位總查。西元一八八〇至一八八二年，第一任是英國人葛雷森，此人是商船出身並非海軍。幾經周折後，李鴻章又選定了英國海軍中校琅威理。起初，琅威理不願來，怕影響在國內的升遷，而英國海軍部也不願意拿自己已有多年經驗的現役軍官去幫助一個沒見過鐵船的亞洲國家。經過多種渠道的幾輪溝通，好事多磨談成了。第一輪任期開始於西元一八八二年，偏又半途遇到波折，西元一八八四年中法兩國為越南宣戰。英國中立，琅威理奉命回國。無奈之下，李鴻章臨時聘用了德國人式百齡。德國也是中立國，但式百齡是退役海軍軍官，法律上無禁令。北洋水師終未參戰，式百齡也沒施展。

李鴻章格外待見琅威理，中法戰後又聘他為北洋水師總查。第二輪任期始於西元一八八六年。琅威理再來，軍銜已升為海軍上校，李鴻章給加薪一百兩，月薪提高到七百兩。李鴻章有了經驗，在合約中約定，再遇戰爭，琅威理必須幫助北洋水師作戰，除非交戰對方是英國。這次，李鴻章給了琅威理提督銜。在琅威理看來，他就是丁汝昌以下的北洋水師的第二號人物。其實，這是誤解。李鴻章給琅威理的是虛銜，不是實權，就像今天給某人局級待遇並不就是任命他為現職局長一樣。大清國給待遇不給實權，是對洋人的羈縻之法，有它的難處和歷史必然性，因為辦洋務的目的是「師夷之長技以制夷」，由於自己無力制夷，這個偉大思想要靠「以夷制夷」來實現。李鴻章與琅威理簽約，程度深到琅威理必須幫助清國與外國作戰的地步，卻不給他權力，這是莫名其妙的，甚至是滑稽的。

琅威理生於西元一八四三年，在他二十歲那年，英國人李泰國、阿思本曾經組起一支短命的「英中聯合艦隊」，他因此初度來華。以後，又送過蚊子船，引起李鴻章的注意，才引出梅開二度兩次受聘為北洋水師總查的一段經歷。琅威理精通海軍業務，治軍嚴謹，訓練有方。從官兵的教育、駕船技術到槍械操作、排兵布陣無不言傳身教。為加強專門化訓練，他還聯絡英國海軍人員，為北洋各崗位搞培訓。

十九世紀的海軍，不僅是一種軍事存在，還是一種外交存在。琅威理到任後，北洋水師走向國際化，多次代表大清國開展外交活動，與外國海軍迎來送往，在增強北洋官兵海洋意識的同時，也使北洋水師成為一支為國際社會承認的海上力量。在琅威理的引領下，北洋水師的活動半徑北至海參崴，東至朝鮮、日本、琉球，南到香港、新加坡以及南洋群島，不斷向遠方開拓，航跡遍及整個西太平洋。尤其是對南洋地區的出訪，格外給華僑以振奮。

西元一八八七年，琅威理和北洋軍官去英國接致遠、靖遠，會合經遠、來遠後，走廠六甲海峽回中國，艦隊特意在新加坡停留數日以便華僑參觀。華僑激動得天天搖著龍旗來看軍艦，還為艦隊舉辦了「不忘宗國愛戴情深」的宴會。會上，琅威理代表艦隊致辭說，中國海軍已有自行操縱船炮之能力，歐人動謂中國管駕官如無西人輔之不能駕駛，則屬偏見，實際上中國各管駕才幹甚優。當時中國、高麗一帶戰船均由華人自行駕駛，並無西人在內。中國正在建築炮臺以資防守，不僅一國之船難以攻入，即便合二國之船，亦恐無奈之何。十年前中國與今日之中國大有不同。若再閱十年二十年必可與各大國爭雄。中國整軍經武，晝夜不遑，而其存心非欲結怨於人，抑或食人土地。不過欲自強起見，保護人民。他講得很到位，贏得掌聲陣陣。一個英國人肯代表中國講話，這本身就足以激發華人的自豪感。

劉、琅衝突的根由與影響力

琅威理與劉步蟾的衝突發生於西元一八九〇年冬訓中。當時，艦隊泊船香港，丁汝昌率致遠等四艦起錨巡遊南海，留在香港的人內鬨了。右翼總兵劉步蟾公然向琅威理挑戰。

總查一職是臨時設差，《北洋海軍章程》內無載。按照章程，艦隊的二號人物是左翼總兵，占據這個位置的是林泰曾。但林泰曾性格內斂，自甘人下，欠缺承擔精神。右翼總兵劉步蟾性格強悍，敢作敢為，占據了二號位。琅威理與中方簽的合約，約定他是提督銜，李鴻章一給北洋水師發電報，都說「丁、琅兩提督」，很給人面子，更給琅威理以錯覺。醇親王奕譞來威海大閱水師那年，又授予琅威理會統北洋水師提督銜二等第三寶星。琅威理沒奢望與丁汝昌並列當司令，自以為是副司令，沒意識到他得到的是虛名；他有的是提督虛銜，不是提督實缺。

琅威理認準了自己是副提督，但北洋艦隊裡只把他當成客座教練。劉步蟾個性強，看不慣琅威理副提督的作風。他出自福建船政學堂，後留學英國。學堂裡的大家從青少年時期就在一起，以劉步蟾為孩子王。李鴻章辦水師借才閩省，這批人就成了北洋水師軍官的主體，他們沿襲學堂舊習，對劉步蟾眾星捧月。琅威理看不慣，一提他們就撇嘴，稱作「福建幫」。劉步蟾不屑於馬隊出身的上級——安徽人丁汝昌，帶著福建幫把他冷落了。丁汝昌自然而然就依靠琅威理，丁、琅關係良好，琅、劉卻素非相善。

按照工作合約，琅威理對水兵有管教權、獎懲權。大清國的兵吃喝嫖賭都不稀奇，沒這些毛病倒不合情理，比如致遠艦長鄧世昌，他是廣東人，本來與福建幫就隔了一層，加之不嗜菸酒，不沾女色，就顯得古怪、不合群，讓人給起了外號：鄧半吊子。今天，我們見到這樣的外號，產生的聯想是吊兒郎當、不可靠、不穩重；其實不是，這個外號的意思是說鄧世昌怪，怪在吃喝嫖賭樣樣都不沾，沒「情調」！

琅威理什麼都要管，當兵的少不了要受他的調教。他調教士兵的方法簡單粗暴，不是鞭刑就是軍棍，這也是沿襲英國海軍的傳統。英國海軍軍官來自社會上層，水兵來自底層。軍官以水兵為低賤，不懂道理，像驢子一樣笨。所以調教要用鞭子。琅威理這樣管水兵，當兵的不喜歡，當官的也不喜歡，這倒不是北洋軍官反對暴力，而是因為「打狗還要看主人」，你琅威理憑什麼打我的兵？這是不把我放在眼裡？況且誰也沒把琅威理當長官。

劉步蟾厭惡琅威理，總憋著想找碴。終於，丁汝昌離船，機會來了。

一支艦隊由何種級別的軍官率領，一望旗艦主桅的旗幟便可知之。總兵旗是黑綠紅三色。丁汝昌是提督，代表提督職權的是黃灰黑藍紅五色旗，如果承認琅威理是副提督的話，丁汝昌離船，還有代理提督的琅威理在，桅杆上同樣應該懸著五色提督旗。艦隊每天熄燈前降旗，次日晨起升旗

二月二十四日，丁汝昌率致遠等四艦巡遊南海。旗艦定遠等留在香港訓練，船上無丁汝

昌，一直掛五色旗，是對琅威理權威的承認。三月六日一早，定遠桅杆上的五色提督旗不翼而飛，懸掛的是三色總兵旗，這代表艦隊的最高指揮官是總兵劉步蟾，於是衝突發生了。

琅威理質問劉步蟾，丁提督不在有我副提督在，憑什麼升總兵旗？

劉步蟾說，艦隊並無副提督，章程裡無載！

琅威理說，總查在章程裡也無載，難道我不是總查嗎？

兩強辯難，互不相讓，爭不出上下高低。

當天，琅威理就電報給李鴻章，並問他該升什麼旗，以為李鴻章會支持他。誰知，李鴻章回電發給了劉步蟾和林泰曾，電文不論是非，不解決矛盾，卻無中生有地說：「似可酌制四色長方旗，與海軍提督有別。」說不清他是糊塗還是明白：四色旗比五色旗少一色，比三色旗多一色，是比提督官小、比總兵官大的一級嗎？琅威理不正在這樣的位置上嗎？可李鴻章不是這意思，電報不是發給琅威理的。難道這不是一種相反的表態嗎？琅威理見電報發到了他對手的手裡，認為蒙受了奇恥大辱，又不可能從香港離隊去找李鴻章評理，一直忍到入夏回航。

六月二十五日，琅威理在丁汝昌的陪同下，去天津面見李鴻章談撤旗事件。李鴻章沒有支持琅威理，說平常稱琅提督是客氣，甚至肯定了劉步蟾的做法。琅威理不能接受，要以辭職為抗議。李鴻章認為，這不能成為辭職的理由，但並無挽留之意。

一系列虛銜榮譽，讓不瞭解大清國的琅威理剃頭挑子一頭熱，自命為副提督。見到李鴻章得到了解釋，完全算是一頭撞到牆壁上，他感到羞憤，覺得受到侮辱，做了一個假提督，被清國欺騙了。當時的輿論普遍認為，這次事件是北洋軍官的合謀，非劉步蟾一人的主意，因為他是核心，勇於任事，就由他出面而已。

琅威理最終提出辭呈，離開了北洋海軍，引發了中外輿論。眾議紛紜，猜測種種，有的說琅威理待下驕傲寡恩，不孚眾望；有的說大清國排外，虛偽待人。設在天津的英文報紙《中國時報》發表評論，說琅威理曾明確向李鴻章表示，要他做事，必須給他權力。否則，工作無法展開。李鴻章滿足了他的要求。因此，琅威理權力很大，與丁汝昌提督處於同等地位，北洋水師的大事小情幾乎全由丁汝昌與琅威理聯名簽署才有效力。中國方面拒絕承認琅威理的提督地位，於琅威理而言不外乎是欺騙，更是恥辱。

設在上海的英文報紙《北華捷報》連發社論，認為自琅威理來華，北洋海軍日新月異，李鴻章袒護下屬，琅威理才被迫辭職。中國人過河拆橋，忘恩負義，外國軍官如不與中國軍官同流合汙，就會遭妒忌、受排擠。琅威理若去，北洋海軍必陷於亂局，大清國還沒到擺脫外國顧問的時候……。這家報紙爆料說，琅威理實系艦隊的副司令，這是李鴻章和英國官方講好的……。

對此，李鴻章曾有言語涉及，予以否認。在一系列討論中，有為琅威理抱屈的，有為大清國叫好的，兩相對立。試圖公允公正的觀點認為，琅威理辭職使北洋失去了一位優秀的海軍軍官，但北洋海軍在自己軍官的領導下，仍然可以茁壯成長。丁汝昌在一些場合對琅威理的去職曾表示惋惜，不過他也說大清國是不會給洋人以提督實缺的。

就琅威理的辭職，英國外交部令駐清公使華爾身調查，知照清國駐英公使薛福成要求做出解釋。薛福成電詢李鴻章，李鴻章既堅定又倔強，覆電稱：「琅威理要請放實缺提督，未允，即行辭退，不能受此要挾！」薛福成對英方做出如下解釋：「接海軍衙門兼北洋大臣文內開：琅威理請派水師實缺以代虛銜，若不准給，定須告退。查此項實職給予外國官員實屬向來所未有，是以未能答允，只得准其告退。琅威理在中國水師效力殊屬有功，唯因有此情形，以致不能任用，中國海軍衙門甚為悵惜。」

琅威理在職時，中英兩國處於蜜月期，外人甚至以為兩國建立了戰略同盟簽有密約。琅威理的非正常離職，導致中英關係降溫倒退。英國軍方批准琅威理辭職，命令他回國。還做出決定：召回在華之英國軍官，不再接受中國海軍向英國派遣留學生或來英國實習訓練。

在兩國關係以外令人痛心的是，琅威理辭職後，北洋海軍權操自我得以完全實現，如能爭口氣也好。恰恰相反，北洋海軍上面將帥不和，下面軍紀不整，訓練廢弛。官兵們每到一地先上岸尋樂，淫賭成風。按照《北洋海軍章程》，提督以下不設衙署，總兵以下不設公館，常年駐船。琅威理一走，駐船的幾乎就剩下鄧世昌一人。時人姚錫光著《東方兵事紀略》說：「琅威理督操甚嚴，軍官多閩人，頗惡之。右翼總兵劉步蟾與有違言，不相能，乃以計逐琅威理。提督丁汝昌本陸將，且淮人，孤寄群閩人之上，遂為閩黨所制，威令不行。琅威理去，操練盡弛，自左右總兵以下爭挈眷陸居，軍士去船以嬉。每北洋封凍，海軍歲例巡南洋，率淫賭於香港、上海。識者早憂之！」這一切都是軍隊建設的腐蝕劑，不可能不影響戰鬥力。

敗壞是漸變的過程，並非瞬間生成，北洋海軍的強勢憑藉慣性還要延續一段時間。第二年，英國的權威報刊《倫敦武備報》評出世界海軍十六強，中國名列第八。這個名次為世界輿論所認可，直到今天，依然受到尊重。美國是第十二名，日本僅占末席排名第十六位。雖然，這個座次名義上是中國海軍，而在那個年代，進入世界視線的中國海軍就是北洋海軍。這支海軍若能保持強勁勢頭，中國的海軍力量前程似錦。惜乎不進則退，終無所成。三年後，為日本海軍全殲。

北洋海軍訪日

西元一八九一年，北洋海軍應日本海軍大臣西鄉從道之邀出訪日本。日本之所以邀請北洋海軍，全出於制衡俄國的需要；清廷樂於接受邀請，倒是為制衡日本。北洋海軍享譽全球的兩艘鐵甲艦去日本展示一回，惠而不廢，何樂而不為呢？

當時，國際形勢動蕩，英國為保持在遠東地區的優勢，時刻警惕著俄國南下，對日本向朝鮮的擴張持謹慎態度：一方面不希望日本做大做強，另一方面又希望日本對阻遏俄國南下起些作用；俄國在遠東的政策就是對抗英國，為此，修西伯利亞大鐵路，以便儘快向亞洲調兵；建海參崴軍港，使俄國南下亞洲有出海口。俄國忙得不亦樂乎，刺激了日本，引發了反俄情緒。日本不歡迎俄國來亞洲，俄國卻總惦記著在朝鮮謀取不凍港，這尤令日本忌憚。

西元一八九一年春，俄國太子尼古拉遊歷亞洲，在日本琵琶湖遇刺。刺客是給他站街的日本警察津田三藏，此人抽出倭刀，要送太子回老家。好在有人救駕，搶下太子的命來。日本怕遭報復，天皇親自出面道歉，政府要求法院處死兇手。經過維新的法院，不唯政府馬首是瞻。法官聽了津田三藏的供述，知他是為挫俄國氣焰不惜一己之命的愛國者，大為同情，只判了他無期徒刑。俄國當然不理，擺開報復的架勢嚇唬日本。遇刺太子包紮著腦袋視察了建設中的海參崴軍港，主持了西伯利亞大鐵路的開工儀式。

波羅的海、黑海艦隊調軍艦增援太平洋艦隊，似乎只待一聲令下就開進日本海。俄國給日本施加了巨大的壓力。日本小而弱，面對強大的俄國，不敢耍弄對付大清國那種窮橫的手段。大清國會以夷制夷，日本也會，要製造錯覺，他們盼望大清國的北洋海軍早來東瀛。大清國能給別人張膽，當然要早早成行。在「長崎爭殺」五年後，北洋海軍二赴日本。

西元一八九一年六月二十六日，丁汝昌率定遠、鎮遠、致遠、靖遠、經遠、來遠六艦從威海衛起碇，乘風破浪，駛往日出之國。經神戶停留補給後，向首都東京進發，七月五日抵達東京的門戶橫濱港。日本海軍高千穗號為接待艦，鳴禮炮歡迎北洋海軍。港內在泊的多國軍艦均鳴禮炮，向北洋艦隊致意。北洋旗艦定遠也鳴禮炮回敬。海港裡號炮聲聲，熱鬧歡騰。

泊船橫濱後，在日本海軍接待人員的引領下，丁汝昌率各艦管帶走京濱鐵路赴東京。右翼總兵劉步蟾臨時變卦，不肯隨隊訪問，堅持留在橫濱港看船。他的理由是：「日人奸宄無信，膽大妄為，深恐假借宴會，乘我不備，攻襲我艦，我必留艦預防不測。」他信不過日本，怕他們設下機關，擺下鴻門宴。

北洋海軍受到日本政府和軍界的歡迎。日本外相榎本武揚在東京舉辦遊園會，為北洋海軍接風。日本海軍也設宴款待北洋海軍。丁汝昌提督趕場似的赴宴，藉著酒勁大談中、日友好，倡導兩國海軍聯手，共同對付西方列強的侵略。他慷慨激昂，說我們有打不沉的鐵甲艦，有能力對付西方的侵略。日本人聽著，心裡肯定不是滋味，因為他們沒有打不沉的鐵甲艦，只有打沉鐵甲艦的強烈願望，灼人的祕密，煎熬人許多年。

在東京期間，北洋軍官受到的最高禮遇是日本天皇的接見。丁汝昌還率隊去日本海軍參觀，也在定遠艦上設宴，招待包括海軍在內的日本各界人士，既答謝對方的款待，又展示自己的鐵甲艦。不用說，日本受到的震懾比五年前更大，因為這次登到了艦上，身臨其境。

清、日兩軍互探虛實，都暗暗觀察對方。日本最大的戰艦排水量四千多噸，而北洋的定遠、鎮遠排水量同在七千多噸。享有「日本海軍之父」美譽的勝海舟為定、鎮二艦所震驚，從未見過如此巨艦。他本人不太贊成對清作戰，三年後日軍殲滅了北洋艦隊，他仍認為是個錯誤，指出日本如此強勢，與其說是在和大清國爭雄，毋寧說是在向列強顯露野心，早晚要招禍。

日本人受過丁汝昌的招待，乘火車回東京，一路上熱議北洋海軍，焦點是鐵甲艦，都很震撼。日本造不出又買不起這麼大的鐵甲艦。他們通過向法國訂造和仿造，有了專門對付定、鎮二鐵甲的松島、嚴島和橋立三艦，因以日本三處景觀命名，統稱為「三景艦」，但試航、試射效果都不好。日本從不服輸，坐在火車上議論鐵甲艦，車輪的雜訊也引人焦躁，當兵的容易上火，一個個攥拳頭暗使勁，紛說如有不測，就是把人填進炮膛，用「肉彈」也要把北洋鐵甲艦打沉！

北洋海軍訪日，看到了日本海軍的長足進步，自然也看到了「三景艦」，這是三艘同級軍艦，每艦一門三百二十公釐口徑的巨炮，理論上可以洞穿定、鎮二艦三百五十多公釐厚的裝甲。儘管戰場上是否應驗無法預知，甚至炮大船小，小馬拉大車顯得寒酸，北洋人卻不能視而不見。此外，日軍各艦都裝了速射炮，這是北洋海軍所沒有的。普通艦炮三五分鐘發射一彈，而速射炮，少則每分鐘三至五彈，多則八至十彈。

日本看的是北洋的鐵甲艦，北洋看的是日本的速射炮，兩邊互生憂心。

回國後，劉步蟾多次向丁汝昌力陳——添船換炮刻不容緩！丁汝昌考慮，朝廷連年辦大事：為同治皇帝修墳，為光緒皇帝辦大婚，為慈禧太后修三海；現在，墳還沒修完又修頤和園，籌備六十萬壽大典，不管多少錢都不夠用的！所以，添艦就甭想了。他和劉步蟾商量後退一步，安十幾門速射炮。日本軍艦速射炮最多的一艦上就有十幾門，整個北洋艦隊安十幾門，不過用銀六七十萬兩，算不得什麼。據此致電李鴻章，請裝速射炮以備戰守。

然而，光緒皇帝剛批准了翁同龢以戶部名義上的奏摺，暫停南、北洋購買槍炮船隻兩年。丁汝昌、劉步蟾大聲疾呼了半天，李鴻章也無可奈何，只能任由花開花落……。

進入九十年代，世界艦船技術突飛猛進，大清國造不出頂級軍艦，又不允許購艦，北洋海軍停滯於不進則退的下坡路上。八十年代是北洋海軍的購艦高峰，九十年代是日本海軍的購艦高峰。日本準備好了，戰爭就爆發了。大清國起了個大早，卻趕了個晚集，北洋海軍終毀於日本之手。

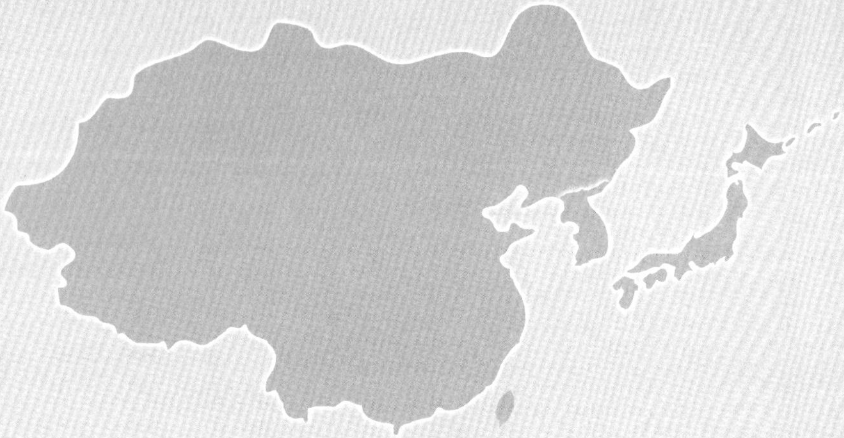

第二章

焦煙烈火罩碧海

朝鮮黨亂

金玉均之死與東學黨起義

北洋海軍訪日歸來後，趕添艦船迫在眉睫，偏偏朝廷禁購軍械二年。到西元一八九三年本該解禁，李鴻章卻沒請餉辦理。這種狀況一直持續到甲午海戰爆發，連續三年，北洋海軍別說添船置炮，就連炮彈也沒買一發。甲午年間翁同龢為設禁令辯解，說李鴻章解禁之後不復請，北洋船械夠用。李鴻章大為惱火。

西元一八九四年是中國農曆的甲午年，這一年清、日兩國爆發了戰爭，中國史稱「甲午戰爭」，日本史稱「日清戰爭」或「明治二十七八年戰爭」。本書所說的甲午海戰就是這場戰爭的海軍之戰。上半年，朝鮮連發兩件大事：金玉均遇刺和東學黨起義。這兩件大事被認為和這場戰爭的爆發有關。

「甲申事變」後，開化黨被打散，朝鮮政府對他們要斬盡殺絕。金玉均避難日本，從事反清活動，謀求朝鮮獨立。朝鮮政府要求引渡，日本政府以「政治犯不引渡」的國際法原則為據，予以拒絕。

西元一八九四年三月，金玉均被朝鮮政府誘至中國上海暗殺。清廷將金玉均的屍體引渡回朝鮮。朝鮮政府把金玉均暴屍於漢城楊花津刑場還不消氣，又加以戮屍、凌遲侮辱。日本朝野認為金玉均之死與大清國必有牽連，恨朝鮮及於大清國。東京舉行抗議示威，集會為金玉均發喪，葬其遺發。「征韓」、「征清」的論調甚囂塵上。但政府豈能為一碎屍萬段的流亡政客輕啓兵釁？此事不是清、日甲午戰爭的原因，甚至不足以為藉口，因無形中成為戰前的反清動員，在日本人眼中，此事常常和朝鮮「東學黨起義」相提並論。這是第一件大事。

第二件「東學黨起義」，才是清、日甲午戰爭的禍頭。東學黨自稱東學道，是一個以抗衡西方天主教為宗旨的民間宗教組織。開創者崔濟愚融合儒、釋、道三家的道義，號稱「東學」，以排外，試圖對抗侵入朝鮮的「西學」。崔濟愚反西學，朝鮮官府也反西學，本不矛盾。崔濟愚罪在廣傳道法，信徒遍地，聚成民間力量，分流了官府的權威。朝鮮是一個按照儒家思想建構的專制國家，不能容忍這種局面。受儒學或說儒術指導的國家，一天不容二日，為培植至強的皇權不許有至強的社會，視社會力量為對皇權的威脅。朝鮮既然是這樣的國家，東學道自然成為政府眼中的邪教。西元一八六四年，朝鮮政府處死了崔濟愚。人死了道法還在，他的族弟崔時亨繼為二世道主，公開打出「為教祖申冤」的旗號對抗官府。

東學黨起義的領導者並非東學道主崔時亨，而是一般的教徒全琫准。就其訴求看，只是一場官逼民反的農民起義而非宗教運動，因起義的抗議分子多為東學道徒，並借用東學黨的名義，故史稱「東學黨起義」。

這場起義發端於全羅道古阜郡，導火線是古阜郡的橫徵暴斂。受剝削的農民派代表去郡廳告狀，而盤剝農民的正是躲在幕後的郡守趙秉甲。農民代表被施刑，折磨至死。農民再派代表去全羅道衙門上訪，結果官官相護，上下勾結，給農民們扣上頂「民亂」的帽子，把大家都抓了。投訴無門的農民，大都是東學道徒，並非孤掌難鳴，終竟嘯聚而起，搖身一變成為東學黨農民起義軍。

起義軍在東學道徒全琫准的領導下襲擊郡衙，打跑了郡守趙秉甲，開倉分糧，創建了根據地。全羅道衙門派兵鎮壓，反被農民軍擊敗。全琫准乘勝進擊，遂成燎原之勢，威脅到全羅道首府全州。起義軍不光要盡滅權貴，還要排外，尤其憎恨日本，打出了「驅逐洋倭」的標語，並且張貼到漢城各國公使館附近，引發了國際不安。

各國駐朝公使籌議調集軍艦，以備萬一。袁世凱請各國冷靜，聲言清國是朝鮮的宗主，有彈壓之權。朝鮮政府也請求清國幫助。在這種情況下，北洋海軍奉李鴻章之命，派平遠艦幫朝鮮運兵，鎮壓義軍。有言在先，「助剿」而不「代剿」，相信朝鮮政府有了大清國的支援，能夠自己鎮壓起義。

但朝鮮官軍太不爭氣，還真的打不過農民！儘管有北洋軍艦幫忙運兵，依舊節節敗退。五月三十一日，全羅道首府全州被義軍攻破。全州陷落的消息傳到京城，國王李熙沉不住氣了，採納了國相閔泳駿向清國借兵代剿的建議，袁世凱立即電報李鴻章。

日本軍界血脈賁張

日本一直在關注朝鮮局勢，關注清國是否向朝鮮派兵。大陸政策已經形成，針對清國的備戰全部就緒，只待施行。儘管不知清國的深淺，也想試探試探。

此前一年，山縣有朋就發表《軍備意見書》說，在有機可乘時準備獲取權益，早一點和北洋海軍一決勝負，現在不正是機會嗎？「甲申事變」已歷十年，朝鮮若一直平靜不出事，日本就無法施展拳腳，也就找不到實現國家戰略的轉捩點。好在朝鮮這下真亂了，日本的機會來了。

糟糕的是日本也在亂，經濟不景氣，政治鬧危機。六月一日，日本眾議院第六屆議會，通過了對伊藤博文內閣的不信任案。按照憲法，要嘛內閣總辭職，要嘛解散議會。外相陸奧宗光正在致力於和列強談判，要求修改幕末以來的不平等條約，想做出些政績流芳千古。不過八字還沒一撇，下臺問題就提前到來。在這樣的時候，日本政府迫切需要國人放眼世界，總盯著政府，越瞧就越不順眼。日本人有個特點：若不外樹敵必定自結怨，一旦外樹敵必定自解怨。這和大清國不同，大清國越是外臨大敵，越是要攘外必先安內。

就在日本議會通過對政府不信任案的同一天，日本駐朝鮮代理公使杉村濬電告政府，從袁世凱那裡得知，朝鮮國王向清國借兵討伐東學黨，估計大清國要出三千兵。外相陸奧宗光一直憋著想從清國手裡奪過朝鮮，接報後情緒激動。他密切注視著朝鮮局勢，想尋機出兵。清、日《中日天津會議專條》第三條規定：朝鮮若有變亂重大事件，兩國或一國派兵，應先相互行文知照。據此，日本也有出兵朝鮮的權利。可朝鮮並未亂到日本，就為一條「驅逐洋倭」的標語出兵，豈不全世界都可出兵？日本師出無名，還缺少藉口。

大清國是朝鮮的宗主，是朝鮮問題的主動者，屬國亂了，宗主不能袖手旁觀。因此，日本應該等大清國出兵，然後附其驥尾。外交上日本是被動的，「鷹派」人物，享有「日本外交之父」美譽的陸奧宗光，正焦急地等著大清國有所動作。

袁世凱過早地向杉村濬透露了朝鮮請援的消息，欠缺一些警惕，並沒什麼大不了，決定大局的關鍵不在這裡。杉村濬向國內彙報也沒特意去考慮日本亂入一腳的歷史意義。全世界都沒想到日本正揣著擴大事態的不懷好意。

袁世凱的大意，基於對形勢的誤判。日本自實施明治憲法以後，政府和議會常有矛盾，民間也跟著沸沸揚揚。清國沒有憲法，不理解近代國家制度的運行。不光是袁世凱，包括清國駐日公使汪鳳藻，都認為日本國內民心不附，不能成事，派不出兵來。儘管清廷求穩妥，也詢問過日本的態度，但他們這麼一報，也只能令清廷判斷失誤。袁世凱猜想日本為了保衛大使館可能會派一百來兵，他哪裡知道，日本那麼多雄心壯志，就像開水壺裡的蒸氣，聚在一起能推得動軍艦呢！

陸奧宗光要出兵，而首相伊藤博文正忙著對付反對黨，對出兵較為謹慎。但是他轉念一想，假如出兵能使政府渡過信任危機，何樂而不為呢？他和陸奧宗光磋商後，把閣員招來首相官邸開會，密謀兩個議題，一個是朝鮮危機，另一個是日本危機。

陸奧宗光向閣員們通報了情況，說朝鮮之亂威脅到日本的安全，日、朝兩國簽過《濟物浦條約》，規定日本為保護使館、僑民有出兵朝鮮的權利。日、清兩國在朝鮮的勢力本來就不均衡，清國出兵，日本若傻傻看著，國際實力將相差得更為懸殊。如此下去，日本對朝鮮必然喪失發言權。他主張抓住歷史性機遇，迅速準備兵力，不論清國以何種名義出兵，日本也向朝鮮派遣相當的軍隊，以維持清、日兩國在朝鮮的均勢。

出兵是把國內矛盾轉向國外的契機，對將下臺的閣員們來說，贊同就是自救，誰還敢異議？伊藤博文馬上請來參謀本部的總長棲川宮熾仁親王，和次長川上操六中將。參謀本部是陸軍的決策機構，它的唯一上司就是日本天皇。參謀本部多年來一直在研究「大陸政策」，也就是《清國征討方略》。二人應邀與會，密議出兵。會議認為朝鮮從「壬午軍亂」到「甲申政變」，都和日本有關，都與清國衝突，都是日本吃虧，這些日本必須雪恥。如今東學黨要驅逐洋倭，危及日本駐朝公使館和八千僑民的安全。因此日本不能坐視。

文官武將一拍即合，兵非出不可！至於出多少兵，並沒形成定論，伊藤博文的意見是三千上下，因為大清國要出兵三千，日本必須維持相同的氣勢。日本雖經艱苦奮鬥，但在國際地位和國家實力上仍是小國，伊藤博文沒奢望一下子就從清國手裡搶下朝鮮。不過陸奧宗光野心勃勃，口頭上說保持相同氣勢，但內心卻不這麼想。川上操六更是冒險想與大清國一戰，長年累月只在辦公室裡紙上談兵，不去戰場上一試鋒芒，身為武人，倍感羞恥，該是利刃出鞘之時了！他們沒有回應伊藤博文，嫌三千兵太少，於是想偷偷把出兵的數目往上拉。

這次會議做出兩項決定：針對朝鮮危機，內閣決定出兵；針對日本危機，內閣決定解散議會。次日，伊藤博文進宮，請天皇聖裁。

內閣會議直開到三更半夜。散會後，陸奧宗光、川上操六和外務次官林董意猶未盡，聚到外相官邸熬夜。三人坐在榻榻米上開小會，討論大會上議而未決的出兵數量問題——不論如何，三千兵是不能令人滿意的。出兵的目的在於搶先機，必須要有數量上的優勢，才能在第一輪衝突中把對手壓下去。川上操六主張派一個混成旅團[12]，其編制是七千多人。別看他是參謀本部的次長，卻是實際上的當權派，因為部長由親王掛名但並不主事。作為天皇近臣，他能夠對天皇施以影響。陸奧宗光贊成川上操六，又擔心伊藤博文有異議。川上操六說，總理的地位要想穩固，順應軍人的強硬才不失明智，即使有異議，伊藤博文也擋不住。事實證明，他們都錯了，伊藤博文是慢熱型，開戰以後，他比任何人都堅定，陸奧宗光膽怯時，還是伊藤博文給他打了氣。

12. 獨立混成旅團：是日軍的一種旅級部隊編制，不隸屬於某個師團，遂行獨立的戰鬥戰役任務，多為守備部隊，配備輕便步兵武器，為戰術單位，適合山地作戰。

太陽旗飄上朝鮮半島

宗主國受邀，日軍不請自來

六月三日，朝鮮政府正式請求宗主派兵代為戡亂。同一天，日本駐朝代理公使杉村濬和駐清代理公使小村壽太郎，都將此訊電告日本外務省。

大清國接受了朝鮮的請求，北洋海軍先行一步。六月四日，提督丁汝昌奉李鴻章之命，派濟遠、揚威兩艦往仁川以固漢城。可是，日本海軍數艦先已在泊，不知道來幹什麼，也不知道什麼時候來的。北洋人大吃一驚，雙方在仁川僵持了許多時日，李鴻章沒有意識到即將爆發戰爭，全為不失體面，一會兒增派平遠，一會兒增派鎮遠，局部優勢總不及日軍。終無作為，戰守皆不相宜，乾脆撤了回去，把仁川拱手相讓了。

日本磨刀霍霍。六月五日，成立了戰時最高領導機構——大本營。它權力之大超越政府、超越議會。按照《戰時大本營條例》的規定，大本營應該在宣戰之後成立。這個大本營一誕生，就踐踏了日本法律，始終是非法組織。

日本確定的方針是在外交上被動，見風轉舵；在軍事上主動，先發制人。天皇批准向朝鮮派出一個混成旅團。當然不是去管閒事鎮壓東學黨，而是去與大清國爭奪對朝鮮的控制權。正在國內休假的駐朝公使大鳥圭介奉命回任，乘軍艦八重山起航，率四百水兵和二十名警察打前哨，對外只承認是二十名警察隨行護衛。由日本出發到朝鮮仁川，最短航程需要四十多個小時；由中國出發，最短航程僅需要十二到十三個小時。日本生怕失了先機，既等不及清國發照會，也等不及大部隊準備就緒，急匆匆地派出四百兵，指望先到朝鮮一步，像釘下四百木樁那樣占下地盤，以待大軍。

六月六日，清軍開始赴朝行動。第一批九百人在太原鎮總兵聶士成率領下從塘沽起碇。駐日公使汪鳳藻根據《中日天津會議專條》照會陸奧宗光，告知應朝鮮之請，依照我朝保護屬邦舊例，派兵赴朝，一俟事竣，立即撤回，不留防。但是，日本帝國拔出雙槍，左右連發予以回敬——在東京，日本外務省覆照汪鳳藻，當頭棒喝：「帝國政府從未承認朝鮮為中國之屬邦。」在北京，日本駐清代理公使小村壽太郎照會清廷，言稱依照《中日天津會議專條》，日本將派兵入朝！

六月八日，清軍聶士成部抵達朝鮮。他們過仁川不登陸，繼續南下牙山，目的是就近剿滅東學黨。仁川是朝鮮王京漢城的門戶，牙山是朝鮮西岸海灣小城。清軍有決心無負朝鮮的期望、朝廷的重托，把東學草寇掃平。

六月九日，大鳥圭介率四百名水兵和二十名警察抵達仁川，不理睬朝鮮的阻攔，強行登陸。同日，大清國總理衙門照會日本外務省指出，中國派兵助剿，是應朝鮮之請，是保護屬邦成例。日本派兵，專為保護使署及商民，無須多派，且非朝鮮所請，斷不可入朝鮮內地，致人驚疑。倘兩軍相遇，言語不通，軍禮各殊，難免摩擦。

日本我行我素。次日，大鳥圭介不待雞鳴，率兵攜四門野炮進駐王京漢城。日本戰刀直擲朝鮮咽喉，直接想要控制漢城裡的朝鮮朝廷！清軍來得早，不據險要；日軍來得巧，直入空城。大清國以東學黨為敵，日本卻是專以大清國為敵！

第二批入朝清軍一千餘人在直隸提督葉志超率領下，於十日抵達牙山。至此，牙山有清軍兩千餘人，漢城有日軍和警察四百二十人，兩軍相距約七十公里。

清、日兩國大兵紛至沓來，不知道還要來多少人馬。三千里江山在戰戰兢兢中驚醒，朝鮮政府與東學黨內戰不打了，決定一致對外讓外國撤軍，以免滅頂之災。於是，官匪談判，各退一步，互不相逼。六月十一日，朝鮮政府與東學黨簽訂《全州和約》，朝鮮內亂戛然而止。

內亂自定，不速之客不想走了

依據清、日《中日天津會議專條》，兩國派兵後，待其事定，士兵撤回，不再留防。東學黨亂平息，清、日都該撤兵了，然而，事情卻沒那麼容易。《中日天津會議專條》雖規定事定撤回，但並沒規定怎樣撤回，誰先撤誰後撤？再說，怎麼才叫「事定」呢？你說定我說不定怎麼辦？君子憑良心辦事，遇不到這類問題；小人不講良心，則專製造這類問題。說是法網恢恢疏而不漏，那是防君子不防小人；在小人眼裡，法網上盡是窟窿。

清國是朝鮮的上國，兩千餘清兵駐牙山，也無人非議。日本是朝鮮平等的締約國，漢城局勢平穩，大鳥圭介帶著武裝的四百大兵，在眾目睽睽之下晃來晃去，格外刺眼。各國公使質問日本，兵發至韓依據何在，所欲何為？大鳥圭介狼狽不堪。大家都知道大清國是朝鮮的上國，但卻不知道日、朝簽有《濟物浦條約》，日、清簽有《中日天津會議專條》，日本兵是拽著清軍的尾巴打擦邊球過來的！眾多的指責讓大鳥圭介應對不暇，他還沒能領會陸奧宗光用心的險惡，向東京發報，希望取消派遣後續部隊。而駐北京的日本代理公使小村壽太郎，和駐天津的日本領事荒川已次卻向陸奧宗光報告說：清國正在積極出兵。

其實，此時清國派兵，是赴朝平叛的慣性在起作用。朝鮮自己解決了問題，大清國本可不再執行原計劃，由於受到日本的刺激，又不敢取消原計劃。但日本派兵卻是針對大清國的。

六月十二日，大島義昌少將率領混成旅團先遣隊一千五百餘人抵達仁川。同一天，駐清代理公使小村壽太郎奉陸奧宗光之命，照會大清國總理衙門，一是強調日本不承認朝鮮是清國屬邦，二是指出日本派兵朝鮮，是根據日、朝《濟物浦條約》和日、清《中日天津會議專條》而為。至於出兵多少，去往何地，均自主決定。設若兩軍相遇，日軍紀律嚴明，望清軍自行約束——這就是兩天前大清總理衙門對日本出兵朝鮮之關切的回答。

朝鮮攔不住日軍登陸，轉而請求清軍撤兵，以窘日本。六月十三日，朝鮮政府致函袁世凱，將「天兵」大加頌揚後指出：「日本以天兵來剿，疑忌多端，日前突發五六百兵駐我都下。屢向外署駁論阻止，終不聽從，意似必須天兵撤回，始肯同撤。傳聞仍有數千兵，繼來於後……。」當時，牙山清軍散向民間搜剿義軍未回，李鴻章聞報後想撤兵，電令直隸提督葉志超：「應即調所部回牙山，整飭歸裝，定期內渡……。」

日本不請自來，賴著不走。朝鮮正式提出抗議。大鳥圭介辯解道：「朝鮮不能自行除匪，請清國代剿，當然無能力保護日本人，故率兵自衛。」

迫於朝鮮的抵觸和國際輿論的譴責，大鳥圭介主動找袁世凱商談撤軍，對袁世凱說，混成旅團先遣隊的仁川登陸木已成舟，但他會盡力阻止後續部隊登陸。同時，也請清國停派援兵，不要調動牙山的部隊。袁世凱不持異議，二人達成協定：清國不增兵，日軍後續部隊不再登陸，再議撤兵辦法。

本來不傷和氣，不料簽字之前杉村濬提出，撤兵條約應報本國政府同意方可簽署。大鳥圭介險些犯個大錯誤，只得擱筆。他向國內作了彙報，外相陸奧宗光回電拒簽。這次以後，大鳥圭介慢慢體會到政府欲取朝鮮的戰略意圖。無論個人觀點如何，作為官員，他不能脫離政府的大政方針。戰後，陸奧宗光在《蹇蹇錄》一書中透露，大鳥圭介頻向政府來電，說派眾多兵員來朝鮮，使朝鮮官民，尤其是外國人疑日本不軌，在外交上實非得計。但陸奧宗光認為，從日本國內的情況看，出兵已成騎虎之勢，不能改變既定方案。

本該撤兵，日本卻要增兵，直接原因是陸奧宗光這類政界和軍界的強硬分子造成的，而他們這份頑固既有出於國家「長遠戰略」的考慮，又有「現實民意」的基礎；民意，不僅是動力還是壓力。岩倉使團去歐美取經時，在普魯士聆聽了鐵血宰相俾斯麥的一番教導，形成了對國際秩序的新看法：以弱肉強食為合理。把這火取回日本後，燎遍列島，產生了全國性影響，全民都咬牙切齒要做強者，吃掉弱者，失之歐洲，取之亞洲，補償自己。

日本和大清國一樣受列強侵略，簽不平等條約，既不抱怨也不控訴，一心要做列強的夥伴，把這個世界也惡狠狠地咬上幾口。出兵朝鮮，吊高了國民大眾的胃口，老百姓都以為朝鮮是日本的了。在這種情況下，被哄抬起來的政府很難下臺階。儘管戰時大權掌握在大本營手裡，功過是非老百姓卻要算在政府頭上。如果撤兵，必須有一個能讓全民接受的理由，否則，剛剛苟活下來的政府殘喘不了幾日。日本國內甚至不滿意還不開戰，嘲笑政府是為了賣弄花拳繡腿才派兵去朝鮮的！

對於朝鮮的「事定」，日本予以否認，只有這樣，日本不撤兵才是有理由的。日本要借地於朝鮮，抗衡清國，尋找實現國家「長遠戰略」的轉捩點，為此不惜一戰。軍界當權派都覺得時不我待，千載難逢，不能容忍空手而回。日本有開戰的決心，還要找到開戰的藉口，大兵必須在朝鮮和清軍對峙下去，萬萬不能往回撤，那樣的話什麼藉口都找不到了！

日本要把事鬧大，長駐朝鮮

就在袁世凱和大鳥圭介在朝鮮商談撤兵的同時，日本東京正在召開內閣會議，討論朝鮮局勢。撤兵根本不是日本的重點，他們正在談論的是日本的軍事力量如何在朝鮮存在下去。

伊藤博文提出兩點：一是清、日兩國共同鎮壓東學黨起義軍；二是亂黨平息後，清、日兩國共同改革朝鮮內政。如果清國不接受提議，日軍就不撤出朝鮮。伊藤博文知道：任何來自朝鮮的收穫，都是取大清國的盤中餐，清國不會拿朝鮮分日本一杯羹，肯定拒絕他這兩點，那麼，日本不撤兵不僅合情合理，還反證了清國沒有讓朝鮮進步的誠意。伊藤博文故意開列出大清國不可能接受的條件，很顯然不是要解決問題，而是要讓問題擴大，以便日本兵在朝鮮長駐下去。

陸奧宗光大為讚賞。他在《蹇蹇錄》一書裡說，改革朝鮮內政，清國一定會拒絕。如此一來，阻礙朝鮮國家進步的責任在清國，日本和清國決裂就有了藉口，這樣，也能為國際社會認同，減少列強的譴責。與會的政客們也都拍案叫絕，日本決定讓伊藤博文的陰謀詭計高升為國策，引導日本走下一步棋。

六月十六日，陸奧宗光約見清國駐日本公使汪鳳藻，依計建議兩國共同平亂，改革朝鮮。汪鳳藻按照北京總理衙門定好的調子，表明清國的立場，主張朝鮮事定，兩國應先從朝鮮撤兵再議其他。陸奧宗光認為，「不改革」，朝鮮就不能從根本上弭亂，就沒有真正地安全，在此之前日本不能撤兵。這天，第二批三千士兵登陸仁川，後續部隊仍在增援中。日本開弓沒有回頭箭，發兵入韓，有去無還。

六月十七日，日本外務省分別向北京總理衙門和天津的李鴻章發報，提議共同改革朝鮮。事如所料，清廷拒絕了，並且嚴正指出：中國尚不干預朝鮮內政，日本素認朝鮮自主，更無干預之權。朝鮮內亂已平，其內政改革應由自身解決，清、日兩國應該立即同時撤兵。

李鴻章看出日本「以重兵挾議，實欲干預韓內政，為侵奪之謀」，可他沒能窺破日本設定清國為對手，真刀真槍真打仗的企圖。看出些眉目的汪鳳藻和袁世凱，都電請李鴻章增兵。李鴻章卻掉以輕心，不過是讓丁汝昌向仁川派了兩艘軍艦，說是「聊助聲勢」！然而，仁川港已泊滿日艦，北洋海軍的幾片帆影，倒顯得形單影隻。

六月二十日，李鴻章往牙山發報，指示直隸提督葉志超：「日雖竭力預備戰守，我不先與開仗，彼諒不動手。此萬國公例，誰先開戰，誰即理屈。切記勿忘！汝勿性急。」他想謀和局避免戰爭，正在聯絡洋人調停，擔心戰端一開，兵連禍結，無法收場。那樣的話，他的淮軍和北洋海軍首當其衝。久無戰事的淮軍，養尊處優，至今還有多大戰鬥力，他沒把握；北洋海軍自成軍以來，不添艦船，近三年不購一彈，真要打仗更得掂量掂量。他覺得唯有「以夷制夷」謀和局，迫使日本讓步，才不失為明智之舉。

李鴻章裹足不前，但日本並非原地踏步。

六月二十一日，主宰日本命運的人們聚會皇宮鳳凰閣，從政界到軍界，都志在向大清國伸手奪朝鮮。他們決定給朝鮮動個大手術，實施「改革」具體步驟，看看清國如何接招。

六月二十二日，陸奧宗光還電告駐朝公使大鳥圭介，剩餘軍隊已啓航，命令先前抵達的部隊在京城完成部署。同日，陸奧宗光照會清國駐日公使汪鳳藻，當然是一套堂而皇之的外交辭令，而後來，他在自己的《蹇蹇錄》一書中坦承道說：「這段措辭，就是表明我國政府已經不能同清國政府採取同一步調，以後不論清國政府採取任何步驟，我國也要獨行其是。這是表示我國已經抱有決心不再期望清、日兩國互相提攜。因此，這一宣言也可以說是日本政府對清國政府的第一次絕交書。」這件照會也因此為史家稱為「第一次絕交書」。

甲午戰爭中，日本破譯了大清的密電碼。有人說，幾十年後日本自己爆料：當年是故意交給清國公使館中文版「第一次絕交書」，讓清國省去翻譯環節，直接去了電報局。這樣，日本就得到了清國拍發絕交書的密電草稿，再和自己的原稿一對，就把密電碼破譯了。依照此理，縱然交給中國的是日文版，中國人自己翻譯，也不會改變原意，言辭上不可能謬以千里，技術人員照樣可以破譯。這樣，不要說日文，就是字母也可以破譯。倘然為真，密電碼這道保護網實是脆弱，破譯竟非難事。然而，日本駐清公使也要到清國的電報局發報，清國為什麼不破譯呢？是大清國愚笨又懶散，還是並非這麼簡單？

六月二十五日，清軍第三批赴朝部隊五百餘人，由總兵夏青雲率領，乘海定輪抵牙山。三批部隊全部就位後，牙山有清軍兩千五百餘人。

六月二十六日，日本駐日公使大鳥圭介拜見朝鮮國王李熙，居然上了一件奏書，奏的是朝鮮改革內政之必要。那口吻忠如義犬，將二人的關係混作同殿君臣了。同日他又二次上書說：「清國既聞亂民平定，猶屹然不撤其兵，則不啻使其事更大，其意實不可測也。」明明是清國要求同時撤兵，而日本議定國策就是不撤兵，他卻做賊喊捉賊，實在是無賴境界。

日本向朝鮮提出五綱領二十六條目的改革措施，涉及政治外交、金融經濟、財會幣制、廉政建設、軍隊警察、文化教育等諸多方面。朝鮮政府答覆日本說：「內政改革一事，須待貴軍撤回之後，我政府可實行之。」日本不答應，勒令朝鮮限期整改。逼得韓王李熙含悲銜恥下詔罪己，將朝鮮貪官汙吏的埋汰都攬在自己身上，猶如死豬不怕滾水燙，就等著大日本帝國發落！

以夷制夷

俄、英、日、清，各打自己小算盤

日本要找藉口打仗，大清國要以和為貴。

為求和局，清廷引列強來調停，想利用矛盾以夷制夷，箝制日本。從北京的總理衙門到天津的北洋衙門，打的都是這個算盤。

六月上旬，英國駐清公使歐格訥來天津，李鴻章表達了請英國政府出面勸阻日本的願望。歐格訥不知日本的底細，沒有把握，但李鴻章盛情相邀，他不好說不，願盡力而為，於是英國首先介入調停。

英國的亞洲政策是防止俄國南下來搶地盤。

朝鮮是俄國來亞洲的跳板，朝鮮內亂引發了清、日矛盾，英國最擔心的是俄國從中漁利。英國需要包括朝鮮半島在內的整個東亞保持和平。在倫敦，英國外交大臣金伯利接到歐格訥的報告後，約見了日本駐英公使青木周藏，對日本出兵朝鮮表示憂慮，說日本若為預防俄國入侵，則無不可，但東方兩大國避免發生戰爭，實為英國政府之所望。希望日、清兩國在朝鮮問題上不要做出不利於英國的決定。他對日本出兵不明針砭暗寓批評：誰都知道半個俄國還在北極圈裡過冬，日本出兵顯然不是防俄，當屬不必要。

在東京，英國駐日公使巴健特奉命約見陸奧宗光，建議日本政府打開談判的大門，撤回駐朝軍隊，避免武裝衝突。陸奧宗光表示，朝鮮亂定不需駐兵時，日軍即會撤回，現在亂猶未止，不是撤兵的時候，但日本政府會注意避免衝突。如果清國政府同意清、日兩國聯手改革朝鮮內政，日本不拒絕談判。俄國應李鴻章的邀請也介入調停，對日本的態度較英國要強硬，十分積極。

六月二十日，俄國駐清公使喀西尼路過天津訪李鴻章。李鴻章邀請俄國調停，喀西尼表示，俄朝是近鄰，不能任日本妄行干預，並且希望中俄同心對付日本。他將李鴻章的邀請看作是俄國介入亞洲事務擴張勢力的機會，但日本到底有多大野心，他並不瞭解，自以為俄國若干涉，就能把日本嚇回去。喀西尼給國內發報：「我國決不應錯過目前中國要求我們擔任調停者的機會，況且此事對於我方既無任何犧牲，又能大大加強我國在朝鮮以及整個遠東的勢力，並足以消除在朝鮮發生不可避免而對我方甚為不利的武裝衝突之可能。」

起初，喀西尼的想法很為俄國政府重視，外交大臣吉爾斯甚至怕英國拔頭籌，立刻電令俄國駐日公使希特羅渥，勸告日本政府從朝鮮撤兵。喀西尼接到政府的回音後深受鼓舞，面告李鴻章好消息：「俄皇已電諭駐倭俄使轉致倭廷，勒令與中國商同撤兵，俟撤後再會議善後辦法。如倭不遵辦，電告俄廷，恐須用壓服之法。俄以亞局於彼關係甚重，現幸平安，若任倭人擾亂，華、俄未便坐視。」李鴻章大喜，等著看俄國出拳。

六月二十三日，英國外交大臣金伯利約見日本駐英公使青木周藏，他表示擔心清、日兩國軍隊發生衝突，導致戰爭，使俄國藉機進入亞洲。青木周藏回答說，統治朝鮮半島，日本必須有份。清國沒有能力抗衡俄國，如果朝鮮落入俄國之手，日本將不惜代價保衛朝鮮。金伯利讓青木周藏向日本政府表達英國的願望：避免衝突！他說當務之急是防止清、日衝突，這兩個鄰國的根本利益是一致的。

英國的調停溫溫吞吞，並沒備下強硬手段，冠冕堂皇的辭令也碰不到日本的痛處。俄國的喀西尼有決心，李鴻章從他身上看到的是俄國興兵逐倭的希望。北京城裡，光緒皇帝沒指望以夷制夷，倒要自力更生。他非常相信北洋海軍和淮軍的實力，壓根沒把日本小豆包當塊乾糧。六月二十五日，他敕諭李鴻章：「口舌爭辯，已屬無濟於事。」，令其「妥籌辦法，迅速具奏」，也就是讓李鴻章備戰。從當天李鴻章給總理衙門的電報中看，他正在忙「以俄制日」。如日不遵辦，俄國恐怕會用壓服之法。他在報傳喀西尼轉達給他的喜訊。

李鴻章期望著俄國，俄國也肯出力。

就在同一天，俄國駐日公使希特羅渥會見了陸奧宗光，詢問如果中國撤兵，日本是否也撤兵。陸奧宗光提出兩點要求，若清國能保證其一，日本可以撤兵。一是同意清、日兩國共同改革朝鮮內政，直至完成為止；二是不拘任何理由，若清國不願與日本共同改革朝鮮內政，日本則獨辦實行，清國不得阻礙。

他也做出兩條保證，一是日本除希望確立朝鮮之獨立及和平外，別無他意；二是將來清國不論採取如何舉動，日本絕不作進攻性之挑戰，萬一不幸兩國不得不交戰時，日本亦必立於防禦地位——這兩條為後來的事實證明，沒有一條是真的！

希特羅渥對日本的態度挺滿意，電報外交大臣吉爾斯：「誰也不要戰爭，即使沒有第三方調停，戰爭或許也可避免。」他在例行公事，個人態度與喀西尼不同，喀西尼要施以兵威，他只想適可而止。他懷疑俄國若助清，英國會援日，擔心被拖入朝鮮的泥沼。俄國人猜防英國人，英國人也正盯著他們。

六月二十八日，英國駐清公使歐格訥電報倫敦：「總督（李鴻章）已向俄國提出了請求。如果事情順利，俄國也許會從別處而不是從中國得到些什麼，作為其對日本施加壓力的交換。」

英國外交大臣金伯利坐不住了，立即給駐日公使巴健特發出電令：「總理衙門已請求俄國從中斡旋，朝鮮爭端已將俄、日聯繫在一起。請你向日本政府轉達英國政府善意的警告：他們堅持目前的態度可能會導致嚴重的後果，引起與中國的激烈衝突，只能使俄國從中漁利……戰爭一旦爆發，東亞將出現各種嚴重問題，而這是有損於日本利益的。」

他又約見了日本駐英公使青木周藏，提出了進一步的勸告：「由於總督請求俄國斡旋，俄國有機會插手朝鮮事務，這會帶來最危險的後果。我必須提醒，日本因同中國衝突而可能會遇到危險。英國政府擔心日本會在似乎妥協的態度掩護下，突然向中國軍隊開火。中、日戰爭不僅會影響朝鮮，而且會影響整個東亞的局勢，對中、日雙方都不利。同時，還會干擾通商口岸的貿易往來。歐洲列強經濟受到影響，自然不會無動於衷。請向日本政府轉達英國政府真誠的建議，不要讓中、日分歧發展成戰爭，而要儘量通過友好協商來完成原先所期望的，對朝鮮政治的改革。」

金伯利預感到戰爭的迫近，想極力避免；英國在中國、日本都有市場利益，他怕受到殃及。日本要改革朝鮮，於英國無害。金伯利為避免戰爭起見，轉為支援改革朝鮮，無形中就站到日本的隊裡；但他並無主觀惡意，作為調停人誰也不想招嫌疑。

大清國不會允許別人改革自己的屬國，可屬國論只是大清國的堅持，別人默認與否，全出於各自的功利主義。

青木周藏聽過金伯利的話，初時有所膽怯，因為金伯利的口氣不同以往，頗顯嚴峻。事後仔細思量後就不怕了。他相信英國不會把日本怎樣，因為他怕把日本推向俄國。金伯利不否定改革朝鮮，說明他並不和大清國一個鼻孔出氣，甚至傾向於日本。根據這種判斷，青木周藏決定不退縮，發電向陸奧宗光彙報，還給上司打了一劑強心針：「你應當相信英國外交大臣，他早就傾向於你。」

六月二十九日，陸奧宗光主動出擊，約見英國駐日本公使巴健特，對他說：「由於清國拒絕了日本的建議，日本無法再做任何努力了。但如果清國政府提出在朝鮮獨立的基礎上進行談判，保證朝鮮的政治安定，日本也願意予以考慮。」他希望英國方面把這話轉達北京。他的「朝鮮獨立」意味著讓朝鮮擺脫清國的屬國地位，這給清國出了一道難題。

這天，李鴻章派人催問喀西尼俄國方面的進展。喀西尼沒接到俄國政府的任何指示，出於慎重他不再提壓服之法，轉而提出一項新建議：清、日、俄三國會議，用今天的話來說，就是「三方會談」。李鴻章也感興趣。

六月三十日，英國外交大臣金伯利致電駐清公使歐格訥，要他詢問中國是否願意與日本共同改革朝鮮政治，並轉達如下勸告：「英國政府認為，如果中國宣布願意談判，日本將有意達成協定。中國有必要持調和態度，以防止與日本發生衝突，從而危及全面和平。衝突可能會給俄國提供某種機會，那將損害中國在朝鮮的特權。」為了防俄，英國的屁股離日本越坐越近。

俄國當然不會為英國的防範而止步，就在同一天，俄國駐日公使希特羅渥奉政府的命令，面呈照會給陸奧宗光。照會措辭強硬，陸奧宗光不安起來。當晚，他來到伊藤博文官邸問計。一向溫和的伊藤博文，嚴峻的表情裡透出異乎尋常的強硬，斷然道：「事以至此，我們怎能接受俄國的勸告從朝鮮撤兵呢？」言語不多卻毫不示弱，更不退縮。在最初內閣密會派兵的醞釀中，伊藤博文較為謹慎，陸奧宗光不以為然；現在，倒是他給陸奧宗光撐腰。陸奧宗光來了精神，對伊藤博文說：「尊意正與鄙見相同，將來大局之安危，不容說都由你我二人負其責任。」

日本人有意志，俄國人無恆心。俄國駐日公使希特羅渥越來越看出日本的真面目，認為調停與干涉困難極大。他擔心俄國若支援中國，英國就可能支援日本，這樣，俄國將越陷越深。俄國外交大臣吉爾斯先受喀西尼的感染，後又覺得希特羅渥更有道理，怕過早地引發俄英關係緊張。他打算後退一步，在向沙皇報告情況時出言謹慎：「李鴻章所要求的我國正式調停，只能在衝突雙方同意時才可能進行。」這和喀西尼傳達給李鴻章的資訊差得太遠了。

同日，李鴻章對五天前的聖旨做出回應。他也在考慮戰爭：「此次外援兼顧內防，更當厚集兵力，需餉實屬不貲。應請飭下戶部先行籌備的餉二三百萬，以備隨時指撥。臣久曆兵間，深知時勢艱難，邊釁一開，勞費無已。但使挽回有術，斷不敢輕啓釁端……唯倭情叵測，不得不綢繆未雨，思患預防，冀收能戰能和之效。」

銳意進取的喀西尼接不到俄國政府的指示，不免焦急。七月一日，他致電外交大臣吉爾斯：「日本的目的，似在排斥俄國的參加。我請求閣下對此事速予指示。努力堅持日本撤兵一事極為重要。中國也將同時撤出其派遣軍。日本若一旦取得某種初步的勝利，則決難與之取得協定。鑒於局勢的特別嚴重，帝國政府如有所決定，請盡速示知，我將深為感謝。」

同日，英國駐清公使歐格訥命駐天津領事寶士德往見李鴻章，打探俄國動向。李鴻章借力打力拖英國下水，不光說俄擬派兵，還說現在正是好機會，別眼看著俄國開先鋒。英國應該派鐵快船赴橫濱彈壓日本，責其擾亂東方商務，勒令其撤兵。老道的李鴻章天真的像孩子，事後還電告總理衙門，說如果英國肯出力，以後清、日、俄若開三方會議，可以添英國一席，以牽制俄國。

李鴻章略施小計，歐格訥一笑置之，光緒皇帝信以為真，因怕英國敲竹槓而不允，降旨說：「即如英國處此時勢，如出自彼意，派兵護商，中國亦不過問。若此議由我而發，彼將以自護之舉，托言助我，將來竟以所耗兵費向我取償，中國斷不能允。」嚴責李鴻章：「致誤事機，定唯該大臣是問！」

七月二日，日本就兩天前俄國措辭強硬的照會作出答覆：「不僅釀成此次朝鮮變亂之根本原因尚未芟除，即促成日本派遣軍隊之內亂亦未完全平復。查帝國政府向該國派遣軍隊，對目前形勢實屬不得已之舉，決無侵略領土之意。若至該國內亂息全平定、禍亂已無再起之危險時，當然即將軍隊撤回，此則可與貴公使明言者也。帝國政府於俄國政府友誼的勸告，深表謝意，同時希望俄國政府本兩國政府間現存之信義及友誼，對此保證給予充分信任。」這份照會讓俄國人碰了日本的軟釘子。

在英國的撮合下，七月四日，日本駐清代理公使小村壽太郎來總理衙門，他表示日本願兩國相商，不願他國干預。相商當然好，大清國求之不得。七日，陸奧宗光主動向英國駐日公使巴健特表示，希望英國從中斡旋，勸清國儘早接受日本的提案，共同改革朝鮮。從積極的一面看，日、清關係並非唯有戰爭一途，仍有事在人為的餘地。戰爭需要理由、藉口，日本是小國，在與大清國較量之前，還不知道大清國是何等的不堪，不可能全無顧忌。

當天與隔日小村壽太郎兩次來總理衙門晤談，這時候清廷主事的是慶親王奕劻。小村壽太郎認為兩國應該談判，時間長了難保他國不來干涉。奕劻最關切的是雙方同時撤兵，強調兩國駐兵朝鮮容易引來他國干涉，兩國軍隊間也難免偶發衝突。小村壽太郎強調，朝鮮目下安寧難以持久，一旦兩國撤兵，亂必再起。所以，事情未定，日本不能撤兵。雙方立場對立，但交談中小村壽太郎有句含混之語：「談判之始先商撤兵一事，亦為實現日後不再出兵之切望也。」這是他自相矛盾，似乎沒必要說謊，也不應該是搭錯了神經，反正投合了奕劻的脾胃，奕劻順著接過話來說：「接到貴政府對我政府意見之回電後，望速報知。」他還是指望日本政府對共同撤兵做出積極回應。

可是，他即將等來的，卻是日本最新版本的絕交書。

俄國內部對日本的態度不能統一，駐日、朝、清三國公使一人一主意。駐日公使希特羅渥認為日本正在迅速動員軍隊，局勢極為嚴重，調停十分困難，干預更不可取。駐朝鮮代理公使韋貝敵視清國，暗中支援朝鮮獨立，慫恿日本駐朝鮮代理公使衫村濬與清國開戰。駐清國公使喀西尼主張不惜以武力干涉，擴大俄國在遠東的勢力。直到最後，他還致電外交大臣吉爾斯說：「日本雖然已對我們作和平的保證，但它的行動明白說明它企圖排除俄國與中國，從而擅自左右朝鮮的命運……從顯然有惹事企圖的日本政策，以及許多其他政治原因上看，日本無疑是我們在大陸上的怨鄰。」

喀西尼有遠見，有心把日本幹掉，以免未來之患。但吉爾斯眼光不夠長遠，他回覆道：「我們努力的目的在於消除中、日兩國間發生衝突的可能性。我們要求日本撤兵是友誼的勸告。我們完全珍視李鴻章對我們的信任，然而我們認為不便直接干涉朝鮮的改革，因為在這建議的背後，顯然隱藏著一個願望，即把我們捲入朝鮮糾紛，從而取得我們的幫助。同時，請聲明我們對中國持有最友好的態度，並將竭盡一切以支援中國的和平願望。」他看出眼前「隱藏著一個願望，即把我們捲入朝鮮糾紛」，卻沒預見到縱虎成患，十年後俄國被日本直接拖入戰爭。

當然，俄國的牌還沒出完：清、日、俄三方還沒開談呢！

俄國退調停，英國選邊站

清國請英國調停在前，日本請英國斡旋於後，三方會談卻沒有英國。英國反覆思考，認為與其讓俄國把英國撇在一邊，不如直接來到陣前，打亂俄國的步調。英國外交大臣金伯利指示駐清公使歐格訥，如果日本人不肯坐到談判桌旁，就通電俄國，聯合西歐共同行動。他想讓英國當頭，取代俄國主導談判。

無論如何，俄國、英國都對日本有壓力。日本也並非堅拒談判，而其談判有條件，就是清國先同意雙方一同改革朝鮮，日、清兩國在朝鮮境內權利平等。如果能達到目的，朝鮮給清國的特權日本也有了，清國也就沒資格和日本擺宗主國的架子了；大清國要談判也有條件，那就是兩國先同時撤兵。清、日都堅持自己的條件，而互不接受對方的條件。

英國說不動日本，就來說清國。外交大臣金伯利致電駐清公使歐格訥，讓他勸說清國接受日本共同改革朝鮮的建議，說這些建議似乎也合乎道理。而歐格訥別出心裁，提出一項「五方會談」的新建議：由英國當頭，聯合俄、法、德、美各國調停，以取代清、日、俄三方會談。這個主意歐格訥已經醞釀了一陣子，甚至還故意向相關國家露過口風。金伯利當然認為「五方會談」比「三方會談」好。金伯利告訴日本駐英公使青木周藏，不搞「三方會談」了，搞「五方會談」吧！青木周藏也很歡迎，以為英國主導比俄國強。

英國開始發倡議，邀請德、法、美、俄聯合調停清、日爭端，敦促雙方從朝鮮撤軍，防止戰爭。在五方會談的框架下，俄國將被納入英國系統。俄國不肯做英國的「小老弟」，絕不回應。英國攆在屁股後面追問，俄國外交部拖過一週後答覆說，已將英國的建議呈送沙皇，沙皇正在芬蘭訪問，尚無旨意。

七月九日，喀西尼派參贊巴福祿來見李鴻章，通報俄國政府的最終決定：俄只能以友誼力勸日本撤兵，未便用兵力強勒日人。李鴻章問：俄有前言要勒令日本撤兵，怎竟前後語意不符？巴福祿答，恐怕俄國朝廷內有人間阻。

李鴻章的指望落了空，俄國虎頭蛇尾，沒能對日本強硬下去。喀西尼的熱心，讓李鴻章產生了俄國兵壓日本的錯覺，不知耽誤了多少事。怨天尤人沒用，何況根本就怨不得別人，是李鴻章自己坑了自己！

同日，美國政府向日本發出外交勸告：「朝鮮變亂雖已平定，而日本政府與中國均拒絕由該國撤回其軍隊，且對於該國內政實行激烈的改革，美國政府對此深表遺憾。美國政府對日本及朝鮮兩國均有深厚友誼，因此希望日本尊重朝鮮之獨立和主權。若日本興無名之師，使防禦薄弱的鄰國化為兵火戰場，合眾國大總統當深為惋惜。」

七月十日，德國答覆英國「五方會談」的邀請，根本沒有入夥的意思，等於婉拒英國的邀請。就在這天，李鴻章致電清國駐德、俄公使許景澄，請德國出面調停。德國未予回應。

法國是俄國的盟國，而英、俄相忌，英、法歷史上是宿敵，法國很難對英國的提議產生熱情。七月十三日，法國給了英國回話：「如果其他各國都聯合行動，一旦需要，法國將跟隨其後。」這種態度，只能歸於消極。

而美國立場鮮明：不參加聯合調停。

嚶其鳴矣，求其友聲。英國找不到同鳴好鳥，勢成「光榮孤立」。不過他們倒沒放棄單幹。七月十二日，歐格訥至總理衙門調停，他向慶親王奕劻提出四個問題：

一、改革朝鮮內政，中國是否允許？奕劻答稱，此事只能勸他，不能逼勒他。

二、派大員赴朝鮮商辦，中國是否允許？這是第一個問題的延伸題。奕劻答道，此系各事商定後的話，此刻不必先提，將來自有辦事之人去。這個回答堅持了他的一貫原則，即先共同撤兵，再開談判商定各事，才有是否改革朝鮮的問題。這和日本的立場相去甚遠。

三、中國與日本共保朝鮮，不許他國占其土地，中國是否允許？其用意自然是防俄。奕劻答，中國豈有不允之理？

四、中國和日本的在朝商民一律看待，中國是否允許？奕劻予以否認，他說日本與朝鮮立約，聲明為平等之國，豈能與中國一律？言外之意中國是朝鮮的上國，不能與朝鮮的平等之國平等。這話的道理還是遵循華夷秩序。

歐格訥非常失望。英國希望中、日雙方能有所妥協以開談判，結果都不妥協，無法開談。七月十三日，英國外交大臣金伯利針對駐日公使巴健特的彙報覆電指出：「來電說中國抓住對朝鮮的宗主權不放，是談判的主要障礙。你當祕密地向日本政府說明，最好不要作為先決條件要求中國放棄在朝鮮的特殊地位，因為中國在宗主權以外的一些更重要的問題上反而更容易做出讓步。當然，雙方都克制而不提這些問題更好。讓朝鮮獨立，必定會削弱中、日兩國對朝鮮的控制和保護的許可權，只能為別國干涉提供更多的機會。在中、日共同保證朝鮮領土完整、重建朝鮮政治的前提下開始和平談判，刻不容緩。兩國同時從朝鮮撤軍是談判的先決條件，但如有必要，撤軍可逐步進行。」看來，金伯利的屁股又坐到大清國的板凳上了——不主張朝鮮獨立而主張清、日同時撤軍。

英國沒有放棄調停，只是成果遲不出來。日本人倒有某種程度上的成功感，陸奧宗光認為口舌之爭已屬無益，日本要採取下一步行動，與其促成談判還不如促成破裂。

七月十四日，小村壽太郎奉命來至總理衙門，遞上如下照會：「查朝鮮屢有變亂之事，從其內治紛亂而來。我政府……乃將此意提出清國政府，詎料清國政府定然不依，唯望撤兵，我政府實深詫異。近聞駐京英國大臣顧念睦誼，甚願日、清兩國言歸於好，出力調停等語。但清國政府仍唯主撤兵之言，其於我政府之意毫無可依之情形。推以上所開，總而言之，清國政府有意滋事也。……嗣後因此即有不測之變，我政府不任其責！」這件照會被陸奧宗光稱為「第二次絕交書」。

當小村壽太郎照會清國政府的時候，陸奧宗光給日本駐朝鮮公使大鳥圭介發去電令：「英國調停已告失敗，現在必須斷然處置。」他要終結外交周旋，緊鑼密鼓真刀真槍地幹！

同一天，金伯利約見日本駐英公使青木周藏，建議日、清兩國分區占領朝鮮。青木周藏表示贊同，提議日本占領南朝鮮，清國占領北朝鮮。金伯利甚為滿意：如果日、清共同占領朝鮮，一南一北，俄國要第三者介入，一腳踩了中國，另一腳就踩了日本，想進來就難了，十分符合英國的利益。其實，這是金伯利在「復活」李鴻章一項被擱置的提議——六月下旬，李鴻章曾通過清國駐英、法公使龔照瑗和駐德、俄公使許景澄，向英、俄兩國政府提出，清國軍隊占據平壤，日本軍隊離開漢城進駐釜山。他想以退為進，將牙山駐軍移師平壤。漢城以北五百里外是平壤，漢城以南七百里外是釜山，釜山回望是大海，過了大海是日本。這足以保證清、日兩軍不再衝突，但英、俄兩國都對此置之不理，如果不是支援日本鬧事的話，只能說他們確信李鴻章的利益最大化以後日本必不答應。現在，英國舊事重提再話南、北分治，也是黔驢技窮。英國的願望就是別發生衝突，維持亞洲既定秩序。無論是清國還是日本，誰占領朝鮮都比俄國占朝鮮強，兩家分治也行，英國沒必要偏袒任何一方。

七月十六日，歐格訥又來到總理衙門，得知小村壽太郎下了「第二次絕交書」，感到不快。離開總理衙門後，他把電報打到日本，與英國駐日公使巴健特協調。巴健特往訪陸奧宗光。陸奧宗光正在準備開戰，已不打算談判，又不好明示拒絕和平，故此一面往清國身上推卸責任，一面敷衍英國。他說：「朝鮮問題，今已大有進展，局勢決非昔日可比……而使朝鮮局勢達到如斯緊張，完全由於清國政府採取陰謀手段、因循方法使諸事稽延所致。故對我國此次提議，清國政府如不能自本日起於五日內以適當手續表明態度，日本政府將不再與清國進行會商。此外，清國如在此期內再向朝鮮增派軍隊，日本政府即認為是威脅之行為。清國政府如能本此宗旨與日本會商，日本政府當不拒絕。」他限定清國於七月十九日前答覆，這簡直是給大清國下通牒。

十八日，英國駐清公使歐格訥來到總理衙門，代表英國政府提出清、日分區占領朝鮮之議，即清、日兩軍彼此拉開距離，不至見面，以免衝突。日軍撤往漢城以南屯紮，清軍屯兵於漢城以北。慶親王奕劻以為這還算公道。

十九日，英國駐日公使巴健特拜訪陸奧宗光，聽取日本對分區占領朝鮮的意見。陸奧宗光稱尚未接到駐英公使青木周藏的來電，故無可奉告。這天，是陸奧宗光限定清國答覆的最後一天。清廷答覆了六條，托英國轉致日本政府：

一、各派兵平朝鮮之亂。

二、與倭商辦在朝商務，兩可利益。
三、各派大員商辦朝鮮興利除弊各事，勸朝鮮國王照行，但不能勉強。
四、立約兩國不占朝鮮土地。
五、遇朝鮮大典，倭不能與清平行。
六、朝鮮本系清屬國，毋庸商議。

對此，日本拿出一份修改提議，說一切均可商辦，但日本給朝鮮定好的改革措施，不能改毀。而清國答覆的第三條該否定，兩國應對韓有勒令權，第五條該否定，日本與清國在韓地位平等。「修改提議」要求清國在五天內對日本的態度作出答覆，並且聲明：「如五日中添兵到韓，即作殺倭人論。」

金伯利對日本的強硬很不滿。七月二十一日，英國駐日公使巴健特向陸奧宗光遞交照會，內稱：「今日本政府已單獨進行此事，且絲毫不許中國政府過問，實系蔑視《中日天津會議專條》之精神。因之，如果日本政府堅持此項政策，以致發生戰爭，日本政府應對其後果負責。」此話夠嚴厲了！

然而，陸奧宗光豁得出去，他甚至冒著一個風險，清國與英國曾經有過蜜月期，有傳言說它們定過什麼密約，他一直對此有所顧忌。但陸奧宗光推測，為了制俄，英國不能失去日本，絕無最後干預之決心。他覆照巴健特，對日本的立場進行辯解，說英國政府讓日本承擔後果，日本認為不當，因為當初清國若容納日本之提議或駐清英國公使之調停，與日本再開會議商討，事態不至如此嚴重。

與巴健特的照會同日交到陸奧宗光手上的，還有青木周藏分區占領朝鮮的電報，但陸奧宗光覆電予以否決。如此一來，日、清分占南、北朝鮮的提議夭折，也可以說是被陸奧宗光扼殺了。或許是日本萬事齊備，只欠打仗了。

戰爭在所難免，調停人英國開始對中、日雙方的軍事力量進行評估，認為從武器裝備等硬體情況看，中國海軍勝於日本海軍，但在編制、紀律和訓練上日本要大大優於中國，綜合判斷日本海軍勝面更大。

而陸軍，中國缺乏訓練，沒有嚴密的組織，沒有合格的指揮官，幾乎沒有勝率。結論是：中國要想戰勝日本，只能通過大幅度地拖延時間，譬如說兩年或者三年，同時按歐洲模式抓緊編制、訓練軍隊。不過，即使日本能給中國時間，中國也不一定會這樣做。

英國擔心日本進攻中國本土，損害英國在華商業利益。

七月二十三日，英國駐日公使巴健特發照會給日本：「今後中、日兩國若發生戰事乃至妨礙上海交通，因該港為英國利益之中心，其關係頗大。希望取得日本政府不在上海及其通路為戰事之運動的保證。」

見到這件照會，陸奧宗光如釋重負，明白所謂清國與英國的密約，純屬無稽之談。英國不會干涉日本已確定無疑，日本作點保證算什麼呢？他回覆英國：「無論如何，日本絕不攻擊上海及赴上海經行水路。」

就在這天，日軍以朝鮮開化黨為策應，開始了軍事行動，在漢城圍宮劫王，請出大院君主政。大本營向入朝日軍下達了進攻牙山清軍的命令。兩天後，大院君傀儡政權宣布朝鮮獨立，廢除與清國締結的所有條約，授權日軍驅逐駐朝清軍。

豐島海戰

日艦開炮了

李鴻章在天津，總理衙門在北京，都忙外交，希望「以夷制夷」，消息忽憂忽喜。日本發來「第二次絕交書」後，局勢惡化。中樞諸王大臣奉旨會商戰守。會商了半天，是戰是和無決策。光緒皇帝聞奏後龍顏震怒，摔了龍書案上的茶碗，傳懿旨主戰，也就是說慈禧太后主戰！

軍機處電令李鴻章備戰。李鴻章提出了增兵計劃。他本打算派船接牙山清軍至朝鮮北方重鎮平壤，遠離漢城較為安全。但駐牙山的直隸提督葉志超擔心在海上遭日軍截擊，李鴻章出於謹慎而放棄，決定牙山清軍不動，從國內增兵，使葉志超有力量退可自固、進可攻敵，另派兵進駐平壤。這樣，兩處屯兵，一旦戰爭爆發，便可南、北向漢城擠壓，夾擊日軍。

按照這個計劃，國內需要派兩路人馬入朝，一路去平壤，一路赴牙山。走海路最近便。但李鴻章怕在海上遭遇日軍，想盡可能地降低風險，便讓赴平壤的清軍走鴨綠江，寧願上岸再跋涉五百里。那年代沒有空投，去牙山的援兵只能走海路了。儘管尚未開戰，卻也劍拔弩張，必須算計到日本海軍的威脅。為了保險，李鴻章花重金租了三艘英國商船高升號、愛仁號和飛鯨號運兵。滿心以為日軍望見高懸「米」字旗的大英帝國艦船，得禮讓三分。

牙山港水淺，大型運船不能直接靠岸，需接駁船。那裡僅有駁船三十隻，每船一次能渡兵三十人，行駛七十海浬才能上岸。既是人又是馬，還有大量武器輜重，如果三船齊發，同時到達，長時間滯留，凶多吉少。於是，李鴻章決定赴牙山的運兵船分三批出發。

七月二十一日，兩路入朝清軍開始行動。北上平壤的，翻山越嶺，吃大苦流大汗，然性命無虞，故略而不表；南下牙山的卻出了事。赴牙山的三艘船分三批由塘沽開出，一天一艘。二十一日下午愛仁號開，二十二日傍晚飛鯨號開，二十三日早晨高升號開。

三船都是英國籍掛「米」字旗，日本惹不起，但李鴻章並不敢鬆懈。第一艘船剛開出，他就接到情報，說日本佐世保港倭兵船十一艘出口，去向不明。李鴻章緊張起來，電令丁汝昌率領大隊護航。沒等丁汝昌燒開鍋爐，他又收到兩條「以夷制夷」的好消息：一是日本不聽勸告，拒絕撤軍，英國已向日方提出警告，如果爆發戰爭，日本應負全責；二是日軍占據漢城，使得商民驚擾。俄駐朝使館不安，電請政府派兵逐倭。

兩條消息中的第一則即七月二十一日英國政府發給陸奧宗光的照會，實有其事；第二則不知是怎麼傳出來的。李鴻章全信以為真，錯就錯在他沒相信日本；日本鐵了心，天塌地陷也不打算退縮。該謹慎的時候，李鴻章大意失荊州。他改變了大隊護航的主意，給丁汝昌發去電報，口吻裡躊躇滿志：「**暫不用著汝大隊去。將來俄擬派兵船，居時或令汝隨同觀戰，稍壯膽氣。可即調回。**」看上去，丁汝昌可以置身事外觀戰了。

丁汝昌取消大隊換小隊，命方伯謙為隊長，率濟遠、廣乙、威遠三艦護航。方伯謙生於西元一八五三年，十三歲進入福建船政學堂第一期學習駕駛，西元一八七七年由清廷派往英國留學，西元一八八〇年回國，西元一八八五年九月任濟遠艦管帶，軍銜副將。

二十四日，愛仁號和飛鯨號先後抵達牙山港。愛仁號兵多貨少，接駁順利，早到早回，當天就返航了。飛鯨號下午兩點鐘到港，除人員外載有大量輜重，接駁速度就慢下來，直到次日凌晨四點，卸船方近尾聲。

濟遠、廣乙、威遠三艦護航。威遠因為聯絡先去了仁川，二十四日傍晚回到牙山會合，艦長林穎啓向方伯謙報告：漢城朝倭已開仗（日軍圍宮劫王一事），電線已被截斷，傳言倭大隊兵船明日即來。

聽說倭大隊兵船即來，方伯謙不免緊張，考慮到威遠是鐵骨木殼船，速度慢，不經炮火，一旦遇敵，徒受損失，便令威遠先行回航，向丁汝昌報告。這樣，護航小隊就剩下濟遠和廣乙兩艦。方伯謙不敢久留，不等飛鯨號卸空，就起錨返航了——這不能說是貪生怕死，因為飛鯨號掛大英帝國米字旗，卸空後遇敵也無危險，而高升號還在半途，他不可能不惦記。

日、清談判無望，關係破裂，必須以戰爭為最後手段才能解決問題；日本向全世界發出這種訊息，要找藉口向大清國開火。日本陸軍已經在漢城劫了朝鮮國王，海軍也開出來伺機襲擊清軍。

二十五日，日本海軍第一遊擊隊吉野、秋津洲、浪速三艦來至牙山豐島海面。豐島，是牙山海灣出口處的一個小島。早晨六點三十分，他們從望遠鏡中見到兩縷煤煙。日軍三艦快速向煤煙靠近，在五千碼外確認是清國軍艦。按照日軍預案，如果清軍弱小，沒必要戰鬥；如果清軍強大或勢均力敵，就打一仗。現在，兩軍相較，日艦吉野排水量是四千多噸，秋津洲、浪速均為三千多噸，而北洋軍艦濟遠的排水量是兩千三百噸，廣乙是一千三百噸，加起來才三千多噸；武備的優勢也在日軍方面。實力懸殊，本該不打，但參謀釜谷忠道大尉見清軍孤弱，不肯放過，便說是強是弱，不能看表面，打了才知道。司令官坪井航三心照不宣，下達了攻擊令。

濟遠、廣乙也發現了日軍。狹路相逢，敵強我弱，上天無路，入地無門，方伯謙只能接戰。七點四十五分，第一遊擊隊旗艦吉野首先開炮，濟遠回擊，兩軍交火。「甲午海戰」就這樣拉開了歷史序幕。

豐島海戰只是開場鑼，之後的黃海海戰才是重頭戲。

四十分鐘後，廣乙重傷，轉舵逃避。坪井航三料其不保，任其自去。廣乙擱淺在朝鮮西海岸十八島附近，艦長林國祥命令炸艦，免落倭人之手。

濟遠大副、二副陣亡，艦受重創。它的炮彈也幾次擊中敵艦，最致命的一次打入了吉野的機艙，可惜大清國自產的炮彈質量差，沒爆炸，使吉野得以僥倖。坪井航三率隊合力攻擊，濟遠以一敵三，唯有招架之功，全無還手之力。方伯謙設法擺脫，日艦窮追不捨。濟遠桅杆上掛出白旗，卻不停輪，繼續回逃。浪速追至相距三千碼，以艦艏炮轟擊濟遠，濟遠白旗之下加掛了日本海軍旗，仍不停輪。浪速掛旗命令濟遠立即停輪，濟遠終於服從。

浪速正要靠上濟遠，驀見遠處駛來兩船，一船掛英國旗，一船掛龍旗。艦長東鄉平八郎以為制伏了濟遠，便命令去盤問來船。來的是運兵船高升和北洋海軍運輸船操江，濟遠乘機全速回逃。第一遊擊隊旗艦吉野立即追擊，途中炮擊不斷。但濟遠終是逃回威海。如何逃回的呢？丁汝昌給李鴻章的報告，說是水手李仕茂、王國成，一裝彈一開炮，連發一百五十毫米口徑的尾炮四彈，把吉野打成重傷，不敢再追。許多人質疑，但捨此說法，別無版本。

吉野去追濟遠，浪速來盤問高升，秋津洲上前阻攔操江。操江是木殼船，艦齡二十五年，排水量六百四十噸，航速九節，艦炮五門，官兵八十二人，艦長王永發，軍銜為參將（中校）。他從威海出發，為牙山守軍運武器、餉銀和文件，剛剛與高升號不期而遇。

王永發見日艦擋道，忙轉舵回逃。秋津洲速力十九節，操江當然跑不過。秋津洲發炮示警，命令停船。王永發心慌意亂想自殺，在丹麥技師彌倫斯的勸阻下，如夢方醒，匆忙燒了文件。然後，他掛起白旗，又掛起日本太陽旗，總之，他投降。全艦官兵及船上的二十萬兩餉銀、二十門大炮、三千支步槍和大批彈藥，都成日軍的了！

高升船上滿載援軍，統兵官名叫高善繼。李鴻章的軍事顧問，德國退役陸軍上尉漢納根也在。高升剛好與回逃的濟遠相錯而過，兩船一從天津塘沽出發，一從威海出發，彼此不認識。高升看到濟遠桅杆上的白旗和日本旗，誤以為是日本軍艦，見對方無敵意，自己也沒警惕，本該後退卻繼續前進，結果撞見了真正的日本軍艦。

九點鐘左右，高升遇到上來盤問的浪速。浪速艦長東鄉平八郎大佐看到船上的清兵，就不肯放過了，掛信號旗命令：「下錨停駛！」高升船長高惠悌知不能抗衡軍艦，只能停輪。浪速又掛出第二面信號旗：「原地不動，否則承擔一切後果！」它駛到相距四百碼處，以右舷炮對準高升。因高升掛大英帝國米字旗，東鄉平八郎不敢冒失，升旗請示旗艦吉野。

吉野掛旗回答：「將商船帶赴總隊，向司令長官報告！」

浪速放下小艇靠上高升，海軍大尉人見善五郎帶兵登上高升，要求檢查。船長高惠悌出示了行船執照等法律手續，提醒日本人此系英國商船。

人見善五郎問：「高升要跟浪速走，同意嗎？」

高惠悌無奈地說：「如果命令跟著走，我沒有別的辦法，只有抗議下服從。」

檢查過後，人見善五郎乘小艇回到浪速。清軍官兵人人警惕，緊握手中槍。統兵官高善繼對大家說：「我輩同舟共命，不可為日兵辱！」

浪速升旗命令高升：「起錨，隨我前進！」

船長高惠悌被迫服從日本人的命令，引來一船鼎沸。統兵官高善繼拔刀相向：「敢有降日本者，當汙我刀！」清兵同聲相應，一片吶喊。

高惠悌是英國人，不懂中文，漢納根充當翻譯，告訴他，士兵們寧願死，也不願服從日本人的命令。

高惠悌夾在日、清兩國軍人之間有性命之虞。他試圖說服清軍：「抵抗是無用的，因為一顆炮彈能在短時間內使船沉沒。」高善繼說：「我們寧死不當俘虜！」高惠悌說：「請再考慮，投降實為上策。」高善繼說：「除非日本人同意我退回大沽口，否則拚死一戰，決不投降！」高惠悌說：「倘使你們決計要打，外國船員必須離船。」

對於清軍而言，清、日並未宣戰，兩國也未交戰，統兵官高善繼返回始發地的要求是合理的。對於英國船長來說，高升是受雇商船，以運輸行為賺取利潤，沒有義務作戰。臨戰關頭，船長高惠悌選擇離船，也是合理的。然而，兩種合理性非常不幸地相逢在一個非理性的時刻。

高惠悌受到來自日軍和清軍兩方面的控制，任何一方都可以將他置於死地。他是船長，有責任保船。為了安全，他想服從日本人。清軍剝奪了他的自由，將他看管起來。之後，高升這艘船就由清軍控制了，他們看住船上的小艇，禁止任何人離船。高惠悌要求升旗請日軍再派人來商談，浪速又派來人見善五郎。

這次，他格外警惕，不再上船，只肯靠近高升。漢納根在船舷邊告訴他：船長已失去自由，不能服從你們的命令，士兵們不許他這樣做。軍官與士兵堅持讓他們回到出發地。高惠悌也對日本人說：清軍拒絕把高升船當作俘虜，堅持退回大沽口。而高升是一艘英國船，離開中國海港時尚未宣戰，這是個公平合理的要求。

話說得都對。人見善五郎要回去報告、請示。

十二點三十分，浪速掛出信號：「歐洲人立刻離船！」

高升船上小艇都被清兵控制，歐洲人無法離船。高惠悌用信號回答：「不准我們離船，請再派一小船來。」

浪速掛旗回答：「不能再派小船。」隨即，桅檣上升起一面紅旗示警。

如果是今天，中國軍人遇到這種情況，肯定會讓船上的外國人走，自己獨自面對敵人，讓對手也不能不敬畏。當時的清軍不懂這些，他們讓無辜的人淪為毫無意義的人質。事後，「高惠悌們」不說清軍的好話，也就不足為怪了。

浪速升紅旗示警後，繞巡高升一周，停在相距一百五十碼處。一點鐘左右，浪速對高升發射了一枚魚雷，竟沒命中。緊接著，右舷上的幾門速射炮一起開了火。沉船過程持續了半個小時，日艦浪速放小船救起船長高惠悌等人。之後，清國指控日軍射殺落水人員，日本辯稱清軍向設法逃命的人射擊。如今看來，兩種行為均有可能。

高升有船員七十四人，國籍涉及英國、菲律賓和清國，其中五十六人遇難。船上清軍一千一百一十六人，有二百四十五人生還，絕大部分被英、法、德三國過路艦船所救；由此作減法，共八百七十一人遇難。李鴻章的軍事顧問德國人漢納根好水性，連游數小時登陸豐島。

浪速艦長東鄉平八郎，下令擊沉高升，捅了大英帝國這個馬蜂窩。日本是弱小之國，與大清國一道正在遭受英國等列強的壓迫，其國際地位甚至還不如大清國。東鄉平八郎炮擊高升，無非是對大英帝國的挑戰，給日本闖了禍。但是，推究東鄉平八郎的經歷，他的做法並非是頭腦簡單。東鄉平八郎前半輩子命途多舛，留學經歷坎坷辛酸，跑到英國都沒學成海軍；後半輩子春風得意，軍銜升至日本海軍元帥。日本國內有研究者將他捧為「聖將」。年輕時，他受國家派遣，以海軍士官的身份要進英國的海軍學院。不知英國人是歧視日本人還是歧視他本人，海軍院校死活不收，他最終去了商船學校。這使他學習到西方的國際法和海事法，他敢擊沉高升，膽量也是從這裡來的。因為按照海事法律，在航海中船長享有絕對權，高升是英籍商船，卻為清軍掌握，船長失去了對船的實際控制，這在法理上等於船被非法劫持。因此，他的炮擊不構成對商船的侵犯，而是對劫持者的攻擊。這一點在法律上很重要，後來，為日軍的辯護都以此為法理基礎。英國人的憤怒也是這樣被平息的，英國政府曾向日本發照會，要求日本負全責。結果，日本連船都沒賠，責任全攤到清國頭上。

豐島海戰爆發後，日本在各種國際場合，通過多種外交途徑，向全世界宣布：「清國軍艦在牙山附近轟擊日軍！」世界上這麼多人，並非只有日本人聰明，別人都傻。所以當時就沒人相信此說法。時至今日，更無人懷疑日本海軍首先開炮這一事實。日本從政府到軍方撒下彌天大謊，欺騙國際輿論，其結果就是越想瞞天過海，越是欲蓋彌彰。

牙山、成歡，清軍兵敗朝鮮

七月二十五日，豐島遇襲的當天，英國公使歐格訥還來過總理衙門，說英國政府勸日本撤兵，日本不聽，英國政府甚為不悅，正聯合列強逼日本讓步。他沒想到，豐島海面上的日本軍艦開火了。

七月二十六日，總理衙門接到李鴻章的電報，告知日本兵圍朝鮮王宮，拘捕了朝鮮國王。慶親王奕劻立即派員與英國公使館接洽，表示要以挑釁失和論布告各國。歐格訥讓奕劻暫緩，說還沒接到這種消息，他馬上與各國協調立場，請清兵退至平壤，日兵退至釜山。日本如不聽勸，各國均不能答應。這與當初李鴻章分區占領朝鮮的方案別無兩樣了。可是，豐島戰端已開，除了大動干戈，全屬多餘！李鴻章還沒收到報告，他正在等候喀西尼的來訪，見面後興致勃勃地談分區占領南、北朝鮮的方案：「宜令倭兵退釜山，華兵退平壤，各離漢五百里。」喀西尼也附和著亂點頭。

這天，濟遠艦從豐島逃回威海。廣乙不光船完了，人也倒楣，管帶林國祥領殘兵十八員登岸，幸遇英國軍艦，有意送他們回國。日本海軍找上門來要人，逼廣乙官兵簽「服狀」才肯放還。林國祥不能不服，簽下一紙「服狀」，上寫著：「艦長林國祥以下廣乙號船員十八名，蒙英國軍艦搭救。值此日、清戰爭期間，今後決不再參與戰事，茲作出誓言，保證履行誓言之義務。」

二十七日，方伯謙給李鴻章發電彙報戰況，言牙山遇敵，敵炮攻我，鏖戰四個小時，中彈三四百個，終以尾炮連中敵艦，迫其轉舵而逃……李鴻章或許是對方伯謙的報告不滿意，令丁汝昌再報。

豐島遇襲後，清廷沒有做出強烈反應，等著看英國為高升號的沉沒報復日本。其次，日軍已占朝鮮王宮，殄滅人國，為萬國公法所不允，清廷等著國際公憤。其三，清廷還希冀著「以夷制夷」的調停，認為日本不敢不給列強面子。大清國懷著種種僥倖心理，靠天靠地，就是不靠自己。

二十八日，李鴻章電致總理衙門，口吻透出與日本決裂之意。電文說，倭先開戰，我應布告各國知曉釁非我開。他建議撤回駐日公使，也令日本駐清公使撤回。李鴻章態度的改變，當然與豐島開戰直接相關，在痛失一船子弟兵的同時，也以為日艦擊沉英船高升號，英國必不答應。再者，從北路入朝的部隊正在向平壤推進，他們是被洋槍洋炮武裝起來的，李鴻章寄予厚望。

這天夜晚，駐漢城的日軍混成旅團，向牙山清軍發起進攻。

日軍混成旅團駐紮漢城，清軍就在其南七十公里外的牙山，可謂臥榻之側。旅團長大島義昌少將，在七月二十三日接到大本營進攻牙山的電令，說朝鮮政府已授權日軍驅逐在朝清軍。七月二十五日豐島海戰當天，大島義昌率兵四千開始行動。

當時，駐牙山清軍在愛仁號、飛鯨號運來援軍後，兵力也在四千上下。清、日兩軍兵力相當，對進攻一方才是考驗。或許清軍先已喪膽的緣故，探馬向葉志超報告來犯日軍三四萬，葉志超一下子就昏了頭。牙山無險可守，其東北方向二十公里外的成歡有地勢之利，易守難攻。葉志超與太原鎮總兵聶士成商量，將成歡設為牙山的門戶，由聶士成率大隊鎮守。

七月二十八日，日軍逼近成歡。清軍方面葉志超與聶士成再議短長，認為牙山絕地不可守，不如放棄，南撤六十公里往公州。這樣，四千清軍分成公州、牙山、成歡三個攤點，公州、牙山各有兵五百，成歡有兵三千。成歡據險而守，仗有的可打；牙山五百兵純屬浪費，日軍倘能突破成歡的三千人防線，牙山五百兵又何足掛齒呢？

當夜，日軍進攻成歡，二十九日攻破防線，三十日占領牙山，繳獲清軍大炮八門，白米五百包以及大量武器彈藥。清軍棄甲曳兵而走，衣食無計，開始搶劫朝鮮百姓。這是清、日陸軍在朝鮮的第一戰，也是清軍失去朝鮮民心的轉捩點。

日軍的處境正好和清軍相反。明治時期，日本標榜「脫亞入歐」，日軍自稱文明軍隊，准許西方記者、觀戰武官隨軍，受到國際輿論的監督，軍紀較為嚴明。清軍什麼「緊箍咒」也沒有，只能喪盡民心。此戰清軍陣亡二百多人，日軍陣亡三十餘人。日後，葉志超向國內報捷，說殺敵兩千有餘，自損二百上下。

成歡戰後，朝鮮在事實上成為日本的盟國。儘管還有些人看不出大清國不是神兵，幻想大清國獲勝，暗中給清軍通些消息，但都是些小動作，無關大礙。葉志超與聶士成撤至公州，又覺不可守，繼續撤退，繞道朝鮮東海岸，橫渡漢江和大同江，行程兩千餘里，退往平壤。

三十日，丁汝昌致電李鴻章，報告豐島戰況，說濟遠尾炮連發四彈，重創倭督船，風聞倭提督陣亡，吉野艦半途沉沒。為了鼓舞士氣，他賞了尾炮退敵的兩個水兵李仕茂、王國成銀一千兩，其餘幫同開炮的水兵共賞一千兩。李鴻章電詢駐日公使汪鳳藻，覆電大相徑庭，說倭船平安回，倭提督無恙。李鴻章大為不快，電責丁汝昌所報不實。雖然如此，他報喜不報憂，把方伯謙、丁汝昌的報告原樣奏進北京。

奇特的單獨外交

豐島與牙山海陸響炮聲，打破了清、日兩國的僵局，驚了李鴻章的和平夢。本來，李鴻章為謀和局正在暗中與日本單獨外交，因為戰爭的爆發，這場外交無疾而終。

李鴻章與日本方面的暗中接觸，雖非「通倭」，卻是絕密。若說李鴻章膽大包天，也不儘然，很大原因在於清廷無事不混亂——在外交上，清廷沒什麼統一的國策，總理衙門辦外交，南、北洋大臣也辦外交；駐外公使的電報可能發給南、北洋大臣，也可能發給總理衙門。而無論是總理衙門的大臣還是南、北洋大臣，全部是兼職。大清國的專職外交官唯有駐外公使，可駐外公使又是臨時差事，算不得正經官；清國的第一個公使駐英國的郭嵩燾甚至被時人當作漢奸詰難！

混亂讓人說不清道不明，結果是有的事誰都管，有的事誰都不管。朝廷沒有統一的外交政策，那些管與不管的官甚至難以形成統一的口徑，常鬧誤會，令列國猜疑。太平歲月還將就，一旦臨事，若想國之無危幾成奢望。由於無章可循、無法可依，個人權威就十分重要。李鴻章身居要津，是個有權威的人，他與日本方面的祕密接觸，形成了一條不可忽視的外交渠道。

七月中旬，李鴻章始與日本單獨外交。他派幕僚伍廷芳、羅豐祿暗訪日本駐天津領事荒川已次。出於對自己軍力的瞭解，李鴻章的想法不同於光緒皇帝。光緒皇帝一意主戰，只知大清國有世界八強的北洋海軍，不知北洋海軍問題成堆。心如明鏡的李鴻章心虛氣短，又不能把老底揭祕，所以總是敷衍光緒。

總理衙門辦外交，慶親王奕劻堅持一點不動搖，那就是清、日兩國先同時撤兵，再論其他。李鴻章不以同時撤兵為底線，表現出某種靈活性；這與牙山將領的意見有關。

初有聶士成從牙山來電，說我軍入朝為平亂，非與倭爭雄。倭兵水陸大隊入朝，蓄謀已久。今匪亂已平，我軍不如內渡，免資口實。俟後再調海陸各軍駐屯北洋，奉天邊境。秋涼後，我陸軍出九連城趨平壤以拊其背，海軍仁川以扼其吭。那時日軍勞而無功，將驕卒惰，一鼓可破。否則，倭先發制我，釁端一啓，大局可危。聶士成主張先撤兵再圖大舉。緊接著，葉志超又從牙山來電，提出對敵三策，上策是國內速派水陸大隊入朝，牙山部隊起營，擇險要之地屯紮；中策是從朝鮮撤兵，迫日軍同撤，若遭拒絕，入秋時再圖大舉；下策是原地駐守，其結果是朝人為日軍所困，對我方陷於絕望。

李鴻章選了中策，欲撤兵，不計日本的態度。報到北京被朝廷駁回，清廷認為先撤兵是示弱，若入秋再戰，反覆往返，並非得計。其實，撤兵不失為一個辦法，因為日軍要開戰，必須在朝鮮有敵手，只有把清軍拖在朝鮮，才能找到藉口。清軍一旦撤出，就剩下日軍赤裸裸地曝光曬太陽，滋味不會好受。清廷不撤兵，日本倒有了玩伴。大清國死要面子活受罪，反被日本玩於股掌。

李鴻章在與日本的祕密外交中，不知是有意還是無心，令日本外相陸奧宗光感到天津和北京有分歧。大清國總理衙門王大臣慶親王奕劻，在宗主國問題上不讓步，對日本而言，這是兩國對話的障礙。李鴻章好像並不堅持這項原則，彼此的距離有可能縮短一截。陸奧宗光一時看不懂，指示荒川已次打聽清楚。

荒川已次通過與伍廷芳和羅豐祿的接觸，形成了一些獨到的看法。他彙報說：李鴻章似乎同意陸奧宗光的某些原則，不一定非去碰宗主國的話題。重要的是李鴻章無須考慮北京的態度，能夠解決朝鮮問題，正為無由談判而焦慮。

七月二十二日，羅豐祿密訪日本駐天津領事館，通報荒川已次，李鴻章決定派他為祕密特使前往東京，面謁日本內閣總理大臣伊藤博文，要求在祕密特使到達東京之前，日軍不採取敵對行動，以保證中、日和平之路的暢通。對此，陸奧宗光的電覆不卑不亢，非常具有彈性。電報說：「儘管到目前為止，清國與日本的敵對行動尚未開始，日本政府也不能保證駐朝日軍放棄敵對行動，因為朝鮮刻下仍不斷發生政治事件。然而，日本政府也不特別反對羅豐祿來日本。」陸奧宗光既不拒絕與李鴻章私下接觸，也不像李鴻章那麼積極。

時間緊迫，李鴻章令羅豐祿準備東渡，偏是接電後的第二天，豐島海面上日本艦隊向北洋海軍開了炮，炸斷了李鴻章與日本祕密外交的連線。沒有證據表明陸奧宗光故意要剪斷這條連線，戰爭的爆發具有偶然性。和平之路就此完全堵塞，談判解決問題的希望徹底破滅了。

大清國的皇帝獨攬大權於一身，事必躬親，醒得比雞早，睡得比狗晚。累死自己也不肯多分出一分權力。李鴻章何以能夠背著朝廷，越過軍機處、總理衙門，獨立自主辦外交呢？

古語說人臣無外交，為人臣者如南、北洋大臣，有了一定的外交權力也不過是二十餘年間的事。兩大臣之職設於咸豐年間，咸豐皇帝不許洋鬼子進北京，可洋鬼子叩門不斷，又不敢不睬。所以，在南京設南洋大臣，由兩江總督兼銜，在天津設北洋大臣，由直隸總督兼銜。這樣，無論洋鬼子南下北上，都有人對付他們。按照最初的設計，南、北洋大臣只是通商大臣，沒有外交權力，清廷與洋人通商已屬被逼無奈，更不願意在此之外還有什麼瓜葛。情勢變更不以人的意志為轉移，南、北洋大臣不知不覺中又有了外交權力、海防權力。

李鴻章是疆臣之首，又是大清國的拯救者，在大清國的國家常備軍八旗、綠營被太平天國消滅後，他的私家武裝淮軍，歷史性地成為國防的中堅，這使得他的地位舉足輕重。雖然他進不去軍機處，只是假宰相，但有淮軍、北洋海軍在，他說話就有分量，就敢做些主張。而他一想到把海陸兩軍拉出去打仗就不樂觀。北洋海軍在與日本海軍的軍備競賽中失去優勢，非當年可比；淮軍創業者生老病死，後起者養尊處優，難以為戰。雖然光緒皇帝不待見他，言官清流要削弱他，但打日本卻全要靠他的這兩支夕陽西下的軍隊。基於現狀他對打贏戰爭缺乏自信，因此才熱衷外交，希望避戰。

甲午年適逢慈禧太后的六十萬壽慶典。兵乃凶象，太后忌諱干戈繚亂，唯喜昇平景象。打仗無勝算，李鴻章知道若不打仗也能把事情擺平，讓慈禧太后歡天喜地過了六十萬壽，定然不會指他的不是，只會對他更加恩寵。如此種種，促使他形成了單獨外交的心理，不計過程重結果，就為不打仗。豐島、成歡的炮聲，驚了李鴻章的美夢，蒼天難遂愁人願，仗非打不可！

清日宣戰

李鴻章要保船

運兵船豐島遇襲，朝堂之上慷慨激昂。皇恩浩蕩養兵千日，到用兵一時效忠回報的時候了！李鴻章要順天應人，可他畢竟和那些把經書當飯吃的人不一樣，知道打仗不是鬥氣，是靠實力。北洋海軍成軍六年無進展，停滯於出發點，他一閉眼，問題就連連浮現。

自戶部請旨禁購軍火以來，北洋海軍三年間沒進口過一發炮彈，而國內只能生產訓練用穿甲彈，不能生產實戰用開花彈。李鴻章曾指示天津機械局（兵工廠）試造開花彈，結果是炸不炸沒準兒，出膛不出膛沒準兒，能否入膛也沒準兒；就算炸了，能否炸死人也沒準兒。

北京城裡無知無畏，皆以為北洋海軍打日本易如反掌。李鴻章知道得越多，越畏首畏尾。他不想真打仗，只想拿稻草人嚇唬麻雀的辦法，以北洋海軍的威名制衡日本。可是，日本不是麻雀，倒是捕食麻雀的鷹隼。李鴻章沒膽量拿北洋海軍和日本海軍硬碰硬，只肯派艦遊而不擊，指望著碰上小隊日艦，把豐島遇襲的一幕反演一回。他要保存實力，最怕沉船，最要保船；船是他的資本，船要沉完了，別人一腳踩下去他也得完。因此，即便命令丁汝昌巡海，也不忘叮囑幾句「相機進退」、「保全堅船為妥」、「保船制敵」、「盼速回」之類的話。丁汝昌最能心領神會，要保船就不能真拚命。

方伯謙逃回來的第二天，丁汝昌奉李鴻章之命率九艦巡海。打的旗號是前往朝鮮漢江洋面，找日本海軍打一仗，報豐島之仇。漢江口的仁川是日軍進入朝鮮的登陸港，儲存著大量軍用物資。北洋海軍去撲殺，自然是關起門來打狗，看來，大戰不可避免。丁汝昌卻空手而回，說是尋敵不遇。令人費解，質疑之聲不絕。丁汝昌也寫信給友人訴隱衷：「**意欲直搗漢江，又慮中其暗伏。特以戰艦無多，不得不加珍惜耳。**」保船為要，必須貫徹李中堂的精神。兩天工夫就打了一個來回，別人懷疑他畏縮不前，誰說沒有道理呢？

當時，政壇上活躍著一股特別勢力，人稱「清流黨」。這股勢力出頭露臉於同治年間，以搖唇鼓舌，臧否人物，議論朝政為能事，自詡清高的同時也噴別人滿臉唾沫。有清一朝，言禁、文網、文字獄都是空前的，唯清流黨時運好，不遭禁絕還受籠絡，原因是鎮壓太平天國以後，前門去虎後門進狼，漢人掌了軍權，破了滿洲祖宗「朝廷兵柄，不假漢人」的家法，慈禧太后想利用清流言官「以漢制漢」壓制權臣。大清國離不開漢人又不敢信任漢人，和離不開洋人又不敢信任洋人一樣，有著相似的變態心理。所以，對漢人的政策是「以漢制漢」，對洋人的政策是「以夷制夷」。

清流黨都是些讀古書的專家，不曉得外國幾斤幾兩，一旦中外有事，就知揎拳喊打，致有失利，則委過以任事者，自己掙下個清白的美名。李鴻章是任事者，總是有過錯的。沒鬧日本的時候，清流黨嫌他權傾朝野，要強幹弱枝；鬧日本以後，又嫌他坐擁強兵而不大軍進剿。帝師翁同龢是清流領袖，光緒皇帝深受這股勢力的影響，豈能不怨李鴻章？

大清國的錢用來給同治皇帝修墳，給他這位光緒皇帝辦大婚，給慈禧太后修三海、修頤和園、做壽，一擲千金、萬金、數千萬金，出手那麼豪爽，可拿一個銅板給海軍就那麼難，那受盡冷落的海軍，怎麼可能一夜之間就生出萬夫不當之勇呢？從甲午海戰的實際情況看，至西元一八九四年時這支海軍的戰鬥力，尤其是指揮能力，與日本海軍有著顯著的實力差距。

清流黨對李鴻章，罵歸罵卻沒辦法，因為李鴻章托庇於慈禧太后。這老太婆是「摩登女郎」，支援洋務。對於與日本的戰與和，慈禧太后的態度也更傾向於李鴻章。甲午是她的花甲之年，要過六十萬壽，她盼著平安無事歌舞昇平。為了這一天，她盼了二十年。四十萬壽的時候日本鬧臺灣，五十萬壽的時候法國占越南，雞飛狗跳都沒過好。六十年是天干地支的一輪整數，六十萬壽是整整一輪甲午，人生難再。所以，無論如何也要風光體面一回，不能有半點閃失。儘管光緒皇帝馬上要頒發的宣戰詔書經她點過頭，但開戰不是她的主張，只是她的權變。李鴻章忙外交不忙備戰，也是摸透了慈禧太后的心思。清流黨振臂呼戰，敢罵李鴻章不敢罵慈禧太后，挨罵最多的是直接帶兵的丁汝昌，他成了李鴻章的代罪羔羊。

豐島海戰，朝廷初蒙蔽於㠆倭提督的假消息；成歡陸戰，葉志超虛報殺敵兩千。海陸報捷之外，北路入朝的清軍完好無損，正在挺兵平壤。想象中大清國既成北有平壤、南據牙山的態勢，對漢城日軍形成夾擊。虛妄的勝利，成為清廷判斷形勢及戰略決策的依據，頭昏腦脹之下，不宣戰簡直就辜負了偉大勝利。八月一日，光緒皇帝下詔，對日宣戰。

聖詔宣戰，入朝清軍各部互不統屬，群龍無首，於戰局不利。光緒皇帝再下聖詔，欽派直隸提督葉志超為赴朝部隊全軍總統，傳旨李鴻章嘉獎方伯謙。至此，海陸兩方面的「戰績」都受到大清朝廷的肯定。

大清國宣戰，像是和日本商量好的，竟在同一天日本天皇也頒布了宣戰詔書。兩國詔書各行其是，針鋒相對。光緒皇帝宣明大清國為保護屬邦而戰，以拯朝鮮於塗炭，指責日本師出無名。天皇宣稱朝鮮受日本啓蒙已成獨立國，日本依明治十五年條約（西元一八八二年《濟物浦條約》）出兵朝鮮，維護和平，清國百般阻撓，日本不得不公然宣戰。

此時，北洋海軍剛在豐島受挫，牙山清軍正在向平壤敗逃，從北路奔赴平壤的清軍絕大部分還在趕路，只有小部隊抵達。反觀日本，海軍已據朝鮮仁川，陸軍占領了漢城王京，並且把清軍趕出了牙山，風頭正健，如果奔襲平壤，恐怕北路入朝的清軍無地立足。好在日軍才攻下牙山，正在休整。

宣戰同日，總理衙門電詰李鴻章，質疑丁汝昌的漢江口之行，嫌他未遇敵船，折回威海。要海軍再往仁川截擊日本運兵船。日本海軍在大海裡一炮就廢了高升號上的一船清軍，北洋海軍也有本事即以其人之道還治其人之身！李鴻章一面電令丁汝昌出海，一面諄諄叮嚀：「速去速回，保全堅船為要。」

丁汝昌巡洋

八月二日，丁汝昌率六艦起錨。這天，海軍衙門與戶部會商，撥銀二百萬兩，交由李鴻章購艦，擬定四船，船炮樣式、交貨日期等由李鴻章酌定。現用佛現燒香，這是北洋海軍成軍後，國家財政第一次撥款購艦。一個多月前，李鴻章就在張羅購艦，拜託赫德和英國廠商接洽，捎回了許多資訊。宣戰了，北洋好歹有了二百萬兩，但包括英國在內的列強紛紛宣布局外中立，不能向交戰的任何一方出售武器。正經的購艦渠道堵死了，那只得去黑市上轉轉。李鴻章拐彎抹角透過各種關係買船，本來二百萬兩買四艘船就是一個便宜沒好貨，開戰後船價大幅度上漲，李鴻章瞎忙半天，連船槳也沒買來。

八月三日，李鴻章報總理衙門：丁汝昌已赴朝鮮洋面，發現日本運兵船即行截擊。他還特意把丁汝昌的話轉述給總理衙門，大意是說北洋海軍無偵察船為前驅，若入漢江尋敵，則恐觸敵水雷，若在大洋明戰可冀取勝。從這段話看，丁汝昌對在仁川作戰不看好，對鏖兵於大洋有信心。仁川洋面相對窄狹，日軍快船快炮火力密集占有優勢；若戰於大洋，北洋海軍堅船重炮射程遠占有優勢。丁汝昌還說，我軍精銳只定、鎮等七艦，不可稍有疏失，輕於一擲。這是一番惜船保船的話，單看這話就知道，指望丁汝昌漢江尋敵拚戰是不用想了。

八月四日，由北路入朝的清軍衛汝貴部六千人、馬玉昆部兩千人，抵達平壤。在他們的車轔馬嘯聲中，北京紫禁城裡收到不少奏摺彈劾丁汝昌。禮部右侍郎志銳奏請將丁汝昌下刑部治罪。他是光緒皇帝寵妃珍妃的堂哥，說話有點份量，縱使不能左右光緒皇帝，總難免影響情緒。

李鴻章實在難為，既得對付日本人，又得應付中國人。丁汝昌是他的人，他上摺子，先辯丁汝昌不遠遊要看家有理：「西人僉謂，我軍只八艦為可用，北洋千里全資遮罩，實未敢輕於一擲，致近畿門戶洞開。」

再論丁汝昌不能撤換之故：「海軍全仿西法，事理精奧，絕非未學者所可勝任。且臨敵易將，古人所忌。似宜隨時訓勵，責令丁汝昌振刷情神、竭力防剿。」

八月六日，入朝清軍左寶貴部四千餘人兵抵平壤。丁汝昌回航。李鴻章內外有別，對外保護丁汝昌，關起門來也訓斥，電告原委後翻舊帳說：「林泰曾前在仁川畏日遁走，方伯謙牙山之役敵炮開時躲入艙內，僅大副在天橋站立。請令開炮，尚遲不發，此間西人傳為笑談，流言布滿都下。汝一味顢頇袒庇，不加覺察，不肯糾參，禍將不測，吾為汝危之。」這道電文提及方伯謙，自然指的是豐島的一段故事，自己試圖掩蓋了半天，也敵不過洋報的炒作。而林泰曾的事更在方伯謙之前，他曾在仁川海面與日軍有過短暫的相持，因認為不占優勢，建議撤回準備大戰，終回威海。輿論卻把他和方伯謙相提並論。李鴻章想抒發不滿，又不好一棍子把人打死，鼓勵丁汝昌：「汝當振刷情神，訓勵將士，放膽出力。」

丁汝昌承受著壓力，次日覆電李鴻章，提議在大同江口設防。李鴻章沒同意，說籌守大同江繁難，諸如抽調水雷營前去布雷、另派陸軍駐紮防守等均辦不到，若僅留一二艘軍艦協防又必蹈豐島的覆轍。他認為可行的辦法是海軍大隊巡遊大同江口和鴨綠江口，相機擊逐倭輪及運兵船，使倭船不敢肆行竄擾。

這是丁汝昌第二次提出此議。他的目的是在大同江一帶建立根據地。清軍駐紮平壤，大同江是平壤的後路，設個立足之地無論對海軍還是陸軍，都十分必要，其意義與日軍占據仁川一樣。李鴻章或許是對打惡仗的前景估計不足，或許是還寄希望於「以夷制夷」，丁汝昌的兩次建議都未予採納，這是一個失策。

八月九日，清軍豐升阿部一千五百人抵達平壤。丁汝昌率十艦第三次出巡，行程沒超過大同江口。丁汝昌剛走的第二天，日本海軍總司令官伊東佑亨率領日軍二十二艦，直迫北洋海軍威海基地，艦炮與劉公島炮臺對射，弄得北洋烽火狼煙。李鴻章接報後，飛舟傳檄丁汝昌，命回航守禦。難怪尋敵不遇，原來寇在門庭！

八月十三日，丁汝昌率隊趕回威海。但見人心惶惶，只聽人言嘖嘖，說日艦出沒在旅順、山海關、大沽等北洋各處。眾口之下，日本軍艦既神出鬼沒，又神乎其神。

清、日兩國海軍，都有戰戰兢兢的心理。李鴻章利用北洋海軍世界八強的威名和兩艘鐵甲艦，虛張聲勢嚇唬日本。而日本海軍並不清楚北洋海軍的老底，對八強的威名和鐵甲艦不敢不警惕。戰前，一向主張攻勢戰略的海軍軍令部部長樺山資紀剛剛退役，新部長中牟田倉之助制訂了「艦隊守勢運動」的方針。因此，一方面是北洋海軍不敢實打實地尋日艦開戰；另一方面，日本海軍也對北洋海軍多著三分小心，行動謹慎。

為了把目標統一到進攻上來，天皇重起樺山資紀為海軍軍令部部長，諭令恢復他的現役。樺山資紀重掌海軍軍令部，快刀斬亂麻把常備艦隊和西海艦隊合二為一，改編為日本聯合艦隊，以抗衡北洋海軍。

日本海軍加大了活動半徑，開始向中國海域窺測。

八月九日是丁汝昌率艦第三次巡遊的日子，日本海軍以六艘魚雷艇為先鋒部隊，從朝鮮錨地出發，駛向威海。午夜，魚雷艇部隊抵達山東半島東端的成山頭附近，試圖在夜色的掩護下潛入威海灣，偷襲北洋艦隊。行至威海灣東口時，被北洋海軍的巡邏艇發現。警報大作，日島、劉公島、威海南幫炮臺以及守口的蚊子船、留守的超勇號巡洋艦大炮轟鳴。日本魚雷艇隊偷襲不成，返航朝鮮隔音島錨地。

隨在魚雷艇隊之後的海軍大隊二十二艘軍艦，十日清晨到達威海。總司令官伊東祐亨以松島為旗艦，率本隊及第一遊擊隊為機動部隊，命令第二、第三遊擊隊進攻威海灣東口，想誘出北洋海軍主力。上午七時許，日本艦隊與威海海岸炮臺交火，對射了兩個多小時，發現威海港內並沒有北洋海軍主力艦，於是撤退。

丁汝昌返回當天，光緒皇帝下旨責問他巡洋數日，何以未遇一船。若再遲回觀望，致令敵船肆擾畿疆，定當重治其罪。朝廷唯恐日本艦隊來犯京畿，命李鴻章飭丁汝昌赴山海關一帶巡查。丁汝昌匆忙補給後，次日率十艘巡洋艦、兩艘魚雷艇再次起航，巡查渤海灣內，遊弋廟島群島、大沽口、秦皇島、山海關、旅大海面，直到二十二日才返回威海。

北洋水師，天生軟肋

自豐島海戰後，北洋海軍疲於奔命，來去匆匆，北巡旅順，南下大同江，旗號是尋敵，但終未前往漢江口與日軍一戰。

北洋海軍沒有表現出應有的強勢，李鴻章的保船思路自然是其原因。丁汝昌綁手綁腳，也有他的苦衷，照理說將在外，君命有所不受，他並非沒有權力，而是沒有魄力。這與實戰炮彈短缺直接相關，壞事僅此一件就足以致命，偏偏還不只一件，北洋海軍的供煤也毫無保障。

北洋海軍的用煤由開平礦務局專供，礦務局總辦張翼原本是醇親王府的門子，透過各種人際關係居然幫李鴻章辦起洋務來了。此人生性貪婪，絕非善類。北洋海軍經費緊張，不能保證即時結清煤款。開平礦務局是李鴻章的洋務企業，他利用權力調煤給海軍，賒賬欠賬總也還不上。張翼拿優質煤出口賺錢，卻把劣質的煤渣給海軍，而煤渣煙塵大燃燒值低，還會加速鍋爐的老化。北洋艦船都已是老式，鍋爐超過了報廢年限，限於經費不能更換，便一次次將就清洗。老軍艦加上舊鍋爐，要速度沒速度，要力量沒力量，關鍵時刻無法發揮實力。張翼成事不足敗事有餘，但他人脈廣，人緣好到李鴻章動不了他。

甲午時期，北洋海軍正在走下坡。訓練水平下降，軍紀鬆弛，艦船老舊，彈藥短缺，燃煤緊張。可大清國還以為它仍是世界八強，把驢當馬使。朝廷指望丁汝昌找日本打一仗，他卻總尋敵不遇，事實上，只要去仁川必定遇到日本海軍。這個道理誰不知？因此才會有眾多對丁汝昌的彈劾。當北洋海軍最後一次去朝鮮巡航時，日本海軍來到威海基地；清國又朝反方向在憤怒，不再怨尋敵不遇，只恨寇在門庭，嫌丁汝昌不能看家護院，甚至臆斷他率隊出巡，正是為了躲避日本艦隊來封門。他們偏激有餘，理性盡失，於是肆意攻擊丁汝昌。丁汝昌動輒得咎，兩邊都受氣。大戰之際，人民弄得領軍人物灰頭土臉，若為削弱李鴻章的勢力，可謂是大手筆動作；若為抗倭，則無異於助敵。

八月二十三日，軍機處越過李鴻章，直接發報指揮丁汝昌：「威海、大連灣、煙臺、旅順等處為北洋要隘、京畿門戶，海軍各艦應在此數處來往梭巡，嚴行扼守，不得遠離，勿令一船闌入。倘有疏虞，定將丁汝昌從嚴治罪。」電文一反趕海軍出巢攻日本的舊調，倒嫌丁汝昌出門浪遊不能看家護院了！

同聲致討，眾矢集於丁汝昌，李鴻章也深感不安，雖不擔心丁汝昌的忠心，卻放心不下他的能力。當初，琅威理去職，李鴻章以為北洋海軍足以自立，就再未聘用洋人總查。轉瞬四年，看來仍舊不行，還得走回頭路。他派漢納根前往威海，做北洋海軍總查。漢納根是德國退役陸軍上尉，服役期間亦非前敵指揮官，而是炮臺工程師，旅順、威海基地的炮臺皆為其設計。用漢納根設計炮臺合理，用為海軍總查則極為勉強。漢納根到任後與丁汝昌相商，一致認為北洋海軍無快船快炮，難以查看日艦動向，要防止日艦再來北洋。兩位陸軍管海軍者見解不謀而合，可以預知他們合作愉快。

平壤之戰

入朝陸軍沒受口誅筆伐，卻要受另一種折磨。八月二十一日、二十八日兩天，牙山清軍敗至平壤。這些潰兵，一路上成群結夥地逃命，冒著酷暑尋找偏僻小路躲避著日軍的追擊，士氣低迷。從北路進駐平壤的軍隊尚未遇敵，就先和他們打了照面，蒙上失敗的陰影。幾路人馬合兵一處，互不熟悉、互不統屬。直隸提督葉志超領聖命為全軍總統，李鴻章也得讓他三分！可諸將誰人不知葉志超的作為？無不嗤之以鼻！

如果葉志超有膽量或勇氣洗雪恥辱，完全可以利用兵力上的優勢，進攻漢城，打個翻身仗提振軍威。此時平壤清軍在一萬八千人上下，而日本陸續入朝的不過就是攻進漢城的那個混成旅團共七千兵。曾經追隨李鴻章平發剿撚的葉志超，以膽大出名，綽號葉大呆子，其膽量不過是鎮壓農民，而不是抗擊外敵。牙山新敗，這隻驚弓鳥，夢裡都在等著挨日軍的打，從未想過主動出擊攻打日軍。日本正在向朝鮮增兵，攻打平壤是計劃中的事，葉志超就這麼愣頭愣腦地等著。

日本的援兵遲不就位，就是清軍的戰機，可是，大清國從海軍到陸軍，非但不捕捉反而坐誤。推究日本的遲緩，皆為防範北洋艦隊之故，他們不敢大舉登陸仁川，運兵至釜山。釜山按照已夭折的清、日劃區占領朝鮮方案，是日軍退後的地點。登陸釜山，涉過日、朝之間的朝鮮海峽就可上岸，不會被北洋艦隊撞見，當然安全。然而，海上的安全換來的是登陸之後的困難。在炎炎烈日之下，大隊行軍七百里，北上漢城，比清軍從鴨綠江去平壤還難。有的士兵、戰馬歿於路上。這樣的時刻，大清國的海軍或陸軍，任何一個人，只要具有壓倒敵人的英雄氣概，就能讓日軍遭逢厄運，但這一切都沒有發生。清軍海陸之上皆無所作為，助長了日軍的膽量，隨著日本海軍轉守為攻的方針調整，日軍放棄了釜山，運兵船或走朝鮮西海岸增援漢城，或走朝鮮東海岸登陸元山去逼近平壤。葉志超元山、漢城兩不問，等到日軍站穩腳跟，他便機會喪盡，末日來臨。

駐平壤的清軍對於日軍的動向原本有所掌握。幾百年來做屬國，整個朝鮮在心理上無處不是中國的影子，不太相信日本會成為最後的贏家。為了給自己留後路，或者因為感情因素，還有朝鮮官員給清軍暗通消息。清軍的不思進取，換來朝鮮的失望，也使得朝鮮越來越成為日軍的傀儡。

葉志超駐紮牙山時，李鴻章曾讓他移師平壤，在此集結重兵，因葉志超怕海上遇襲，李鴻章才設計了牙山與平壤兩路，南、北夾擊漢城之局。結果，牙山之兵並非轉移而潰至平壤，南、北雙翅先折一翼，打亂了李鴻章的夾擊戰略。現在，所有清軍都會聚在平壤，掌於葉志超手中，攻敵無計，坐困愁城。

平壤成為日軍進攻的新目標。此地位處平原，大同江從城外東南一側流過，是一道後路的屏障。清軍利用堅厚的城牆，深溝高壘，加固工事，築建炮臺，以待日軍。

日本大本營任命陸軍大將山縣有朋為第一軍司令官，下轄第三、第五兩個師團。至八月底，第五師團全部登陸朝鮮。先期入朝的大島義昌混成旅團也編入第五師團。這時，第五師團兵員達到一萬六千餘人，師團長是野津道貫中將。他的任務是驅逐，而不是殲滅入朝清軍，這項任務避重就輕是因為大本營認為，第三師團還不能馬上登陸，後勤補給供應不上，僅憑第五師團一己之力不足以消滅清軍。日本人想得仔細，切合實際；大清國就沒這麼細心地算過一回，都是粗心大意不加思索。前線如此，北京紫禁城裡的人也好不到哪去！日本國內正在作戰爭動員，報刊媒體都在鼓吹官民一體，罷息論爭，打一場全民戰爭。大清國自然不會有這種事，朝野上下就李鴻章他們那幾個人忙活，其他人則庸庸碌碌。

第五師團三路進兵包抄平壤。九月十五日凌晨，戰鬥在大同江南岸打響，大島義昌指揮混成旅團首先發起攻擊。在平壤城北面，日軍朔寧、元山兩個支隊七千八百兵，從東西兩個方向夾擊玄武門外的清軍。平壤的制高點牡丹台是爭奪重地，有清軍兩千九百餘人鎮守。八點三十分，牡丹台陷落，守軍退向玄武門。高州鎮總兵左寶貴表現出足夠的勇氣，最後時刻，他頭戴花翎，身披黃馬褂，手持步槍，與士兵並肩禦敵。當部下勸他換裝以免敵人注意時，他說：「吾服朝服，欲士卒知我先，庶竟為之死也。敵人注目，吾何懼乎？」他流盡了最後一滴血，是甲午戰爭清軍陣亡者中級別最高的軍官。左寶貴的部隊前赴後繼，終於力不能支，玄武門失守，平壤城北周邊防線被突破，全軍總統葉志超意志動搖而開始思考退路。

午後四點鐘，天降大雨，不宜再戰。守軍開了城門，打出白旗，旗下是一位戴笠子的朝鮮信使。他走到日軍陣前，送來一封信，信函以朝鮮平安道閔丙奭的名義告訴日本，清軍願退，打著白旗回國，望勿開槍，依照萬國公法休戰。日軍派了一名軍官來至城下與清軍交涉，要求受降。清軍回答說，天晚且雨，明早開城。第五師團長野津道貫據此斷定，清軍有詐。

當晚八點鐘，大雨如蓋。葉志超叮囑輕裝出城，趁夜雨而撤。軍心已亂，雖令不從，烏合之眾蜂擁出城，城門阻塞堵不住爭相逃命的士兵，軍士們翻牆越垣，各顯身手。日軍先已設伏，槍打炮轟得心應手。清軍在雨夜中東逃西竄，死傷慘重。這是清軍繼成歡之役後的再次潰退，從平壤直退過鴨綠江，史家稱之為一夜狂奔五百里。日軍也追至江邊，大清國從此失去了朝鮮。

美國人馬士在《中華帝國對外關係史》一書中，對清軍的表現做出如下評價：「中國將帥之中只有左寶貴一人曾經表示出一點個人的勇敢，卻沒有一個人表現過一點將才。有一位提督（葉志超）率同他來自牙山的軍隊，在第一天傍晚就想掛白旗。中國的兵勇也並不比他們的統帥表現得好一些……。」

九月十六日上午十點鐘，平壤南城外，奏響日本國歌《君之代》，日軍入城。此刻，清軍正向著鴨綠江遁跑，欲退回中國本土。

鏖戰大東溝

鴨綠江口，駁船運兵登陸

日軍來犯平壤前，葉志超曾向國內告急，清廷決定增兵。其實，平壤清軍與來犯日軍兵力相當，甚至略有超出，根本無須增援。可是葉志超無能，軍無鬥志，聞風喪膽，哪怕來一個日本兵也要增援！照當時清軍的狀態，來多少援兵，平壤都保不住！

增援平壤走老路。援軍從大連灣起碇，向東北方向航行至鴨綠江口，這是大約十個小時的航程。運兵船進不去鴨綠江，必須接駁木帆船。入海處有一條由潮水沖積而成的海溝，名為大東溝，溝內有個大東港，能夠屯泊噸位不大的海船，可作為運兵船與木帆船的接駁地點。木帆船接駁後駛入鴨綠江，上溯十五海浬抵達朝鮮義州，部隊由此上岸，再行軍五百里抵達平壤。

北洋海軍奉命護航。援軍有四千人，清廷雇了六艘運輸船，其中，美國哥倫比亞號商船主要運輜重，另外五船主要運兵。

西元一八九四年九月十四日，北洋海軍第一波護航船超勇、揚威、平遠、廣丙四艦及鎮中、鎮邊號蚊子船和福龍、左一號魚雷艇，出威海西口北上大連灣。丁汝昌將率主力艦幾小時後起錨。不料，第一波才出威海基地，成山頭一帶發現日本軍艦。丁汝昌聞警，率隊出東口迎敵。日艦對岸發過一陣炮就溜了，雙方未曾謀面。丁汝昌率隊遊弋了幾圈，折回北上，去大連灣會合。

十五日，北洋海軍與陸軍彙集在大連灣。陸軍在此登船，人員、馬匹、糧草及槍支彈藥、輕重火炮等各種輜重次第上船。北洋艦隊在此補給，上煤、上水一整天。丁汝昌事先給開平礦務局總辦張翼寫過信，請求送些好煤，別再給煤渣。然而，運煤船卸下的煤包像沙袋，軟綿綿的不見稜角。工頭傳張翼的話，說讓海軍自己過篩子揀，恨得丁汝昌咬牙切齒又徒然長歎。

十六日子夜一點鐘，丁汝昌率北洋艦隊定遠、鎮遠、致遠、靖遠、來遠、經遠、濟遠、廣甲、平遠、廣丙、超勇、揚威十二艘巡洋艦，兩艘蚊子船鎮中、鎮邊以及四艘魚雷艇福龍、左一、右二、右三大小艦船共計十八艘起錨，開赴大東溝。裝載了四千援兵及大批輜重的六艘運輸船，隨後解纜，沿海軍的航跡前進。此時，誰也不知道，增兵的目的地，朝鮮北方重鎮平壤已經失陷。日軍發起進攻前破壞了當地的通信設施，聯絡中斷，國內對朝鮮的戰況一無所知。

經過十個小時的航行，當日午間兵抵大東溝。巡洋艦最小的噸位也過千，進不去溝口，按計劃由魚雷艇和蚊子船護送運兵船入港卸兵。大東港不大，碼頭更小，運兵船要逐一進港，卸完一船另一船才能靠上泊位。人員、輜重卸下運兵船再上木帆船，駛進鴨綠江。

地方官員前來接應，說他們籌集了幾百條民船，結果僅來了幾十條，因為大部分民船要朝鮮出，現在不來怕是不好說了。四千援兵、大批武器、戰馬等物資，全靠這幾十條民船了！這需要長時間作業，很危險。如果有人打個電報，日本軍艦再慢也能逮個正著！

旗艦定遠主桅的橫桁上掛出「儘快卸船」的令旗。工作開始，各就各位。北洋海軍用纜繩把滿載的木船繫在一起，一串串地綁在魚雷艇和蚊子船後面，拖入鴨綠江。平遠、廣丙兩艦泊在大東溝入口處，守護轉駁現場。定遠、鎮遠、致遠、靖遠、來遠、經遠、濟遠、廣甲、超勇、揚威十艘戰艦在口外十二海浬處下錨，以設周邊防區，保護歸路。工作徹夜不斷，警戒通宵達旦。

十七日上午，陸軍來報，預計中午十二點能完成作業。丁汝昌不敢耽擱，立即懸旗命令：「午刻起碇。」

但是要走沒那麼容易——日本來了！

九月十七日，冤家終聚頭

平壤戰前，日軍在大同江上截獲了一封清軍的公文，內容關涉平壤局勢，知清軍有增兵之意。日本駐朝公使館也有情報說清軍要增援，在大鹿島一帶登陸。另有情報表明，北洋海軍超勇、揚威、平遠等幾艘弱艦出威海西口北上，估計是為援兵護航。丁汝昌率主力艦出東口南下，日軍未能掌握去向。

通過對情報的分析，日軍決定巡察大鹿島水域。大鹿島、小鹿島、大東溝，由西向東幾乎三點一線，相去不遠，日軍將有行動，直接威脅清軍增兵。

眾所周知，兩國海軍相遇了。

此次行動，北洋海軍出動大小軍艦十八艘，其中巡洋艦就十二艘，而日本海軍一共去了十二艦，處於劣勢。他們特意帶上排水量僅六百多噸的赤城號炮艦，打算去淺水區搜索登陸清軍，沒想到撞上的是七千多噸的鐵甲艦。海軍軍令部長樺山資紀竟臨時雇了艘豪華郵輪西京丸號當座艦，要去海上觀戰，以為繼豐島海戰之後又要以強凌弱，冷不防的打擊北洋海軍！海軍總司令官伊東祐亨怕出意外，一再堅持，才給裝上四門一百二十毫米口徑的速射炮。

這次遭遇是日本海軍積極行動的必然結果，北洋海軍要有這種積極性的話，早就撞上日軍來個激戰了。該打的仗躲也躲不過，多種偶然相聚就成了天意。如果接駁的木帆船是預定的幾百條而不是實際上的幾十條，北洋海軍將提前回航；如果日本海軍晚到一步，北洋海軍也就先走了一步，根本打不到照面。就這麼剛好，不早不晚，北洋海軍剛要走，日本海軍就來了，像算好了來似的。日軍來了十二艦，北洋海軍卻有十八艦，而且包括聞名於世的鐵甲艦！

日本艦隊一路搜索，先在自己預估的幾處可疑點海洋島、大鹿島、小鹿島撲了空，然後向大東溝方向搜索前進。第一遊擊隊打前站，旗艦吉野的瞭望兵從望遠鏡裡發現東北方向有一縷煤煙；最初的發現只見煤煙不見船，不能確定是商船還是軍艦。吉野掛出信號旗，向後面的本隊報告：「東北方有船隻。」至於發現時間，有的說是十點三十分，有的說是十一點三十分。

北洋海軍諸艦中，鎮遠首先發現了西南方向的煤煙。關於發現時間，有的說是十點，有的說是十一點。艦長林泰曾聞報後，率眾登上飛橋（露天指揮台）瞭望，命令掛旗通知旗艦。雙方相距三十海浬上下，無論幾點，彼此都有足夠的準備時間；這場海戰的結果，與誰先發現了目標沒關係。

定遠艦上，軍官餐廳裡丁汝昌剛在餐桌前坐下，報信的水兵便跑進來。由此推算，丁汝昌獲悉的時間不該早於十一點，依據生活常識推斷，十點鐘坐在飯桌前的可能性極小，軍隊尤不可能。

丁汝昌忙登上飛橋，望遠鏡裡初見煤煙一縷，繼之一縷又一縷，直到煤煙簇簇。劉步蟾斷定是日本艦隊，他的理由是歐洲軍艦從未這麼大規模地出現在亞洲的海域上，而大家也認同這種判斷。丁汝昌命令大夥兒趕緊用完餐，起錨迎敵。為了保護陸軍，不能暴露所在地，要往外推敵人，交戰地點越遠越好。致遠、靖遠是北洋海軍速度最快的軍艦，均為十八節，兩艦都開啓了強壓通風，以便獲取極限航速。兩支艦隊相向運動，彼此越靠越近，越看越清楚，直至從艦體上相互認出了對方。

丁汝昌和漢納根、劉步蟾商議後，旗艦定遠掛出令旗：「雙縱隊夾縫魚貫陣迎敵。」這種陣型要求縱列兩隊，每隊五艦，左右兩艦為一小隊，長艦在左，僚艦在其右舷四百碼外的四十五度角斜線上。各小隊前後間距五百三十三碼。

北洋各艦依令在行進中編隊，定遠、鎮遠為第一小隊，後跟致遠、靖遠為第二小隊，來遠、經遠為第三小隊，濟遠、廣甲為第四小隊，超勇、揚威為第五小隊。這樣，十艘軍艦形成了錯落有致的兩列縱隊。

平遠和廣丙守在大東溝口門上，口裡的蚊子船和魚雷艇還在進行拖拽作業，它們在日軍的視線以外。

日本方面，他們發現的煤煙一縷一縷在增加。吉野艦上懷疑是北洋艦隊，掛出第二面信號旗通知本隊：「東北方發現三艘以上敵艦。」

旗艦松島上，總司令官伊東祐亨從望遠鏡中注視著吉野艦的信號旗，捕捉著煤煙的變幻。最後，吉野掛出第三面信號旗：「發現北洋艦隊。」漸漸地，遠方顯現出清晰的艦影，迎頭開來以北洋鐵甲艦為首的十艘軍艦！

日本海軍多年來刻苦訓練，就是要打沉北洋鐵甲艦。但是大中午的，還沒吃飯就打仗，誰也不想做餓死鬼，他傳命掛出令旗：「吃飯。」水兵們既有訓練出來的精神勇敢，也有訓練留下的心理陰影。伊東祐亨看出來某種本能的畏懼和膽怯。為了安定心神，他下了一道特許令，准許隨意吸菸，破了艦上禁菸的軍規。

中午十二點零五分，伊東祐亨命令各艦準備戰鬥。當時，日軍十二艦已會合一處，正以三個縱列為陣行進。松島又掛旗命令變為一字長蛇陣。各艦在前進中依令調整。陣型對於海戰十分重要，一種好的陣型就是要把若干單艘軍艦合理地編隊，最大限度地發揮團體作戰的優勢，既獲取單艦的戰鬥力，又增強單艦的生存力。日艦的重炮相比於北洋海軍沒有優勢，其武備的優勢在於速射炮，它們均布於軍艦的兩舷，唯有擺一字長蛇陣才能使用一面艦舷上的速射炮。一字長蛇陣的實際效果就是單縱隊列陣，橫向攔截。第一遊擊隊四艦居前為蛇頭，它全部是高速軍艦，均速十九節。本隊六艦速度慢，繼其後。西京丸上坐著樺山資紀，赤城是小船，伊東祐亨不指望它們搏殺，更想多加保全，便把二艦單列一隊排在本隊左側。由於是右舷接戰，左側是己方的內側，不與對手接觸，相對安全；這等於把二艦排在了戰鬥序列之外。因此，進入一字長蛇陣的是十艘軍艦。

從北洋軍艦上看日艦，望遠鏡裡的人像小螞蟻似的團團轉。此刻，日軍各艦正在做戰鬥準備，艦長在飛橋上統籌指揮，身邊跟著傳令兵、號手。各級軍官發號施令，支使得水兵東奔西跑。一門門速射炮串聯了電線，以便一起開火，彌補威力的不足。而日軍也從望遠鏡裡監視北洋艦隊，看到定遠艦上，水兵辮子都盤上了頭頂，打著扣結，炮手牽起炮索，佇立在大炮邊，等著開炮的命令。桅盤裡有人拿著六分儀，在測量兩隊的距離，向下面報告。

望著殺奔而來的北洋軍艦，伊東祐亨心裡在糾結。日本海軍的船速、炮速均快等於北洋海軍，這使他很有自信。可軍艦是那時代的高科技，人與艦搭配需要磨合期；吉野編入現役不足一年，秋津洲一年有餘，水兵們對艦與炮的某些性能還不甚熟悉。吉野航速二十三節，秋津洲十九節，它們是日本海軍速度最快的兩艘戰艦。在硬碰硬的情況下，能最大限度地發揮潛力嗎？如果不能，第一遊擊隊就不足畏了，那日本海軍的實力等於去掉一半，他不能不憂慮。從整個艦隊建設來看，北洋海軍成軍多年，日本海軍聯合艦隊組建還不足兩個月，他不過幹了六十天的總司令官。在他的指揮下，各艦能否凝聚為具備整體力量的艦隊呢？日本軍艦儘管速射炮多，但重炮拚不過北洋海軍，特意訂作的「三景艦」松島、嚴島、橋立的重炮不如人意，能打沉定遠、鎮遠嗎？如果不能，速射炮威力小，打巨無霸太吃力，他有他的難處。

自豐島遇襲，因未能接敵作戰，丁汝昌飽受彈劾，無日不受窩囊氣。清流言官信口雌黃，北京城裡無情無義。他以淮軍舊將的資歷晉升為北洋海軍提督，雖然力不從心，亦非一竅不通。今天，遇見了再也躲不開的強敵。誰說他怕呢？一輩子槍林彈雨他何曾怕過，他是為李中堂保船啊！依憑著堅船重炮，有黃海這麼大場面，盡可以拉開距離打了，能不能保船全看天意，已非他人力所及，他還有什麼放不開的呢？

鋼鐵的戰艦互為前進，彼此進逼。

丁汝昌與總查漢納根、右翼總兵劉步蟾，在飛橋上觀敵瞭陣。赤城號炮艦噸位小吃水淺，西京丸看上去不是軍艦。他們以為這是兩艘運兵船，都想起高升號，丁汝昌傳令各艦多多關照兩艘運兵倭船。見日本海軍改變編隊，擺出一字長蛇陣，丁汝昌徵詢過漢納根和劉步蟾的意見也做出變陣決定，定遠升起令旗：「變雙橫隊夾縫雁行陣。」

按照新陣型，北洋海軍的雙縱隊要變為雙橫隊，每縱隊五艦將變為每橫隊五艦。這樣，原本左右排列成一小隊的姊妹艦，需變作前後排列，長艦在前，僚艦在其艦艉四百碼外的四十五度角右斜線上。變陣後，定遠和鎮遠為第一小隊一前一後居中，致遠和靖遠為第二小隊一前一後在左，來遠和經遠為第三小隊一前一後在右，濟遠和廣甲為第四小隊一前一後在左，超勇和揚威為第五小隊一前一後在右。各小隊左右間距五百三十三碼。

對於北洋海軍的變陣，未見艦隊做出解釋。後人研究認為，丁汝昌想發揮重炮的威力，多方位把一字橫陣的日本艦隊打穿斬斷。因為定遠、鎮遠各有四門三百零五毫米口徑的重炮，都位於艦艏，縱隊作戰姊妹艦一左一右，兩艦八門重炮只能啓用四門，各有兩門彼此遮蔽。變成橫隊，姊妹艦前後錯落，八門重炮互不影響。而全隊橫列五個小隊，可以從五個方向攻擊一字長蛇。也有研究者認為，變陣得不償失，因為儘管定、鎮二鐵甲的八門重炮都能用上，其他軍艦更多的大炮卻受到己方艦船的遮擋。

變陣得失，今無定論。問題是倉促變陣變不成。兩艘鐵甲艦不敢快，要等後續各艦跟上，後續各艦如夸父追日還遙不可及，原因是鐵甲艦作短距離運動，後繼各艦越往後，則越要作長距離運動，要走斜線或弧線才能散向兩翼，而後面的軍艦更老舊速度更慢。濟遠和廣甲原在第四小隊，變陣後，濟遠要趕到前排左翼，廣甲緊隨其後。它們身後的第五小隊超勇、揚威要趕至右翼。這種時刻就能看出鍋爐和燃煤的優劣了，老舊的軍艦配報廢的鍋爐，劣質的燃煤，毛病集於一身，短時間內作長距離運動，難上加難。日艦就在眼前，能否在開戰之前完成變陣，全靠船速。這是實戰不是訓練，變陣只能一次成功。這真是要了北洋的命！

定遠又升旗傳達了丁汝昌的三條訓令：第一，每小隊的兩艦要盡可能在一起，協同動作，互相援助；第二，保持以艦艏對敵的態勢；第三，隨旗艦運動，萬不可離，免被敵人所算。

第三條訓令值得留意，它要求小隊追隨旗艦，用以調整小隊與大隊之間的關係，卻犧牲了小隊與小隊之間的關係。小隊內部兩艦互助，但小隊外部能彼此互助嗎？如果互助就可能與旗艦脫節；如果不互助都追隨旗艦，旗艦能否保全小隊呢？這條訓令剝奪了小隊的機動權，切斷了小隊之間的聯繫。推究丁汝昌的動機，他考慮的是日軍船炮均快於北洋，怕小隊脫離大隊，為日本快船圍困，想依靠定、鎮鐵甲艦保護各艦。事實表明，這種預想與戰況相去甚遠。

煙雲火海大東溝

兩支艦隊相向運動，已近至相距七八海浬，再走三四海浬就進入重炮的射程了。伊東祐亨密切注視著對手的變陣，從日軍的陣地上望去，看不出北洋要變個什麼陣，是散漫的單橫隊，宛若天上飛著一圈大雁，大致飛出個「人」字形；定遠居中凸顯在「人」字頭上，濟遠、廣甲在左翼「人」字腳上，超勇、揚威在右翼「人」字腳上。

伊東祐亨沉思中拿定主意，命令掛旗給第一遊擊隊：「截擊敵軍右翼。」他要發揮高速軍艦的優勢，讓第一遊擊隊繞到北洋海軍右翼，與本隊形成掎角之勢，夾擊敵手。

第一遊擊隊要執行這道命令，必須從「人」字頭正面衝過去。面對著北洋鐵甲艦的森森炮口，第一遊擊隊司令官坪井航三不敢暴露作戰意圖，便命令佯攻定遠。定遠艦司令塔裡，劉步蟾盯住氣勢洶洶的吉野。十二點五十分，他下達了攻擊令，定遠三百零五毫米口徑的巨炮發出怒吼，炮彈挾著濃煙烈火竄出炮管，石破天驚聲如雷震，吹響了北洋海軍進攻的號角，這一炮繼豐島一仗將甲午海戰推向高潮！

這天是西元一八九四年九月十七日，中國農曆甲午年八月十八日。紫禁城裡聽不見大東溝的炮聲，得到了平壤潰敗的消息，光緒皇帝下旨褫奪李鴻章的黃馬褂，以為處分。

炮彈劃過長空，越過吉野，落在左舷外一百碼的海面上，巨浪滔天。此時定遠與吉野相距五千三百碼。鎮遠發出第二炮。北洋各艦相繼射擊，清國北洋海軍向日本國海軍發起全面進攻。

吉野率第一遊擊隊冒著炮火佯攻定遠，虛張聲勢打衝鋒，在相距五千碼處突然提速闖關，奪路而進，轉舵撲向北洋右翼。

日軍以速射炮為主，射程不及北洋重炮，打不了五千碼。伊東祐亨頂著北洋的迎頭炮率隊前進，要駛入速射炮的有效射程。三分鐘後，兩隊相距三千五百碼，旗艦松島率先還擊，日軍各艦接連開炮。

雙方以炮相應，劇烈的爆炸聲迴盪在黃海上空。非常不幸，北洋旗艦定遠主桅中彈，斷桅墜海。提督丁汝昌因飛橋坍塌受了傷。作為一名軍人，他一不怕苦，二不怕死，置個人安危於度外，拒絕進艙療傷，臨時包紮不下火線；不能站立，就在甲板上連滾帶爬激勵官兵，鼓舞士氣。但作為總指揮，無論他才能如何都不重要了：定遠已不能再升旗傳令，喪失了指揮能力。

至於他受傷是定遠開炮震塌了飛橋所致，還是受日艦打擊所致，包括丁汝昌在內的參戰者們說法不一。有研究者從技術角度證明，飛橋根本不可能被自己的射擊震塌。

定遠主桅中的一炮，多以為是松島三百二十毫米口徑巨炮的一彈。姑且算數的話，此戰「三景艦」共射出巨彈十三發，唯有松島破的。三船共中一彈，實在靡費，但這一彈蒙上了目標，值得！

此時，北洋若無人挺身而出指揮全軍，艦隊將群龍無首。按照《北洋海軍章程》，提督他往，聽任左翼總兵一人之令。左翼總兵是鎮遠艦長林泰曾，他應該接替丁汝昌領軍。但北洋海軍在日常的生活訓練中，以右翼總兵劉步蟾為核心，林泰曾無威。劉步蟾與丁汝昌同船，縱然有心也無力。關鍵時刻，就看林泰曾的了！但這位老實人終無作為，老實得讓人洩氣。

日軍旗艦松島也遭受重創，三百二十毫米口徑主炮的炮塔中彈，炸毀了旋轉裝置，巨炮形同虛設不能用了。

北洋艦隊以「人」字形邊打邊進，根本顧不上變的是什麼陣了。「人」字頭插入一字長蛇，將日艦本隊截為兩段。

北洋各艦你追我趕，陣形變為半月形狀。第一遊擊隊憑藉高速度，逼近北洋右翼，在距超勇、揚威三千碼處，吉野率先開炮，秋津洲、高千穗、浪速隨之炮擊。北洋海軍腹背受敵。

超勇、揚威為同級軍艦，航速十六節，排水量一千三百五十噸，其武備是各有兩門二百五十毫米口徑的重炮和幾門輔助艦炮、機關炮。第一遊擊隊四艦，均速十九節，吉野的排水量為四千二百二十五噸，高千穗和浪速的排水量同為三千七百零九噸，秋津洲的排水量為三千一百五十噸。四艦共有一百二十毫米口徑的速射炮十四門，一百五十毫米口徑的速射炮十二門，側舷作戰，半數可用。高千穗與浪速還各有兩門二百六十毫米口徑的重炮，吉野和秋津洲各有四門一百五十毫米口徑的常規火炮。

北洋兩艦力搏日本四艦，六艘戰艦無不中彈，雙方都一面救火一面作戰。北洋兩艦炮少射速慢，難禦強敵，急需救援。丁汝昌的第三條訓令顯出弊端：旗艦定遠與超勇、揚威相距兩千碼，第一游擊隊又在超勇、揚威兩千碼外攻擊。戰火紛飛，硝煙與煤煙蔽日遮天，定遠被日軍本隊糾纏，不知道也顧不上自己右翼的戰況，而北洋各艦執行戰前訓令追隨旗艦，小隊無機動權。超勇、揚威不得支援，孤軍作戰，屢屢中彈，火勢幾不可救。

第一游擊隊強攻不捨。先是超勇沉船，艦長黃建勛墜水。接著，揚威也開始下沉，艦上大火成災，炮彈已無法提上炮位。艦長林履中被迫下令向大鹿島撤退，試圖背礁施救，不料擱淺。水兵鬥志已失，跳水逃命。按照北洋軍規，艦長與軍艦共存亡，林履中憤然投海。

北洋先失兩艦，右翼折斷。

大東溝口內，運送援軍的任務已經完成。魚雷艇速度快，先趕到戰場。左一號駛近超勇艦長黃建勛欲予以施救，但超勇已沉，艦在人在，艦亡人亡！黃建勛義不獨生，不願被救而自沉。

日艦比睿是有十七八年艦齡的老船，速度僅十三節。仗不知怎麼打的，隊不知怎麼列的，比睿進身後同為十三節的扶桑都跑到前面去了，它卻掉隊一千三百碼。定遠和經遠逼到跟前，比睿進退兩難，若直行尾追本隊，勢必遭到北洋艦艏重炮的打擊。它鋌而走險右轉彎，試圖從定遠和經遠之間穿過去，繞歸本隊。結果被北洋兩艦夾在中間，關起門來打狗。經遠欲擒比睿，水兵們抄起步槍，列隊於甲板，要打接舷戰。

按照日本戰史著作《清日戰爭實記》的說法，北洋各艦包圍上來，因怕誤傷不敢開炮。日本艦隊為救比睿又包圍了北洋海軍，因怕誤傷包在裡面的比睿也不敢開炮，雙方僵持了一陣。接下去就替比睿吹牛了，說面對要抓俘虜的經遠，它的速射炮五分鐘內打出一千五百發炮彈。言過其實了！速射炮口徑不同，射速也不同，少則一分鐘三至五彈，多則八至十彈，比睿兩舷共有六門一百五十毫米口徑的速射炮，射速在三至五彈之間，不要說一側有三門炮，縱是六門炮一齊開火，五分鐘也打不出一千五百發炮彈。若據實不吹牛的話，可以說比睿進行了最為頑強的抵抗。經遠無法靠近，連發兩枚魚雷，可惜沒有命中。定遠巨炮追殺，一彈飛上比睿，除人員傷亡外，還引發了大火。比睿走運，被日艦從定遠的炮口下搶出來。它是鐵骨木殼軍艦，尤怕火燒，掛出「**本艦火災退出戰列**」的信號旗，向南駛逃。日本一艦退出戰場。

當比睿掉隊的時候，赤城更在其後。它速力僅十節，排水量六百二十噸，不及定遠的十一分之一。不敢以卵擊石，赤城要設法擺脫。但海上濃煙滾滾，四下無路。艦長坂元八郎太少佐爬上桅杆，登高望遠要找條活路。北洋來遠艦追上來，炮打得就這麼準，正中大檣，阪元八郎太和斷桅一道破碎，零落入海。航海長佐藤鐵太郎大尉接替指揮南逃，連挨了幾炮，自己也受了傷。赤城死中求活，一炮打中來遠，打得艦上大火成災。來遠艦長邱寶仁羞惱不已。赤城是小船，不過有四門一百二十毫米口徑的速射炮，而來遠的噸位是兩千九百，零頭都比赤城的整數大，二百一十毫米口徑的重炮就有兩門，結果反被小東西將了一軍。或許是把赤城當運兵船大意了？赤城趁著來遠救火的時候逃得沒了蹤影，出了作戰海域。

西京丸是海軍軍令部長樺山資紀的座艦，老傢伙事前就看出比睿、赤城會完蛋，掛出信號旗「比睿、赤城危險」。旗艦松島隨即發出「第一遊擊隊回航」的命令。第一遊擊隊司令官坪井航三立即率第一遊擊隊回援。總司令官伊東祐亨適時率本隊向右轉，繞到北洋艦隊背後，這樣，本隊與第一遊擊隊「換防」，繼續保持對北洋的夾擊態勢。

日本海軍作為一支彙聚集體力量的艦隊，在總司令官伊東祐亨的有效指揮之下，始終保持著完好的戰鬥陣型。

西京丸受到日軍的重點保護。它是郵船不是戰艦，因艦身寬大，乘坐舒適，成了領導的座艦。它的與眾不同，使北洋海軍一直以為是運兵船，都試圖要打沉它，多虧日軍重點保護，才沒讓北洋得手。當本隊右轉彎，與第一遊擊隊換防時，西京丸的右舷暴露了出來。北洋艦隊當即發起攻擊。西京丸船上的儀器儀錶均被摧毀，通往舵輪機的蒸汽管被打斷，蒸汽舵輪失去機械動力。只能依靠人力舵了。西京丸掛旗報警：「我艦故障。」又一彈打在右舷水線上，船開始進水。屋漏偏逢連夜雨，半路殺出程咬金，北洋福龍號魚雷艇和西京丸撞了個正著。西京丸的四門速射炮都成了啞巴，已無力招架任何攻擊。福龍逼入四百碼內，先發一雷。樺山資紀命令向魚雷衝鋒，試圖以艦艏衝力推開魚雷；他得逞了，魚雷運行軌跡偏移，從右舷一米外滑過。但兩船相距僅四十碼了，福龍對西京丸左舷再發一雷。樺山資紀絕望中驚呼：「我事畢矣！」自料必死，誰知魚雷從西京丸艦底之下竄了過去。西京丸大難不死，為日艦救出，向南駛逃，退出戰場。

三點鐘時，比睿、赤城和西京丸都逃出陣外。三船都喪失了作戰能力，再不離開這鬼地方，唯一的出路就是沉沒，逃了反讓伊東祐亨省心。在此之前，守在大東溝入口處的平遠、廣丙趕到戰場。北洋雖失超勇、揚威，巡洋艦仍保持在十艘。日軍尚餘九艦。

北洋海軍堅船重炮，日本海軍快船快炮，雙方在激戰中。北洋海軍沒有統一指揮，一艘艘軍艦各自為戰，無法形成一支團體艦隊的戰鬥力，清國沒有因為比日本多出一艦就有更多的機會。

平遠二百六十毫米口徑的主炮，在距松島兩千兩百碼處射擊，炮彈打入松島魚雷室。當然又死了人，而且死得慘，血肉橫飛。松島以速射炮還擊。平遠主炮中彈，引發火災。為了自救，轉舵駛向大鹿島，廣丙艦長程璧光掩護它邊打邊退，一同撤離。北洋留在戰場的尚有八艦，少於日軍一艦。

三點鐘後，一發炮彈洞穿了定遠的艦腹。官兵們忙於救火，攻勢減弱。吉野領軍殺來，全隊聚攻，誓要擊沉定遠。鎮遠奮力來救，自己也中彈起火。兩艦同陷圍困，不能自拔。

千鈞一髮之際，左翼致遠艦長鄧世昌奮不顧身，為了讓兩艘鐵甲艦贏得滅火時間，他指揮致遠迎戰第一遊擊隊。艦受重創，眼見不保。鄧世昌面對吉野，決心同歸於盡，和大副陳金揆說：「倭艦專恃吉野，苟沈是船，則我軍可以集事！」最後時刻，他的幾句肺腑之言氣壯山河，擲地有聲。他對官兵們說：「吾輩從軍衛國，早已置生死於度外，今日之事，有死而已……然雖死，而海軍聲威弗替，是即所以報國也。」這天是他四十五歲生日，他也在這天甘灑熱血，譜寫了生命的壯歌。他命令向吉野衝鋒，欲以魚雷或艦艏撞角與吉野一搏。吉野被迫放棄北洋鐵甲艦，率第一遊擊隊合力攻擊致遠。終有一顆炮彈擊中了致遠右舷的魚雷發射管，引爆了魚雷，致遠右舷隨即傾斜，導致沉船。二百多官兵僅七人倖免於難。鄧世昌誓與軍艦共存亡，不受救援自沉。

致遠沉沒後，左翼陣腳上的濟遠少了右鄰，第一遊擊隊就近來攻。艦長方伯謙缺乏軍人氣魄，不敢力拚一戰，轉舵西逃，僚艦廣甲艦長吳敬榮緊跟其後亦逃。北洋海軍繼右翼折斷後，左翼瓦解。按照丁汝昌戰後的說法，濟遠回逃中撞了擱淺的揚威，導致後者沉船。但此事無旁證，本書言史，姑且不取。日本方面的記載說，他們在事後巡視戰場，發現了擱淺的揚威，將其徹底摧毀。

日本第一遊擊隊追擊濟遠、廣甲不及，回來攻經遠。經遠一艦抵四艦，艦長林永升中彈陣亡。大副陳榮、二副陳京瑩先後站出來領軍，相繼陣亡。全艦官兵二百餘人直戰至軍艦在烈焰中沉沒，十六人獲救。

至此，北洋海軍失去揚威、超勇、致遠、經遠四艦，濟遠、廣甲二艦遁逃，平遠、廣丙二艦撤出。還有定遠、鎮遠、靖遠、來遠四艦在戰。日本海軍三艦在逃，九艦在戰。四比九，北洋艦隊處於絕對劣勢。

伊東祐亨打算將北洋四艦一分為二，使其彼此不能相救。他命令本隊松島、千代田、嚴島、橋立、扶桑五艦纏住定遠和鎮遠，第一遊擊隊吉野、秋津洲、高千穗、浪速四艦圍攻靖遠和來遠。這樣，先易後難，以日本的強艦打北洋的弱艦，老鷹捉雞；以日本的弱艦拖住北洋的強艦，群狼圍虎。等到第一遊擊隊得手，便可集九艦之力，打沉兩艘鐵甲艦，全殲北洋艦隊。

戰鬥同時進行。第一遊擊隊四艦攻靖遠與來遠。靖遠是穹甲巡洋艦，本是致遠的僚艦，同為英國軍艦；來遠是裝甲巡洋艦，本是經遠的長艦，同為德國軍艦。

它們的姊妹艦均已沉沒，兩艦臨時自編成隊，結為姊妹船，互相依憑，浴血堅持。來遠有二百一十毫米和一百五十毫米口徑的火炮各兩門，靖遠更多出一門二百一十毫米口徑的火炮。兩艘戰艦，九門大炮，聲聲入雲。它們也一再中彈，艦上烈火熊熊。來遠中彈已超過二百顆，靖遠還好，中彈在一百顆上下。

靖遠水線中彈，為免沉船，艦長葉祖珪命令撤往大鹿島，試圖背靠礁岩淺灘搶修。來遠打掩護同撤。二艦退至淺水區以炮拒敵。

靖遠的噸位在兩千三百，來遠的噸位在兩千九百，日本第一遊擊隊的噸位都在三千以上，吉野超過了四千，害怕擱淺，不敢近前，北洋二艦得以保全。

收官之戰，鐵甲艦痛失良機

日艦本隊合圍北洋定、鎮二鐵甲。五艦攻兩艦，速射炮大打出手，就是啃不動兩塊硬骨頭。戰後，世界輿論一致認為北洋二鐵甲的戰鬥力強過日本五艦。

定遠、鎮遠一面滅火自救，一面禦敵，日本五艦沒占到便宜。三點三十分，一顆三百零五毫米口徑的炮彈命中松島右舷下甲板。這是此役殺傷人員最多的一炮，連死帶傷共九十餘名，原因是日軍怕彈藥艙中彈，特意把彈藥集中存放在這裡，北洋炮彈偏偏就做了不速之客，全引爆了！所幸沒有進水，不至於沉船。伊東祐亨命令救火，但水兵所剩無幾。

大火雖被撲滅，作戰設施卻被掃平蕩盡，指揮能力化為烏有，再也不能纏鬥北洋鐵甲艦了，必須擺脫鐵甲艦才能自保。伊東祐亨下令升不管旗，放棄了指揮權。本隊各艦重傷輕傷無一瓦全，保著松島向南遁逃。

此時，北洋海軍本有望扭轉戰局。但是他們無力追擊，因為二鐵甲都已彈藥用盡，只剩下演練彈。在這場大海戰中，北洋海軍因實戰炮彈不足，不時射出演練彈，由於內裝沙子不裝炸藥，不能爆炸，也就沒有殺傷力，只能將日艦某處擊穿打壞。這是一件極為遺憾的事。

炮彈問題至今是個謎，到底是北洋倉庫中沒有實戰炮彈，還是北洋海軍沒帶足實戰炮彈，從古至今說不清楚！觀靖遠、來遠退至淺灘與第一遊擊隊相持的戰況，炮彈是足夠的，所以才能自保。就定、鎮二鐵甲的情況論，三百零五毫米口徑的巨炮，標準配置為每炮五十發炮彈，八門炮應有四百發，此役共射出二百一十四發就沒炮彈了，嚴重不足。那麼，缺炮彈的到底是北洋海軍全體，還是它的某一艘艦船或某一口徑的艦炮呢？我們只能從三年未購一彈的事實中推論，北洋海軍的進口炮彈不可能充足，具體到三年前的進口炮彈還有沒有，有多少，品質如何則無從知悉。天津機械局造的實戰用開花彈，眾所周知質量差，但炮彈質量差和沒有炮彈畢竟是兩個概念。定、鎮二鐵甲那一百八十六發的缺口是怎麼回事？責任該誰負？沒見追究，不得而知。

無論從數量還是質量上，北洋海軍吃盡了自己炮彈的苦頭，反觀日本海軍則占盡了自家炮彈的便宜。日本的國產炮彈非但不遜色，反倒還勝洋貨一籌，彈內裝填的是日本獨家配方的黃色炸藥而不是黑色炸藥，爆炸時充分自燃，中心溫度數倍於黑色炸藥，即使遇水也不會即時熄滅，遇到物體更會同歸於盡。北洋軍艦一中彈就引發大火，原因在此。

退卻中，伊東祐亨換乘到橋立艦上，升起海軍中將旗；這表明日本海軍的旗艦改變為橋立號。丁汝昌始終沒有離開喪失指揮能力的定遠，伊東祐亨卻狡兔三窟。所謂會不會打仗，差距或許就這麼一點點！

暮色蒼茫。秋季，太陽一落天即轉黑，大軍艦便成為魚雷艇的靶子。日本海軍沒有魚雷艇隨來，伊東祐亨生怕吃虧，傳令掛收隊旗：回家！時間在五點三十分左右。第一遊擊隊見到收隊旗不敢戀戰，放下靖遠、來遠，向南追隨本隊而去。

靖遠水線修復，恢復了戰鬥力。大副劉冠雄見日艦已去，向艦長葉祖珪建議升收隊旗。這樣，北洋海軍有了旗艦，但戰鬥已經結束。

見到收隊旗，北洋各艦都向靖遠靠攏過來。

北洋海軍以靖遠為旗艦，後跟來遠、定遠、鎮遠、平遠、廣丙諸艦，轉棹回程。巡洋艦十二船同出，六艦偕歸，蚊子船兩艘和魚雷艇四艘完璧而還。

海戰落下帷幕。日本海軍返回朝鮮錨地，忘記他們是來搜索運兵船的！北洋海軍直返旅順基地，忘記空載的運兵船還滯留在大東溝口裡。

兩支艦隊不期而遇，海戰近五個小時，儼然是特意約好的決鬥！這場海上廝殺，規模之大，戰艦之多，傷亡之重，時間之久，震驚了十九世紀的世界！

善後的疑竇

戰報的說法

九月十八日深夜兩點鐘左右，濟遠遁回旅順。僚艦廣甲的回歸之路多險，夜色漆黑不肯成人之美，船行至大連灣外，都快到家門口反而不認得路了，一頭撞在三山島上擱淺。

旅順軍港裡獲悉清、日爆發了大海戰。方伯謙聲稱濟遠艦艏漏水，艦炮均壞，不得已退出戰場。旅順軍港營務處道員龔照璵立即發電，向李鴻章報告。

四個小時後，丁汝昌率隊歸來。他的傷說重不重，說輕不輕，是讓人抬下艦的。左臂、左腳受撞擊、擠壓而傷，右面半張臉、脖頸至右臂被火燒傷。之後他電報李鴻章時說到過自己的傷：「現在頭腳皆腫，兩耳流血水，兩眼不能睜開，日流黃水，腳日見腫，皮肉發黑，疼痛異常，言語稍多，心即搖擺不寧，無能自主。」

丁汝昌首先要做的是向李鴻章彙報戰況。在近五個小時的時間裡，北洋海軍沉了四艦，逃跑兩艦，八百官兵忽而不見了，真是件傷心的事。好在此戰日軍也毀了三艦，並以日本艦隊的逃跑為標誌告終，這倒還讓他挺欣慰。戰場上炮火紛飛，濃煙蔽天，無法確知對方的傷亡。路上，他曾問漢納根是否沉敵三艦。漢納根憑目測也說日本少了三艦，肯定是沉了。日軍比睿、扶桑和西京丸三艦逃出戰陣，陰錯陽差地被北洋人誤認為沉沒。

當天上午，丁汝昌就給李鴻章發去簡報。這是第一時間的急就章，粗說大概，不言是非功過。李鴻章因先接到龔照璵的電報，對方伯謙的單船獨回感到納悶，回電詰問：「此戰甚惡，何以方伯謙先回？」這話問到重點上。

九月二十日，丁汝昌給李鴻章發去第二份戰報。報告說，致遠衝鋒被日艦擊沉後，濟遠逃跑，日艦追擊未得，回陣將經遠擊沉。超勇起火，駛至淺處焚沒，揚威起火，又被濟遠攔腰碰壞，也駛至淺處焚沒。定、鎮二艦都中彈起火，但一面救火，一面禦敵，均無恙。超勇、揚威若不駛到淺處，火都可救。經遠管帶陣亡後，船離了大隊，如果緊隨大隊，火亦可救。戰鬥中，定遠、鎮遠異常苦戰，劉步蟾尤為出力。濟遠首先退避，臨陣脫逃，將隊伍牽亂，廣甲隨逃，在三山島擱礁。濟遠管帶方伯謙應請旨即行正法，以肅軍紀。廣甲管帶吳敬榮唯人尚明白可造，可否革職留營，以觀後效。

報告請斬方伯謙，而對吳敬榮，僅請革職察看。究其原因該有兩點：一是廣甲隸屬於廣東水師，是李鴻章的大哥兩廣總督李瀚章借給北洋水師的，有一層情面；二是吳敬榮與丁汝昌、李鴻章同籍安徽，有一層鄉誼，特別認老鄉。

有人認為，這篇以丁汝昌的名義發給李鴻章的報告加入了劉步蟾的意見，甚至更多是劉步蟾的意見或者代寫。設若為真，肯定也要經過丁汝昌同意。無論他們二人主觀動機如何，報告的內容最起碼有失準確。從時間上看，海戰中最先沉沒的是超勇，而報告中是致遠。說致遠的沉沒是因為衝鋒，而超、揚、經三艦若不駛至淺處，火即可救，把它們的失事歸結於脫離了大隊，這等於強調第三條訓令的正確性。就戰況來看，第三條訓令過於機械，船都快被打成了破門板，處於失控狀態，甚至被敵人控制在炮火之下。身如泛萍浮梗不由自主，哪裡還能隨著大隊？需要大隊救援的時候，大隊幹什麼去了？這條為丁汝昌視為法寶的訓令，頗該商榷。例如當右翼超勇、揚威受第一游擊隊攻擊時，鐵甲旗艦懵然不知，如果小隊有機動權，它們的鄰船來遠、經遠就不必追隨旗艦而施以援手，北洋海軍右翼孤立無助的局面或可改觀。

北洋海軍初時變陣不成，繼而定遠斷桅，無人領軍。作為一艘艘戰艦不乏勇者，作為一支艦隊，始終沒能形成團體的力量。這些最該總結的地方，報告卻未提及。在褒揚定、鎮二鐵甲苦戰外，對其他各艦持批評態度，說方伯謙逃陣後，「各艦觀望星散」。倒不要求嚴辦他們，只說「餘船請暫免參」；似乎都該參一本，但卻網開一面。作為北洋海軍的自我評價，實在不高又並非自謙，他們沒有表現出作為一支艦隊的戰鬥素養，也沒有表現出任何的智慧和將帥才具。最亮的光點是鄧世昌表現出的英勇，還有海戰中的第一個喪命的高階將領左寶貴！

儘管所報不盡真實，方伯謙獲罪也沒理由抱怨，但吳敬榮又是何等的僥倖！他也臨陣脫逃，一頭撞了三山島，連船都沒保住，報告上要給他的處分僅是革職留營，以觀後效。丁汝昌如此「寬仁厚澤」，其如何治軍、領軍也就可見一斑了！

由於是電報，怎麼報也簡要。假如我們稍加留意，就會追究某些沒報的材料，那就不妨問一句：北洋去大東溝的共有十八艦，日本是十二艦，北洋為什麼未發揮優勢呢？倘若北洋有百船可用，結果唯有一船苦戰，不做反省還要強調寡不敵眾嗎？平遠因傷退出，廣丙隨退，參戰時間短暫，如果算數的話，那是十二艦；這樣，清、日都是十二艦參戰。北洋全是巡洋艦，更有定遠、鎮遠一流的鐵甲艦。北洋魚雷艇去了四艘，福龍和左一兩艦臨至陣上，左一未接戰。

福龍號單刀赴會足夠勇敢，假如有些智謀水準，西京丸肯定沉了。福龍魚雷艇不算參戰之艦嗎？如果它擊沉了西京丸算不算呢？非要把日本打沉了才算，那北洋還有參戰之艦嗎？蚊子船固然不宜混同為戰列艦去廝殺，但絕非全無用處。李鴻章在購買時甚至設想在海上攔截鐵甲艦，怎竟不能開出大東溝參戰呢？

丁汝昌在此前的簡報中與平遠、廣丙一併提到過蚊子船鎮中、鎮邊，說是在港內護送沒趕上。如此看來，蚊子船並非力不能戰。若說沒趕上則稍顯粗心：運輸任務十二點前後結束，仗從十二點五十分打到下午五點半，平遠、廣丙在開戰一個多小時後來到陣上；蚊子船要戰，有的是時間。後人相信，北洋海軍的四艘魚雷艇、兩艘蚊子船都不是廢物！魚雷射程僅四百碼，福龍都敢殺入陣中，蚊子船的主炮口徑為二百八十毫米，射程超過八千碼，不光比速射炮遠，比巡洋艦上的重炮都遠；炮大船小目標亦小，遠距離攻敵豈能無所作為？怎麼會光自己沉船，而對手不沉呢？這些疑點李鴻章不追究不應該，當時的清廷不發問亦不合理。

斬首與晉升

李鴻章向北京參奏逃將，搬用丁汝昌報告中的言辭，要求將方伯謙即行正法，吳敬榮革職留營。

方伯謙在劫難逃，周圍親近擔心他凶多吉少，他卻渾然不覺，居然說朝廷仁厚，從無殺總兵的刀，倘若苛求，亦不過把我革職了事。豐島遇襲他九死一生，運氣真好，好得他不相信還有過不去的難關，沒意識到這一回是「泰極否來」。

九月二十二日，從平壤退至朝鮮邊城義州的清軍總統葉志超給李鴻章發來電報，訴說逃跑的狼狽。他連義州也不敢守了，正在向國內潰退。大概以為關上國門就可以兩耳不聞窗外事了！李鴻章拿著葉志超的電報，眉頭一皺再皺，不見計上心頭。次日又收到軍機處的電諭，令將方伯謙即行正法。他放下葉志超辦方伯謙，電令丁汝昌執行。

這天，日艦浪速、秋津洲來至威海附近，與海岸對射。李鴻章聞報後，令丁汝昌依託口岸遊巡近海。

二十四日一大早，天還朦朧不明，方伯謙就被拖出暖被窩，押至法場處斬。一聲令下，刀起頭落。方伯謙時年四十歲，雖然未經審判，談不上程序公平，卻也死有餘辜。

吳敬榮革職了事。方、吳二人，罪責相當，命運不同，兩相對照，執法亦如兒戲，玩忽於經意與不經意之間。

方伯謙受戮這天，日艦又到大連灣、旅順一帶騷擾。李鴻章電令丁汝昌及旅順軍港營務處道員龔照璵，務必於十日內修好戰艦。他的擔心是：「日知我無船，隨意派數船深入，到處窺伺，若再護運兵船長驅直入，大局遂不可問。」

方伯謙被斬，濟遠艦還得有人接替管帶的位子。翰林院侍讀學士文廷式上奏，大概是把豐島海戰的廣乙管帶林國祥當成不死的鄧世昌了，說廣乙以一敵三，開足馬力突撞松島，與之俱沒。文廷式是光緒皇帝寵妃珍妃的老師，說出話來真管用，林國祥被破格提拔為濟遠管帶，軍銜由守備（中尉）升為副將（上校）。吳敬榮應該慚愧，他項上免吃了一刀，可官丟了！他也是個守備，如果不跟著方伯謙瞎跑，大難不死的話，說不準就接了方伯謙的船，連升多級官拜副將！因為他學歷背景好，是大清國從小培養的海歸留美學生，林國祥豈能不給比下去？不要說那個時候，就現在來說，也算是個留美歸國的鍍金富二代，憑什麼讓林國祥升遷呢？就憑文廷式是光緒愛妃珍妃的老師嗎？吳敬榮幸或是不幸？他後來在守威海的時候又逃，逃出了歷史的地平線；這會兒又不比不上福龍管帶蔡廷幹，同是留美歸國的，蔡廷幹後來官至民國總理，還成了大人物。

另一方面，日本大本營任命陸軍大臣大山岩大將為新組建的第二軍司令官，命令他準備攻占遼東半島，開闢在中國本土作戰的根據地。

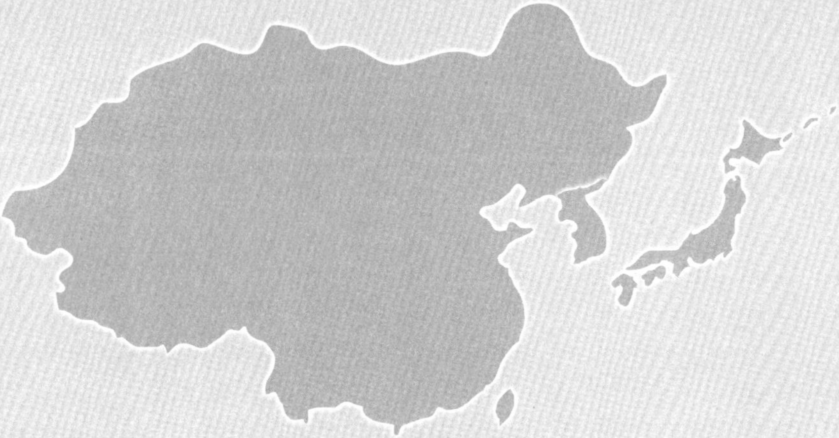

第三章

從旅順到馬關

慈禧太后的人事調整

甲午年，大清國要籌備慈禧太后六十萬壽的慶賀大典。清、日戰爭偏發生在這一年，慈禧太后老大的不情願，日本不歸她管，她也只能乾吞口水直瞪眼。李鴻章歸她管，她要極力避戰。大東溝海戰後，慈禧太后直接發聲，過問起俄國調停的事情。

九月二十七日，她召重臣議事。此前，她曾讓李鴻章提醒喀西尼當年巨文島之事，欲使俄國產生默契，這時，想派翁同龢去天津見李鴻章，看看有什麼新消息。翁同龢知道慈禧太后要謀和局，而他是清流領袖，生怕接令箭毀了自己辱沒抗日的聲名。他跪在軍機墊上一個勁兒地給慈禧太后磕頭以求免行，說拉攏俄國來干涉，萬一事後索償無厭，事情就難以了局，因此須當謹慎。

慈禧太后不答應，說她的意思非為議和，是緩兵之計。你要不肯傳話，就代我去天津責問李鴻章，何以貽誤至此？淮軍節節敗退，李鴻章能置之不問嗎？朝廷不治其罪，怎麼收場？如此一來，翁同龢就不好推託了。慈禧太后得寸進尺強人所難，還是要他代為傳話，讓李鴻章堅持聯俄。翁同龢只得表示，作為天子近臣，他若言和，後世都得罵他，所以他只傳話不表態，以免被人誤解。慈禧太后答應了。

三十日，翁同龢來到天津，面見李鴻章，還沒說幾句慰勉的話便開始「嚴責之」，斥淮軍之敗。他口含天憲，奉旨罵人，罵得李鴻章唯唯諾諾，做低聲下氣狀，誠惶誠恐地說：「緩不濟急，寡不敵眾，此八字無可辭。」沒頭沒腦的八個字，既不是檢討也不是報告，頗有自我辯解的味道。

翁同龢代慈禧責問過後，二人便談起東北的抗日形勢。翁同龢說陪都重地，有大清國的祖陵，千萬不能亂套了。李鴻章不敢表決心說誓死捍衛，反倒說沒把握。這也是他的可愛之處，實事求是！鬼子來了活人都得死，真要把死人刨出來銼骨揚灰，哪還有活人去阻止？

翁、李二人說話的同時，當差的送進一封紫禁城的廷寄，上面說李鴻章若與俄使喀西尼見了面，需把會談的情況告訴翁同龢，以便他回京覆奏。深宮裡的慈禧太后怕翁同龢不老實傳議和的話，用了點小手段逼他，廷寄是特意發來的。

翁同龢放下半截話談議和，傳達出京前所奉的懿旨。李鴻章回覆了一車的話，核心意思是俄國肯為中國講話，但中、日開戰，俄國中立，認為不能適用巨文島事件時的中、俄默契，要待恢復當初那種太平景象方可適用。慈禧太后巴望著喀西尼積極處理，李鴻章先已洩氣，告訴翁同龢，喀西尼無權，與上司立場不能協調。

看李鴻章愁眉苦臉的樣子，俄國是指望不上了。這對翁同龢而言未嘗不是好事，名節保全了。否則，後人誤認他是個和李鴻章一樣的主和派，那就跳進黃河也洗不清了！

按照親李鴻章一派人士的說法，翁、李這次會見，還起了一點小衝突，源於翁同龢向李鴻章詢問北洋軍艦。李鴻章大概是百感交集吧，半晌無語後，居然怒目相對，說翁同龢：「師傅總理度支，平時請款輒駁詰，臨時而問兵艦，兵艦果可恃乎？」因為正是在北洋海軍最需要持續發展的時期，翁同龢請停兩年外購軍費，打亂了北洋海軍的發展計畫，坑了李鴻章，他豈能無怨！翁同龢開脫說：「掌管度支，以撙節為盡職。停購軍火，不過二年之議。況自限滿，迄今一年，北洋未復請，想必是船械足用，無待外求。倘若北洋事急，何不復請？」李鴻章聽了這話更是來氣，他說：「政府疑我跋扈，台諫參我貪婪，我再嘵嘵不已，今日尚有李鴻章乎？」堵得翁同龢語塞。

翁同龢出京後，朝廷裡發生了重大的人事變動：恭親王奕訢出山！慈禧太后命他管理總理衙門和海軍衙門事務，會同辦理軍務。慈禧太后從幕後走到前臺，派翁同龢出京，令恭親王出山，這算是她應對時局的兩步棋。恭親王不尚空談講求實際，也就表示他更想謀和局，這或許就是慈禧太后讓他出山的原因吧！

北洋放棄制海權

修竣艦船的工期

平壤陸戰後，清軍敗回中國境內；大東溝海戰後，北洋海軍躲進旅順基地。丁汝昌以養傷為由推薦劉步蟾或林泰曾代他行權，李鴻章選擇劉步蟾代理提督。日軍咄咄逼人，策劃侵入中國本土。朝旨催命趕修戰艦，李鴻章希望丁汝昌儘快銷假，率隊巡遊。

大東溝一戰失五艦，餘者帶傷掛彩，無一瓦全。為了回應朝旨和李鴻章的指示，丁汝昌與旅順軍港營務處道員龔照璵商量，爭取提前至十月中下旬將船艦修竣。由於戰亂逃難，缺少修船工匠，船上零件需要進口，何日購齊不可預知，能否提前修竣全無把握。朝廷不察隱情，總嫌「為期太遲，著飭催加工趕辦」。丁汝昌身心疲憊，致函友人盛宣懷說，估計船要到十一月中旬才能修好，而彈藥短缺也不知何時解決。若再失艦，更損國威。他決心待船全修好，與日軍一戰，至艦人俱亡，以身許國，盡個人之責。

北洋海軍無力作為，清流黨指責丁汝昌匿不出海。丁汝昌正在養傷，劉步蟾代理提督。李鴻章以為劉步蟾消極怠工，不願出海。十月二日，他致電丁汝昌，說若劉步蟾宕緩誤事，定行嚴參。令丁汝昌帶病督催修船，不要讓劉步蟾把持大權。李鴻章一輩子官場的歷練，猜疑的本領也非凡，猜疑上級、同僚，都是平常的功夫，現在連下屬也猜疑了，正在努力工作的劉步蟾不知做何感想。丁汝昌覆電為劉步蟾辯解，說劉步蟾日夜督催工程，並無專擅之權，何敢托故遷延？

北洋海軍在旅順修船期間士氣低落，廣甲艦管輪盧毓英著有《盧氏甲午前後雜記》，披露一斑：「諸君皆以虎口餘生，每以公餘日馳逐於酒陣歌場，紅飛綠舞，雖陶情蕩魄，亦觸目驚心。誰無父母，孰無妻子，寄身炮彈之中，判生死於呼吸，人孰無情，誰能遣此，所以作醉生夢死之態者，亦知身非金石，何可日困愁城？不得不假借外物，庶有以遏制此方寸地也。」

十月四日，李鴻章又電丁汝昌，說日本運兵船即將內犯，不日直奉必有大警，令他加緊修船，早日出海遊弋，希望能有些象徵性行動，既給朝廷看，也使日本顧忌。丁汝昌雖體會李鴻章的苦心，但軍艦尚未完全修復，武器彈藥調配未齊，官兵士氣低落，讓他何以為戰呢？以羸弱創殘之軍出巡，若與日艦遭遇，勝算若何，不言自明。

北洋海軍有隱衷，但北京城裡無柔情。讀經書的士大夫們沒見過鋼鐵的戰艦，想象不出修船是件難事。隨著時日的推移，大東溝戰況透過各種渠道傳入國內，原來擊沉日本三艦純屬子虛烏有。前已無功，後又不振，丁汝昌飽受清議之苦。

光緒皇帝下旨責問李鴻章，說丁汝昌不過是受些輕傷，何以請假調理，置身事外？

十月十四日，李鴻章傳達了聖諭，詢問丁汝昌艦隊何日出巡。丁汝昌哪裡還能養傷下去，他銷假上艦。

十八日，艦船大部分修復。傍晚，丁汝昌率隊離開旅順，回到威海。此後便常來常往於旅順、威海之間，以為出巡。

北洋海軍活動空間如此狹窄，似乎就是告訴日本人：大清放棄了制海權。

功賞恤賜的隱情

十月二十二日，日本陸軍第一軍三萬人在鴨綠江南岸的義州集結完畢，將發起攻擊中國本土的作戰。邊疆備戰自不必提。

二十三日，北京城裡龍恩浩蕩，大東溝海戰的戰功批下來了。致遠艦長鄧世昌、經遠艦長林永升，以及洋員定遠炮術指導英國人尼格路士、致遠管輪英國人余錫爾等捐軀烈士，無論中外皆賞兩年薪俸，以慰英靈。鄧世昌、林永升二人軍銜高，除按提督例從優議恤外，還被光緒皇帝賜謚「壯節」。洋烈士受撫恤之外，英勇作戰生命不息的洋員也論功加恩，賞總查德國人漢納根二等第一寶星加提督銜，賞定遠副管駕（副艦長）英國人戴樂爾、鎮遠副管駕美國人馬吉芬三等第一寶星以水師遊擊用。

馬吉芬是唯一常穿北洋軍服的洋人，因彈片嵌入頭骨，解不掉頭痛之苦，最終回國療傷。他回到美國還為北洋海軍辯護，別人不解他為何要替腐朽國家說話，懷疑彈傷頭部讓他患上精神病。心傷與體傷實難再忍，三年後他開槍自戕，墓碑上記名的身份是中國軍艦鎮遠號指揮官，他也是美國第一個駕駛過一流鐵甲艦的人。

丁汝昌也有功，交部議敘記錄在案。劉步蟾和林泰曾一起榮獲「巴圖魯」的光榮稱號。「巴圖魯」是蒙語「勇士」的意思。儘管大清入關已二百五十年，卻不肯給漢語以地位，因此，用蒙語命名戰鬥英雄。

大東溝海戰，將士們浴血犧牲，大清國記功理所應當，但是否總結過經驗教訓呢？無可查考。後來，北洋海軍戰到全軍覆沒也未能沉敵一艦，曠世鉅戰得了個零分，褻瀆了多少英雄？北洋海軍從開戰之初就失去統一指揮，林泰曾身為左翼總兵，是《北洋海軍章程》規定的提督之外的領軍人，沒有擔負起領導責任。他不能挺身而出是失職、怯懦還是另有隱情？不見他反省，也沒見他受到任何詰問與追究。《北洋海軍章程》形如空文，有而無威是褻瀆；而褻瀆自家律條的後果，就是只能渙散自家人心了。

日軍登陸

從鴨綠江到花園口

平壤失陷後，葉志超率殘兵敗隊狂奔五百里，一路險關要隘全不占，直退過朝鮮邊城義州，回到中國境內。清軍不光丟了大量軍械，還扔下一個月的口糧，計有糧米兩千九百石，雜穀兩千五百石。當時，駐朝日軍補給困難，軍需不繼，經過平壤之戰及時得到緩解，為下一步進軍中國本土提供了後勤支援。而失去糧草的清軍，在敗退中沿路打家劫舍，為朝鮮百姓所仇視。仗打輸了，臉也丟盡了

日軍攻下平壤後，追擊清軍至鴨綠江邊，將攻中國本土。無疑，東北首當其衝。東北地區，為大清故地，美稱龍興之所，按照祖宗家法是不許漢人涉足的地方。

瀋陽是大清國曾經的首都，那裡有大清國的皇宮和祖陵。清廷下旨：「興京、瀋陽為陵寢所在，關係至為重大，故防興京、瀋陽，較之他處之防尤為重要。」

清廷調兵遣將向鴨綠江一線布防，試圖以冰冷的鴨綠江水阻止日軍過境。至十月下旬，沿鴨綠江北岸清軍集結了三萬多人。從平壤潰退回來的葉志超等人被免職，清廷任命四川提督宋慶為全軍總帥。

宋慶是山東人，時年七十有五。他既非湘軍，亦非淮軍，但他的兵絕大部分是安徽人，與

淮軍同鄉。所以，他的部隊常被當成淮軍。宋慶的權力是統領除黑龍江八旗兵以外的所有各軍，也就是說漢人的軍隊都歸他管。他與黑龍江將軍依克唐阿一山二虎，是鴨綠江防線上兩位互不統屬的最高將領，分兵駐守鴨綠江沿線。

隸於宋慶名下的共有九支部隊，它們編制雜亂，互不為謀，其中包括從平壤退入境內的潰兵，一個個蓬頭垢面，衣冠不整，失敗的情緒感染了整條防線。宋慶殘軀暮齒，既無特別威名，也無特殊才能，除了親統的九營兵外，誰也指揮不動。三萬之眾實為鬆散聯合的雜牌軍，以此抵禦乘勝前進編制完整的日本第一軍，前景堪憂。

日本第一軍也是三萬人，集結於鴨綠江南岸的義州，對岸是中國的九連城，由宋慶的部隊鎮守。第一軍司令官山縣有朋大將，頗有三百年前豐臣秀吉的風采。他計劃先取奉天，再進行直隸作戰，徹底打垮清軍，占領北京。

清軍的鴨綠江防線擋不住日軍，他們想不到也看不見，日軍一夜之間就在冰冷的鴨綠江裡架起兩座浮橋。從二十四日至二十七日，三天工夫，三萬日軍向三萬清軍連續進攻，摧枯拉朽，把鴨綠江防線扯得七零八落，全面崩潰。日本第一軍跨過鴨綠江，陣亡三十四人，受傷一百一十五人，繳獲清軍大炮七十四門，步槍四千四百支、炮彈三萬發、子彈四百三十二萬顆，糧秣不計其數。清軍共陣亡四百九十五人，防線亂了，只管各自逃命，如鳥獸散不見人影。

日本第二軍的任務是進攻遼東半島。為此，大本營命令海軍尋找登陸點，為第二軍護航運兵。日本海軍通過偵察、探測，又與第二軍協商、爭論了一番，終於達成共識，選定在花園口登陸。

花園口是遼東半島東側的一個小海灣，沙底且寬闊，既適於受錨又有空間泊船。

十月二十四日，是第一軍攻擊清軍鴨綠江防線的第一天，第二軍的花園口登陸也開始了，日本國給大清國來了個雙管齊下。在日本海軍聯合艦隊的護航下，第二軍分四批進發。清軍無設防，日軍未遇抵抗。至三十一日，兩萬五千人完成登陸，大批武器彈藥、戰馬輜重上岸。

花園口登陸後，日軍人地生疏，連派六個間諜去摸索情況：山崎羔三郎、鍾崎三郎、藤崎秀、豬田正吉、大熊鵬、向野堅一。

早期間諜能力有限，山崎羔三郎、鍾崎三郎、藤崎秀三人沒等幹壞事就先落網，被清軍砍了腦袋。豬田正吉、大熊鵬活不見人死不見屍。唯向野堅一幸運，不光完成了任務，還讓知書達禮的中國私塾先生救了命，交了中國朋友，認了中國乾兒子。

邊疆起狼煙，京城忙慶典

大清國偏偏反應遲鈍，眼巴巴地看著，心平氣和地等著日軍上岸，海陸兩軍像商量好了似的，全都坐視不問。

十月二十八日，已是日軍登陸的第五天，李鴻章接到報告，說有百餘艘日本運兵船正駛向大孤山一帶。他電令丁汝昌帶隊馳往，探明賊蹤，為陸軍壯壯膽量。丁汝昌覆電說，船少械虧，勝負非所敢計，此行遇敵，唯有盡力死拚，伏乞鑒諒。李鴻章聽出弦外之音，坐臥不寧，怕血本無歸。立即回電要丁汝昌相機探進，不必言死拚。

次日，丁汝昌率隊巡遊，行至大連灣一帶時開始徬徨起來。再往前走可能就和日軍相遇了，他卻知難而退回返了。電告李鴻章說實力單薄，前去吃虧無益。

光緒皇帝聞報氣壞了，認為丁汝昌統兵不力。十一月二日，聖諭傳下：撤銷大東溝海戰對丁汝昌交部議敘記功之案。三日，諭下李鴻章，命他保護旅順後路。李鴻章電令丁汝昌：「如賊水陸來逼，兵船應駛出口，依傍炮臺外，互相攻擊，使彼運船不得登岸。」真不知李鴻章心裡怎麼想的，兩萬五千名日軍在花園口完成登陸不管，非要等到他們來直搗旅順老窩，才肯「依傍炮臺外，互相攻擊。」

這天，大清國總理衙門開口求人，邀請英、美、俄、德、法五國駐清公使，調停清、日戰爭。日本的原則是把局面控制在清、日兩國之間，不給第三國以干涉之機。

十一月六日，日軍攻陷了大連的後路金州，將其設為占領遼東半島的據點。之後，第二軍的大部分都駐在該城。為了獲得一個安穩的駐屯環境，日軍制定了一系列法律法規，如《行政規則》、《通商規則》、《大日本帝國軍本營示》等等，既約束金州居民，也約束日本軍隊，統治得有聲有色，以至於金州百姓樂為其用，成天聚在兵站門前，想給日軍當民工，支援前線。我們可以不相信日本人多好，只能感嘆大清國統治中國這二百五十年間，已把民心喪盡。大和日本不光以槍殺人，還以筆殺人，將全國的「筆桿子」組成「筆部隊」來中國製造是非，把大清國做的壞事，都說成是滿洲對漢人的民族壓迫。金州老百姓信以為真，真到把日軍當成皇帝侍奉的程度。

日軍占領金州當天，李鴻章收到兩份電報——光緒皇帝的電報說，賊逼金州，旅防危急，日軍在貔子窩登陸，必有艦船灣泊及來往接濟。讓李鴻章命丁汝昌、劉步蟾率海軍前往游弋截擊，阻日軍後路；丁汝昌的電報說，一旦大連灣有失，日軍必搗旅順後路，師船在旅順口內，不能施展，且旅順口門窄小，不能整隊齊出，鐵甲艦非要漲潮才能行出口門。口外敵艦林立，魚雷艇甚多，若夜間來攻，我少速射炮，尤難防備。他要求率艦隊撤離旅順港。

光緒皇帝要進，丁汝昌要退，李鴻章在上下級之間權衡。為了保船，他不理睬光緒帝，電覆丁汝昌自己斟酌，萬不得已時便宜行事。默許丁汝昌離開旅順。日軍占金州的目的是攻大連、陷旅順，在這個正該全力禦敵的時刻，丁汝昌卻向後撤。如果說並非惜命全為保船的話，那麼，大好山河為日軍蠶食，留船何用？

邊疆起狼煙，京城忙慶典。西元一八九四年十一月七日，是中國農曆甲午年十月初十，這天是慈禧太后六十歲生日。大清國皇帝生日叫「萬壽節」，慈禧太后是不加冠冕的女皇帝，她的生日當然是萬壽節。她四十萬壽、五十萬壽都因戰亂節沒過好，這回是一甲子的整輪萬壽，人生難再，這個節可要好好過！為了這一天，大清國籌備了好幾年，這已經不是個人的事，而是國家的大典！

北京城裡彩練當空，處處裝點門面。本來計劃要沿路鋪排六十段景點，外城三十三段，自頤和園東宮門至西直門；內城二十七段，自西直門至西華門。要搭建龍棚十八座，經棚四十八座，戲臺二十二座，牌樓一百一十座，還要穿插形形色色的神壇、經壇、樂樓、燈廊、燈棚、罩子門、彩影壁……工程進展中，慈禧太后忽然下旨停工；她不光是好俏的老太婆，還是個大清領袖，不能不考慮影響。日本步步為營，把人往絕路上逼，她修這麼多花哩花俏的景點，是要迎接日軍入城嗎？景點工程半途而廢。

慶典之上，既是韶樂又是大樂地演奏了一番，文武百官排著隊給慈禧太后磕頭，她宣布賞文武百官看戲三日，三日內不辦差。邊疆正打仗，狼煙四起，京城百官拜壽，不辦差，現場難免起些小騷動。慈禧太后明察秋毫，當即就彈壓，厲聲喝斥道：「今日令我不歡者，我亦將令其終生不歡！」

為了忘卻的紀念，這天真該銘記，正當老佛爺在紫禁城裡升寶座的時候，日軍攻占了大連。

當晚，丁汝昌帶隊撤離旅順，返回威海。

再傷北洋海軍

鎮遠艦觸礁

李鴻章沒有執行光緒皇帝的敕諭，他電告朝廷：貔子窩一帶有十四艘日本軍艦和七艘魚雷艇往來，而北洋可供出海之船僅為六艦二艇，力量單薄，不可輕進。另外，他對丁汝昌倉皇撤離旅順也不乏微詞，發電質問。到底是進是退，他也舉棋不定，把丁汝昌當皮球踢來踢去。

大連失陷後，旅順告急。那裡工事堅固，炮臺林立，朝廷已經營多年。清軍內部有句俗話：「鐵打的旅順，紙糊的劉公島。」其用意不是說劉公島工事不好，而是說旅順工事更好。十年後正是在這裡，日軍圍困攻堅，俄軍殺傷日軍六萬，堅守了半年。眼前即將發生的日、清旅順攻堅戰卻是一邊倒的。

朝廷擬抽調山東部隊，向旅順增兵八個營。旅順有日艦遊弋，海路運兵不安全。李鴻章擬派北洋海軍護航，電令丁汝昌來天津面商。

十一月十日，丁汝昌奉命來天津北洋衙門，同來的還有漢納根。漢納根是旅順軍港工程的設計者，對自己的作品充滿信心，並不把日軍來攻看得有多麼恐怖。他認為依據現有兵力和堅固的工事，旅順足以自固，無須增援。建議向營口增兵，那裡兵力略薄，應該加強。丁汝昌所見相同。他們否定了朝廷增援旅順的方案，提出一番增兵營口的道理。如果增兵營口，運兵船走渤海灣內，遠離日軍，則無須涉險。丁汝昌還主動提出率隊回防旅順，為陸軍壯膽。李鴻章沉吟過後，同意了他們的意見。

三人津門約會出成果，達成一致：八營陸軍增兵營口，北洋海軍回防旅順。隨即電報朝廷。深宮之中天昏地暗，出了宮門說不清東南西北，沒有不准的！

十一月十二日下午，丁汝昌率隊離開大沽，次日上午到達旅順口外。巡邏中各種傳言都匯總到他這裡，說「羊頭窪有日本軍艦」，「小平島也有日本魚雷艇」，「日本陸軍到了三間鋪」，「離旅順僅三十里地」等等。旅順港入口窄，定、鎮二艦噸位大，出港需借助漲潮。日軍多速射炮，魚雷艇也比北洋多。丁汝昌越想越玄，越玄越怕；他怕二艦被日本魚雷艇、速射炮堵在旅順港裡出不來，尤怕遭到夜襲。他時時刻刻都有保船的責任心，這心是個結，一天更比一天緊，他不能讓北洋海軍葬送在自己手上。於是，丁汝昌非但不率隊入港與陸軍同守旅順，反而命令回返威海，這等於是違背了津門之下三人的約定。

十一月十四日凌晨三點鐘，丁汝昌領軍回至威海。

為防日軍，清軍布雷封鎖了威海入港的航道，在東口上留下通路，以浮鼓為標誌，六百碼寬，足以走船。或許是鬆了口氣，無人再行聞問。偏偏老天爺添亂，連日大風大浪，浮鼓漂移的幅度超出預計。

枯水季節水位淺，鐵甲巨艦吃水深，排水量大，劉步蟾和林泰曾都格外小心。定遠在前，安然無恙進港。意外的是，定遠船舷排水把浮鼓向東南推出了安全值。鎮遠左舷靠近浮鼓進港時，已不再是定遠剛才的位置，遂觸暗礁，一連劃出七條大口子，長的十七尺，短的也超過三尺，有的口子僅寬度就在三尺上下。全艦官兵奮力搶堵，總算沒有沉船。

諸艦長可用否？

鎮遠管帶林泰曾為人內斂，說好聽是謙虛謹慎，說難聽是膽小怕事，遇上這等厄運自然吃不消。

林泰曾性格的形成，論原因有劉步蟾爭強好勝壓他一籌的成分，若再深究就不能忽視他的家族遭遇。他的祖父與林則徐是同胞兄弟，前文提到的船政大臣沈葆楨是林則徐的外甥，因娶林家二小姐做了林則徐的女婿，林泰曾叫沈葆楨姑父。二十年前，日本侵略臺灣，沈葆楨為欽差去臺灣與日軍交涉。當時，中國水師的實力在日本之上，他若橫下心打一仗，一定會成為改寫歷史的人物。可是他沒有勇氣力拚一戰，清廷又軟弱無能，最後徒讓日本撿了便宜，得銀五十萬兩不說，還下出吞併琉球的先手棋。羅豐祿在家書中分析過沈葆楨的心理，說他吸取了林則徐主戰反被革職發配的教訓。

林泰曾從小籠罩在家族失意的陰影裡。北洋海軍成軍後，章程規定林泰曾是二號人物，他卻從沒占據過二號位。早年間在船政學堂劉步蟾是孩子王，成人後還是劉步蟾綻放光芒，而他在燈下黑。朝鮮多亂以來，清廷上下把北洋海軍罵得狗血淋頭，把丁汝昌折磨得死不掉又活不成，他也因去仁川與日軍對峙，以為不占優勢主張撤回威海備戰，受到清流言官的詬罵。一氣之下，他請求開缺，不幹了！李鴻章卻說，再言開缺就提頭來見！他心路本就不寬，重負之下，倍感壓抑。這次，再也熬不過去了，預想北京城裡會懷疑他蓄意製造事故以避戰，清流言官會如蚊子嗜血般叮他個滿頭包，他不想忍受別人拿髒水潑他。在採取了一系列緊急措施，避免了沉船之後，十六日，林泰曾服毒自盡，年僅四十三歲。

丁汝昌為了保船匆匆往威海趕，偏偏傷了這樣一艘要命的船，其心情可想而知。

威海是北洋海軍的駐泊地，沒有修船的乾塢，丁汝昌聽說上海有洋匠，不用乾塢，能從海底作業修補大船，便電報李鴻章花重金聘請。然而，這種技術不能修船如初，鎮遠喪失了遠航能力。而定、鎮二鐵甲是姊妹艦，無論訓練作戰，比翼雙飛，一翼先斷，另一翼成了獨臂，北洋艦隊更難出海了。

林泰曾自殺這天，光緒皇帝召見了直隸後補道徐建寅，令他前往北洋察看海軍一切情形，回京覆奏。徐建寅奉旨來到威海，對北洋海軍查驗了幾天，向朝廷提出了幾份查驗報告，報稱北洋海軍各種炮彈尚餘六千發；看來這時的北洋海軍不缺炮彈。他建議以北洋海軍營務處候選道馬復恒取代丁汝昌為提督，還品評了北洋海軍的主要軍官，說定遠艦長劉步蟾「言過其實，不可用」；鎮遠艦長楊用霖「樸誠可用」；靖遠艦長葉祖珪「樸誠可用」；來遠艦長邱寶仁「奸猾不可用」；濟遠艦長林國祥「人尚可用，操守難信」；平遠艦長李和「樸誠可用」；廣丙艦長程璧光「尚可用」；康濟艦長薩鎮冰「樸誠可用」；威遠艦長林穎啓「尚可用」。徐建寅忙完之後回京面聖，自己平步青雲往上升，擔任了督辦軍務章京，但對臨戰狀態的北洋海軍可沒起到任何積極作用！

國人不幫忙，洋人來「相助」

李鴻章孤掌難鳴

漢納根陪丁汝昌去天津見了李鴻章，回到威海基地沒幾天就進了北京城。大清國是塊最宜做官的肥田沃土，官僚都像茂密的莊稼吸乾土裡的養分那般，長得細皮嫩肉惹人欽慕。大概，洋人入境隨俗也官迷心竅吧，京城裡有好事等著漢納根呢！大東溝海戰過後，他給朝廷上了條陳，建議大清國效法日本，按西法練兵，建立一支十萬人的新式陸軍。恭親王很賞識，召他進京練兵，想必這是長遠之策。

遺憾的是，官場上的事千絲萬縷，做成哪樁都不容易。清議洋人難馭，恐藉練兵以侵權，故此不宜。漢納根拂袖而去到了山西，因開採中國媒礦而成為富翁。他的練兵餘緒，開了日後袁世凱北洋新軍的先河，可以說是他無心插柳立新功。

十一月二十一日，漢納根認為足以自固的旅順基地失守，丁汝昌率隊離開才七天。十一月二十四日，光緒皇帝傳諭，摘李鴻章的頂戴[13]，革職留任，著赴大沽、北塘巡閱布置。這應是

13. 頂戴：指代表官階的頂珠，不同的頂珠質料和顏色代表不同品級，朝冠一品為紅寶石，二品為珊瑚，三品為藍寶石，四品用青金石，五品用水晶，六品用硨磲，七品為素金，八品用陰紋鏤花金，九品為陽紋鏤花金，無頂珠者無官品。雍正八年改以玻璃替代。

李鴻章的本職工作，聖諭卻視為對李鴻章的懲罰。

兩天後又傳聖諭：旅順已失，丁汝昌救援不利，革職留任，以觀後效。

早在開戰之初，林泰曾等人曾建議奏調南洋水師助戰，但李鴻章倔強，不願低頭求人，故未採納。大東溝一戰，北洋海軍頓失五艦，陣亡八百將士，缺船缺人難撐局面。李鴻章不得不低頭，奏調南洋水師的南琛、南瑞、開濟、寰泰四艦支援北洋。朝廷下旨：「暫調南瑞、開濟、寰泰三船迅速北來助剿。」當時的兩江總督、南洋大臣劉坤一以「東南各省為財富重地，倭人刻刻注意」為由拒絕了。旅順陷落前夕，為救危局，清廷電諭南洋調四艦來北洋。這時，兩江總督、南洋大臣由張之洞暫署。他不抗旨，一方面積極表態：「舍此四輪亦所不計矣！」同時自輕自賤，把南洋官兵貶得一文不值：「皆不得力，炮手、水勇皆不精練，毫無用處，不過徒供一擊，全歸糜爛而已，甚至故意鑿沉擱淺，皆難預料。」要求北洋派人，「將此四輪艦長全行更換」。千言萬語化作一句就是：南洋有船無人，想要船你們自己來吧！這純粹是難為北洋。

丁汝昌說南洋水師：「歷年操練已久，亦非不能駕駛出洋。」縱然張之洞的謊言全部屬實，他也願意當真，只要南洋肯放船過來，沒人他想辦法。這可把張之洞難住了，乾脆裝聾作啞，不給北洋回應，亦終不派南洋水師助戰北洋。

劉坤一不來，張之洞也不來，這是李鴻章的報應嗎？十年前中法戰爭，朝廷調北洋水師援救福建船政水師，他不是也按兵不動嗎？船是北洋的政治資本，同樣也是南洋的政治資本，難道就李鴻章愛惜本錢嗎？李鴻章、劉坤一、張之洞之流全在半斤八兩之間。大清國有對家族、對鄉黨的認同，卻沒有對國家的認同。

「洋仲介」運轉起來

中國人不幫中國人，未出所料，李鴻章完全不覺得驚訝，也沒指望南洋水師真來。現在他必須做好的，就是調理好自己的北洋水師，於是他又想起了琅威理。雖說是好馬不吃回頭草，可不回頭好馬就真沒草吃！

大概是洋人比國人好求吧，光緒皇帝明發上諭徵調琅威理：「琅威理前在北洋訓練海軍，頗著成效。自該員請假回國後，漸就廢弛，以致本年戰事未能得力，亟應力加整頓。著總稅務司赫德傳諭琅威理迅即來華，以備任使。欽此。」這道聖諭把琅威理全當作自家的奴才了，以為招之即來，揮之即去！還非常給自己大清國面子，對琅威理的回國不說自己對人不好，而是說他請假。

總稅務司赫德通過他的倫敦辦事處主任金登幹聯絡琅威理。琅威理正在春風得意，軍銜升了少將，官銜是皇家海軍後備隊司令，統率三十八艘軍艦。大清國誠心求賢，倒喚醒了他被降五色旗的屈辱記憶。倘若二次重來，若不是當大官掌實權就不回去。中國講究的是讀書做官，琅威理不讀中國經書卻要做中國大官，而且這官要大得不受李鴻章管，必須由皇帝以璽書的形式授予。大清國用漢人都有非我族類之感，更甭說洋人了。琅威理存奢望，有權力欲，除了要雪降旗之恥外，還有一個原因是不相信中國人會打仗，而他會，所以中國人得聽他指揮。

赫德指示金登幹另行物色，金登幹最終找到自己的表哥英國海軍上校英格斯。這人是琅威理的老冤家，當琅威理為大清國訓練海軍的時候，英格斯為日本國訓練海軍。琅威理和大清國不歡而散，合約解除；英格斯則和日本皆大歡喜，履約已畢。金登幹掙大清國的銀子，要拉他入夥。英格斯拿錢幹活不問政治，可以毫不猶豫地背叛老東家日本。

英格斯與琅威理最大的區別是淡泊明志，他不要求做大清國海軍的最高領袖，只想做顧問，說要教會中國的海軍提督和艦長們學會指揮打仗——因為他和琅威理有同樣想法，認為大清國不會打仗！這些姑且不論，就他不要實權一點，倒很契合大清國「權操自我」的心理！但是，他幫日本訓練過海軍，對清國而言有「歷史汙點」，大清國不會給他改換門庭的機會——至少赫德是這樣認為的。因此，中國通赫德聽過金登幹的彙報後，一聲嘆息後就把英格斯從名單上刷掉了。

此間，李鴻章已選定了總查，此人名叫馬格祿，英國籍。有人說是李鴻章的德國顧問德璀琳推薦的，也有人說是美國顧問推薦的。

馬格祿人過中年，拖船船長出身，在洋人中以嗜酒聞名，從無海軍經歷，唯一有點關係的是，曾幫方伯謙去拖廣甲出險，結果未成。李鴻章以月薪三百兩聘他，相比琅威理而言不足半價，誰也不明白李鴻章怎麼就看中了這款。洋員戴樂爾對新總查十分不屑，他在回憶錄中談及馬格祿任職時揶揄說：「以斯人當斯事，實為至殘酷、至愚蠢之事。對於丁提督，此事尤為殘酷。」

別看李鴻章在國內沒人緣，誰都不幫他，但他在國際知名度高，總有洋人來相助。他的美國顧問畢德格就給他一次推薦了兩個骨肉同胞，一個叫威理得，一個叫浩威。讀陸奧宗光的

《蹇蹇錄》可知，他們曾被日本扣留過，陸奧宗光說他們是投機的騙子。二人到了黑雲壓城的大清國，以科學家自詡，說能在四十八小時內把炮臺布置得無點滴疏漏，日本人要想攻破，根本找不到突破口；運兵登陸，來無影去無蹤；我艦接近敵艦，敵不見我我能見敵；縱然艦隊涉敵雷區，也如夜空裡雲散雲集；無論敵艦行止，我艦都能痛打落水狗，將其擊沉或俘獲；還有本事改商船為戰船，無須中國勞民傷財去買中立國不賣的軍艦……照他們的自薦，本事可說是琳瑯滿目，全是求之不得的上好貨色，而大清國被日本逼得飢不擇食。

李鴻章肯辦洋務而不蔑視為夷務，對於讀經書的人來說難能可貴，更可貴的是他還能給科學以理解，善待外國「科學家」。可歎的是美國人非但不受寵若驚，反倒不識抬舉，因為科學家是有身價的，要待價而沽賣個好價錢。他們大講條件：得先配備好實驗室，若實驗室階段有效，當給付一萬美元，若在實驗室外殺敵建功，應酬給一百萬美元。若按實驗室方法生擒活拿日本艦船，要給付船價的百分之十五。一萬美元，李鴻章還做得了主；一百萬就不是小數字了，還是讓紫禁城畫押為好。李鴻章上奏給北京。光緒皇帝眼界大開，歎洋人了得，竟有如此能為。提龍筆慨然應允：一個大子兒都不少！兩位美國人就這樣成為威海基地的座上客，相助北洋海軍。中國人求不動中國人，卻能招賢洋人，所以說國人不幫忙，洋人來「相助」。

這是讓丁汝昌如虎添翼的事，他倒束手不知所措了。李中堂一輩子輝煌，中進士點翰林有學問，光緒皇帝是上書房畢業繼往聖之絕學，他們都信兩個美國人。丁汝昌是從小打赤腳的泥腿子，他有什麼資格不信呢？雖則如此，他就是不大信，讓劉步蟾等幾個去過大英帝國的人出題考考兩個「科學家」。「劉步蟾們」是學成海歸，啃過兩三年洋麵包，可這兩個美國傢伙從小就啃洋麵包，哪那麼容易就吃中國的「鴨蛋」呢？測試結果出來後，丁汝昌沒有理由不信任人家！

為了實驗，第一步要採購各種化學試劑。那時代，中國誰聽說過化學試劑呀，東西買是買到了。但由於日本人出沒於威海水域，東西不便直接運入軍港，於是暫寄煙臺民船，想找個空檔偷運進去。從北京大清朝廷到天津北洋衙門，都把希望寄託在這點試劑上，期待著從天而降的奇蹟。誰知，老天爺開了玩笑：這點兒寶貝失火了，只燒剩下灰燼。威理德就此捲鋪蓋走人，捲了一筆合約款項，浩威則好人品，不離不棄！

旅順大屠殺

血案，鐵證如山

日軍攻占旅順後搞了一場大屠殺，不計男女老幼，格殺勿論。在這個意義上，就是屠城。大清國記史常落筆於喜事，諸如皇帝吃了鴨子一品；臨幸二妃子，可能播撒龍種等等。大屠殺，無論誰殺誰正史不載。所以，這場屠殺，中國人有許多未知。第一個未知點是罹難人數說不清，有的說在兩千上下，有的說在兩萬上下。第二個未知點是旅順城裡有多少人也說不清，有的推測在兩萬以上。什麼都說不清，後人險些連有沒有這件事都說不清。始作俑者日軍能說清卻不肯說實話，好在他們自己坑自己幫了我們的忙。日軍自我標榜是文明軍隊，打的是文明戰爭，准許歐美記者、觀戰武官隨軍，這就讓人家逮個正著，留下了這樁血案的鐵證。

日軍的暴行引來國際輿論的譴責，美國《紐約世界報》記者克里曼的報導尤其轟動一時。此人在隨軍中撰寫過不少誇讚日本軍隊紀律嚴明的報導，被日本視為友人。溢美的同時他也不隱惡，揭露了旅順的屠殺，寫出長篇戰地通訊《倭寇殘殺記》，刊登在西元一八九四年十二月二十日的《紐約世界報》上，整整兩個版面。

按照所能見到的正反兩方面的證據，事情是這樣的：

在遼東半島作戰中，日軍第一師團的師團長山地元治中將接到報告：二十名偵察兵在土城子被清軍俘虜後梟首、碎屍、割了睪丸。據說，這個報告不光激起中將的怒火，還激發了士兵的仇恨。此後，這種事有增無已，活著的人不斷面對死去的戰友被殘害的屍體。對此，是真是假說法不一，有人肯定地說只有梟首是真的，其餘全是日軍的渲染。

有梟首一條在，話不全假。但即使是清軍殺俘虜也好，凌辱屍體也罷，冤有頭債有主，日軍也無須手刃赤手空拳的老百姓！難道一城的百姓全是清兵？日本人辯稱，在攻打旅順的戰鬥中，清兵喬裝成老百姓逃跑，躲在民房裡開槍。為了避免更大的傷亡，山地元治將軍下達了格殺勿論的命令……這似乎找到了理由，但仍舊解釋不通，因為被屠殺的包括男女老幼，其中「男」也就罷了，可殺那麼多老婦、姑娘、小孩所為哪般呢？用狡辯遮蓋罪行，破綻百出。

當時的國際法名家、英國牛津大學教授胡蘭德，著文《日清戰爭國際法事件論》，不只肯定日本擊沉高升號不違背國際法，還譴責了野蠻的旅順大屠殺。他說日本是：「披著文明外衣卻有著野蠻筋骨的怪獸，旅順虐殺行徑暴露了日本人野蠻本性的真面目。如此自譽『文明國』的日本，仍需要一個世紀以上的文明進化。」

信口雌黃的沐冠之猴

人類共同從遠古走來，在原始的交戰中，對俘虜和傷病的人可以任意虐殺或役使為奴隸。施以暴力、酷刑或活埋，也可以活宰用於獻祭，這些是勝利者的權利，沒人異議。隨著歷史的發展，一方對敵方的被俘或傷病人員，不再簡單化處理，而是開始有了多種需要，比如賺取贖金、換取土地或相互交換。十八世紀的歐洲，人們開始探討人道的戰爭，殺害與虐待戰俘、傷病員漸漸為人所不齒。進入十九世紀，隨著時代的潮流，戰俘、傷病員越來越受到文明的對待。西元一八六三年二月，國際紅十字委員會創立，西元一八六四年八月，瑞士政府邀請所有歐洲國家和部分美洲國家開會，簽署《日內瓦公約》。公約承認人類具有共同的文明意識並受其約束，因此人道原則的施與不分國家地區、種族風俗。在此原則下，俘虜與傷病員都應享受人道的待遇。

西元一八八六年，日本加入了國際紅十字會組織，自願承擔文明戰爭的義務。這是日本「脫亞入歐」的一次炫耀之舉。如果說大清國是無知，日本卻是明知故犯！明治時期的日本，孜孜以求欲加入國際社會，要讓歐洲承認日本告別了野蠻，結果猴子還是露出了尾巴。

為了掩蓋日軍的屠殺，總理大臣伊藤博文告誡閣員：「承認錯誤，危險甚多，而且不是好辦法，只有完全置之不理，專採取辯護手段。」外相陸奧宗光做了許多補救工作，非常想賴掉這筆帳。自幕末以來，日本和西方列強簽了一系列不平等條約，明治政府想廢想改，列強總說日本還不夠文明，條件不成熟。為了感動上帝，日本委曲求全積極表現，裝點門面矯揉造作。旅順屠城這一錘子下去，這點金玉其外敗絮其中的「文明」頓然化作野蠻的碎片。這令外相陸奧宗光著急了起來——他正在和美國談修約，謀簽新約《日美條約改訂協定》，眼看馬上就要成了，如今卻功虧一簣。美國報刊說，日本已經摘下文明的假面具，露出了野蠻的本質，他們想和美國修改條約，要求美國廢除領事裁判權，這對美國是危險的。美國外交官告訴陸奧宗光，如果旅順屠殺被證實，議會不會批准簽約。

陸奧宗光一面炮製《關於旅順口事件的辯解書》，一面要求日本的駐外公使統一口徑。他定出八條訓令發給駐外公使，姑且稱之為「陸八條」吧：

一、清兵丟棄軍服換民裝逃跑。
二、旅順口被殺的人，大部分是換穿了民裝的清兵。
三、居民在打仗前就離開了。
四、少數留下來的清兵負隅頑抗。
五、日兵看到日本俘虜被肢解屍體的殘酷景象（有的被活活燒死，有的被釘在架子上），激起了復仇的憤怒。
六、日軍一貫遵守紀律，不會肆意濫殺。
七、各國從軍記者斥責美國記者克里曼的扭曲報導。
八、旅順口陷落時抓獲三百五十五名清兵俘虜，都受到良好的對待，並在幾天內送往東京。

整個日本以陸八條定調，守口如瓶！受害的大清國竟不吭一聲，彷彿日本不是在旅順殺人而是在月宮裡伐樹！那些為無助的中國百姓喊冤叫屈的金髮碧眼們，輿論過一陣也就閉嘴了。世界對屠殺的譴責，就這麼因為清廷的沉默而沉沒了……。

《日美條約改訂協定》簽訂了，它表明美國接納日本為文明社會的一員。旅順屠城，那也叫文明！日本揮舞著瀝血的屠刀，立地成佛，擠入文明的行列，這是文明的災難。大清國直到流盡最後一滴血，人家也沒承認它是文明的一員。旅順可慘，大清國可悲！

旅順屠城是一種國家行為，作為加害者日本，它沒有罪惡感，不懺悔、不抱歉，更不會謝罪，終逃不脫歷史的審判；對於受害者大清國而言，它沒有憤慨，不譴責、不抗議，甚至不驚詫，默認了日本的屠夫邏輯。世界歷史既要清算日軍屠殺的罪行，亦不可舊傷結疤就忘了疼，因為那將把歷史本身抹平，進而遺失文明。現今人們應該要一視同仁地對待不同的國家與民族，不依其在歷史演化中的分與合而溢美或隱惡。文明的進步，才能引領全人類走向光明，而勿忘歷史。

清廷乞和，日本內鬨

大清國完全放下了架子

大東溝海戰後，日本舉國歡騰，男女老少搖著旗子滿街跑，天皇欽譜軍歌《黃海的大捷》，那種狂熱就像全民一起得了一種病。

日本第一軍已過鴨綠江，在中國本土上紮下大營。日本第二軍登陸花園口後，連占金州、大連、旅順。兩路日軍闖關拔寨，莫之能禦。大清國朝中無能人，軍中無強將，人窮志氣短，唯把乞和當上策，不斷求列強調停。

西元一八九四年十一月初，美國政府應清廷之邀，向美國駐日公使譚恩發去訓令，先說美國公平公正、熱愛和平，對日本深懷善意，然後說仗再打下去歐洲列強會干涉，於日本不利。令譚恩去問問日本是否同意美國調停。

譚恩會見了日本外相陸奧宗光，轉達美國政府的關切。

陸奧宗光將此事提交內閣討論，他認為清國受到的打擊還不夠沉重，不會幡然悔悟，誠心求和。於是，日本政府向美國駐日公使譚恩送交備忘錄，先說感謝美國調停的深情厚誼，後說講和還不到時候。陸奧宗光向譚恩表示，將來如果清國誠心談判，美國也願意調停，日本更為願意。

如此，日本既拒絕了美國，又留下活路，不堵死自己的後門。

清廷乞和心切，得到美國政府的回音後，請美國駐清公使田貝向日本轉達議和的誠意：願意承認朝鮮獨立，賠償日本軍費。話經譚恩傳到日本後，陸奧宗光認為，大清國都快亡了還不得割肉，太吝嗇，不能接受！日本不光要大清國賠款，更要它割地！

清廷非常想知道日本的講和條件，日本偏偏祕而不宣。李鴻章想以談判的名義派人去日本探底，又擔心中國人去了受辱，便向恭親王奕訢推薦他的德國顧問德璀琳，說此人在天津供職二十餘年，忠心為我，在過去中國與俄國、法國、日本打交道時，都暗中相助。朝廷批准德璀琳赴日。行前，德璀琳請以頭品頂戴前往，李鴻章應聲答應。事後，他致函恭親王奕訢和慶親王奕劻加以說明，二王亦無異議。

西元一八九四年十一月二十二日，德璀琳懷揣李鴻章簽發的照會祕密訪日。照會說：「照得我大清成例，與各國交際素尚平安。現與貴國小有齟齬，以干戈而易玉帛，未免塗炭生靈。今擬商彼此暫飭海陸兩路罷戰，本大臣奏奉諭旨，德璀琳在中國當差有年，忠實可靠，著李鴻章將應行籌辦事宜詳晰告知德璀琳，令其迅速前往東洋妥辦，並隨時將現議情形由李鴻章密速電聞，等因欽此。遵即令頭品頂戴德璀琳立即馳赴東京，齎送照會。應若何調停複我平安舊例之處，應請貴總理大臣與德璀琳籌商，言歸於好。為此照會，謂煩查照施行。須至照會者。」德璀琳隨身還帶著李鴻章致伊藤博文的私函，內容與照會大同小異，不過是多出幾句「雖闊別多時，想貴爵大臣當不忘昔年情事，相印以心也」之類想拉關係的話。十年前，李鴻章與伊藤博文曾在天津談判，簽了《中日天津會議專條》，二人是老相識。

十一月二十六日，德璀琳在日本神戶上岸，要求面見伊藤博文。陸奧宗光認為，德璀琳是德國人，不能代表清國，李鴻章的照會和私函，不能代表清國政府。清國政府必須預先發出通知，並派出合適的、有資格的全權代表；而任命外國人為全權代表，會給列強提供間接干涉的機會，無論如何都必須拒絕。陸奧宗光致電正在廣島的伊藤博文，阻攔他接見德璀琳，建議不接受李鴻章的照會和私函，令德璀琳限期離境。

十一月二十七日，日本政府請美國人向清政府轉達了一件備忘錄，就其願意承認朝鮮獨立，賠償日本軍費的議和誠意作出答覆：「清國政府通過駐北京及東京美國代表提出的作為媾和條件的基礎，日本政府不能同意。由目前情況來看，清國政府尚無在令人滿意的媾和基礎上進行談判的誠意。清國政府如真誠希望和平，可任命具備正當資格之全權委員，日本政府當於兩國全權委員會商時，宣布日本政府之停戰條件。」

十一月二十八日，日本兵庫縣知事奉伊藤博文之命通知德璀琳：清、日兩國正在交戰，倘有事商議，清國須以正當手續，派遣具有清國資格的人前來。李鴻章的書函不能代表清國政府，故來人手續不完備，不能接受，不受接見。

德璀琳祕密赴日，一到日本就不再是祕密，消息自然會傳到美國駐清公使田貝的耳朵裡。他對清廷撇開調停人單幹大為不滿，聲言撒手不管了。眼看德璀琳使命不成，清廷生怕美國捅婁子，趕緊電召德璀琳歸航。

大清國不怕挫折。十一月三十日，清廷通過美國駐清公使田貝答覆日本政府三天前的備忘錄，敦請日本明示媾和條件，說若不知日本所欲，議和就甚感為難。

而日本的原則是，為了避免列強眼紅、過早干預，盡可能保密，儘量延遲明示媾和條件。陸奧宗光覺察到清廷在探日本的底，便故意和清廷繞圈子。他通過調停人美國告訴清廷，清國政府似尚未痛切感到媾和的必要。日本在未經過與清方具備正式資格的全權委員會商前，不能宣布媾和條件。如果清國政府對此持異議，這一輪的接觸，暫告中止。

這話等於日本不談了。

清廷很害怕，又通過美國駐清公使田貝轉達：願依從日本政府之意見，任命全權委員會商此事，並建議以上海為會商之地，請日本確定會商日期。

陸奧宗光回覆了兩點，一是清方要先將全權委員的姓名、官位通知日本政府。二是會商地點必須在日本。他的口吻是強硬的。看樣子，如不對日本百依百順，就不用奢望和平了。清廷步步受挫，後退不疊。

日本元老險起內鬨

德璀琳徒勞被拒，大清國乞和無功。日本專事謀戰。

日本第一軍跨過鴨綠江，打入中國本土，第二軍又登陸中國遼東半島。下一步該如何進行，日本上層內部產生了分歧。

第一軍司令官山縣有朋向大本營提交《征清三策》，核心主張是開闢兩個戰場，一個是西跨渤海灣，登陸山海關，南陷北京城，迫清政府結城下之盟。另一個是北略奉天，腳踏大清的龍興之地；首相伊藤博文向大本營行文《進軍威海衛，攻占臺灣方略》，主張日軍在遼東半島宿營過冬，暫不採取軍事行動，把重點轉向山東半島，進攻威海衛，消滅北洋海軍，再攻占臺灣。他對進攻北京持反對意見，認為將導致清國滿廷震駭，暴民四起，清國將陷於無政府狀態。日本會因此失去談判對手，無處索取戰爭利益。而西方列強為確保在華利益，勢必聯合干涉。文官武將思維路數明顯不同。

日本的國家方略是依據海軍的勝負制定的，主要有如下三點：第一，若海戰大勝，取得黃海制海權，陸軍則登陸渤海灣，進行直隸平原決戰，長驅直入北京城；第二，若海戰勝負不決，陸軍要固守平壤，海軍則不失朝鮮海峽的制海權；第三，若海戰大敗，陸軍要全部從朝鮮撤退，固守本土。

山縣有朋攻陷北京的提議符合第一點，但他忽視了取得黃海制海權的前提條件。北洋海軍尚在，也許它來個突擊打沉了日本運兵船，或者掐斷了海上運輸線，戰局就會翻盤。至於北略奉天的提議，由於冬季道路不便，會因補給困難而擱淺。

大本營認為，在進攻北京之前，必須先吃掉北洋海軍，真正取得制海權。伊藤博文的建議與國家方略更為吻合，因此大本營決定採納，把作戰重點轉向山東半島。

山縣有朋是長州藩武士出身，倒幕時期他做奇兵隊的領袖；奇兵隊最終坐大成為日本陸軍，他也得實惠，號稱「日本陸軍之父」。這樣一位人物獻的計獻策居然讓文官比了下去，太傷自尊了！幸虧一個在日本看家，一個在中國橫行，否則，內鬨火拚，自己人得先打一仗！

大本營給山縣有朋下達的命令是全軍冬營待命，明年開春再戰。山縣有朋位尊伯爵，不光在軍界地位高，混跡政界也當過總理大臣，是現職的樞密院議長。憑藉老資格，他不把大本營放在眼裡，腦羞成怒，不聽指揮，執意要帶第一軍去奉天度歲。急得軍令部次長川上操六找伊藤博文哭訴，說拿老東西沒辦法，再冒進下去，日本兵都得凍死在奉天的行軍路上。伊藤博文也沒轍，只好抬出天皇。為了避免山縣有朋演出開膛破肚曬忠心的武士道戲碼，天皇給他下了一道回國「養病」的詔書：「朕不見卿久矣。今又聞卿身染疾病，不勝軫念。朕更欲親聞卿述敵軍之全部情況，卿宜迅速歸朝奏之。」

山縣有朋哪裡有病，分明是給氣的，只是鼻涕一把淚一把地賦詩，給他的兩位師團長野津道貫、桂太郎看。詩曰：「馬革裹屍原所期，出師未半豈空歸？如何天子召還急，臨別陣頭淚滿衣！」

山縣有朋哭他的，野津道貫高興壞了：繼任第一軍司令官，軍銜由中將升為大將。有倒楣的就有走運的！山縣有朋奉詔回國，踏上新的領導崗位做了監軍，重要性相當於老幹部退居二線。

二次乞和，再度被拒

未授全權的「全權委員」

美國調停人居間，向日本傳話：大清國擬派兩位全權委員赴日議和，一位是尚書銜總理衙門大臣、戶部左侍郎張蔭桓，另一位是頭品頂戴署湖南巡撫邵友濂。希望日本速定會商日期，決定停戰日期，即立刻任命全權委員，選個離上海近些的地方開談。

大清國的洋使臣才剛被拒，土使臣又要再來，還要乞和。陸奧宗光不卑不亢，通過美國回話說，日本政府將任命全權委員與清國全權委員議和締約，選定廣島為會議地點。在清國全權委員到達廣島後四十八小時內開談。清國何時來人請速告。至於停戰條件，須在兩國會商後，始能明言。而是否停戰要酌情而定。停戰，是清國最渴望的，陸奧宗光偏抓著當把柄不放！清國越是著急上火，日本越是不慌不忙。

或許是怕大清國不熟悉世界規則，美國駐清公使田貝按照西方的國際法，為清國使臣擬定了全權委託書，恰恰是其中幾句決定全權性質的文字為清廷所不允：「該全權大臣與貴國所派全權大臣議定永和之約，所畫之押即如朕筆親書，其與貴國全權大臣所定之款，亦如朕與貴國親定之款無異。」大清國有自己的規則，不肯與世界接軌，總理衙門以「本署已繕定國書，請鈐御寶，未便更易」為由謝絕了。田貝對大清國還殘存的這點驕傲不肯給予理解。當美國駐日公使譚恩發電問中國使臣是否有全權時，田貝乾脆回答：無從知悉。

西元一八九五年一月五日，張蔭桓先後覲見光緒皇帝和慈禧太后請訓。當天，清廷降下聖諭：「張蔭桓、邵友濂現已派為全權大臣，前往日本會商事件，所有應設各節，凡日本所請，均著隨時電奏，候旨遵行。其與國體有礙，及中國力有未逮之事，該大臣不得擅行允許。懍之！慎之！」

就聖旨來看，清廷沒有授予張蔭桓全權，而使團其他成員都在他名下，更不可能有全權。按照國際法原理，他們不具備談判資格。如果說清廷沒見過世面也就罷了，張蔭桓曾任清國駐美國公使，居然看不出問題來！他接旨後奏稱：「此行原無把握，為時久暫，自難預定。如能仰托皇上福威，敵人就範，則臣蹄期可速，經費可節，隨使各員亦有勞可錄。俟到差後，察看情形再行具奏，以慰宸廑。」

如果時光倒退兩千年，張蔭桓一定是持節旄忠心不改的蘇武，或者是千里走單騎的關雲長，時過境遷後的英雄氣概只能畫出一幅君臣顢頇的滑稽圖。未曾出師，先露敗象，別說對手是苛酷的日本，縱然換了好說話的別國也照樣談不成！

一月十三日，張蔭桓抵上海，會晤搭檔邵友濂，候旨東渡。次日上午，軍機處承光緒旨意，擬電令張蔭桓、邵友濂起程。但慈禧太后攔了下來，她觀望著前線，想再等來一兩件捷報，增加談判的籌碼。前線偏不作美，一傳蓋平失守，二報日軍將犯威海。

十九日，電波將聖旨送至上海，令張蔭桓、邵友濂「克日出洋」。日本向英國保證過，戰火絕不燒到上海，所以，此地最為安全。太平日月，朗朗乾坤，全城人民忙吃飯、忙掙錢，不知戰事，這裡才是最適合談判的地點，可日本不答應，大清國只能由著它任性。二十四日，張蔭桓上摺子覆奏。

身在上海如井底之蛙的他，不知道前線清軍已一潰如水，更不能預知此行將受辱，他全以節節進兵為前提，怕前線顧念他的和平使命，打仗殺敵手軟，主張預備下和、戰兩手，並行不悖：「籲懇聖明飭下關內外統兵大員，一意籌戰，力求實效，勿以臣等之行意存觀望。他日和議可成，彼固不敢別有覬覦；即和議不成，我亦不至漫無準備。」

二十五日，張蔭桓在上海打點行囊，做好去日本的最後準備。同一天，日軍在山東半島完成了全數的登陸行動。次日，是中國春節的大年初一，懵懂不知情的張蔭桓、邵友濂捨小家為國家，年也不過了，午夜時分，在全城歡度春節的爆竹聲中，他們帶隨員二十幾位、僕役二十幾位登上英國輪船王后號直趨日本。

清國人前來談判，日本人的議和條款不好再諱莫如深下去。日本國內早有呼聲，要讓清國割地賠款，多多益善。伊藤博文與陸奧宗光一直在磋商，根據戰場形勢的不斷修改，因對列強有戒心而把它遮得嚴嚴實實。現在，該圖窮匕現了！

二十七日，在廣島大本營，日本召開御前會議，伊藤博文和陸奧宗光把用盡心血熬煉出來的議和方案提上檯面，由陸奧宗光奏明天皇。方案的要點是：

一、使清國承認構成此次戰爭起因的朝鮮獨立。

二、日本因戰勝的結果，應由清國割讓領土和賠款。

三、今後日本對清國的關係應與歐美各國對清國的關係均等。

四、在清國新開幾處港口，並且擴大日本在清國內河的航行權，使日本永遠有在清國通商航行等權利。

此外還附有兩小項：

一、清廷對投降日本的將士人民不採取過嚴的處分。

二、清廷對於在清國境內的人民，不論任何事情，凡是與我軍發生某種關係的，日後不加任何責罰。

這兩小項除保護降人外，還保護漢奸，由此推想，漢奸的數量可謂不少。

陸奧宗光上奏後，伊藤博文再奏，闡明關於媾和成敗的對策及若遇列強干涉的應對辦法等，恭請天皇裁決。天皇交會議討論，皆無異議，批准以他們的方案作為媾和的基礎。不論好歹，反正日本是要談判了。用褒義詞來說，現階段日本有談判的誠意，不然的話何必開這個御前會議呢？

日本政府任命首相伊藤博文和外相陸奧宗光為全權大臣，準備與即將到來的清國全權大臣談判。清廷通過調停人美國詢問日本所派大臣的銜名。日本答曰：待清國使臣到了日本再說，現時不必先言。

一月三十一日，清國使臣張蔭桓、邵友濂一行人抵廣島，與清廷聘請的談判顧問美國前國務卿科士達會合。陸奧宗光當即發出照會，通報日本全權大臣的姓名和官爵，並以全權大臣的身份，通知次日在廣島縣廳談判。

張蔭桓、邵友濂到來之際，日軍在清國戰場上兵鋒正銳。日本國內輿論普遍認為議和為時尚早，應該繼續擴大戰果；認為清國敗局已定，應該做出誠心乞和的姿態，才能感動日本不再進兵。日本以總理大臣伊藤博文領銜，外相陸奧宗光都屈為次席，清國卻來了兩個無名之輩，這令日本社會全體意外又失望，認為清國還不能認清戰敗者的處境，尚無談判的誠意。

伊藤博文和陸奧宗光知道來的是兩個無名之輩，仍舊做了認真準備。就此看來，是真的想要談判的。但在見到清國代表前，或許是受到社會輿論的影響，他們忽然覺得來人是做不了主的，恐怕談不成。於是，心理上發生了變化，原先的「誠意」開始縮水。伊藤博文對陸奧宗光說，媾和的時機尚未成熟，若我們稍一疏忽，不僅媾和目的達不到，反把議和條款傳播於外，引來內外議論。因此，與清國使節會晤，如不察明他們的才能和許可權，絕不可輕易談判。

陸奧宗光也是這番見識，覺得清國一向不懂遵守國際法，只堅持清國那莫須有的驕傲特色，歐洲拿他們沒辦法，往往默認；但咱們利害攸關，不能將就。二人密謀先查清國使臣的全權委託書，如不符國際公法，立即拒絕，宣布談判失敗，這樣就能不暴露日本的議和條款。清國想探底，門都沒有！

日本人先有了某種預感，認為大清國不會守國際法，不會給兩位名不見經傳的使臣全權。陸奧宗光事先寫好備忘錄，以對付清國代表的授權缺陷。

均非「全權」，客方遭拒

二月一日上午十一點鐘，兩國代表在廣島縣廳見了面。首先查閱彼此的全權委託書，履行交換手續。清國代表出示的委託書寫的是：「大清國大皇帝問大日本國大皇帝好。我兩國誼屬同洲，素無嫌怨。近以朝鮮一事，彼此用兵，勞民傷財，誠非得已。現經美國居中調停，由中國派全權大臣與貴國所派全權大臣會商妥結。茲特派尚書銜總理各國事務大臣戶部左侍郎張蔭桓、頭品頂戴署湖南巡撫邵友濂為全權大臣，前往貴國商辦。唯願大皇帝予以接待，俾該使臣得以盡職，是所望也。」

這份全權委託書有全權之名無全權之實，更像今人出差用「希予接洽」的介紹信，而此時兩國處於戰爭狀態，接洽的一方臉上無好臉色，腹中無好心腸，當即將「介紹信」退還，不承認這是合乎國際法的全權委託書。

清方又提交了兩份，其中一份上書：「皇帝敕諭尚書銜總理各國事務大臣張蔭桓，著派為全權大臣，與日本派出全權會商事件。爾仍一面電達總理衙門，請旨遵行。隨行官員，聽爾節制。爾其殫竭精誠，敬謹將事，無負委任，爾其慎之。特諭。」這更糟糕，所謂「電達總理衙門，請旨遵行」非但不是全權，而且恰恰是對全權的否認。說來真奇怪，張蔭桓這位大清國的駐美公使，對這個萬千世界陌生得令人稱奇，想必他當公使時一定心不在焉；以往公使在大清國算不得正經官，多費心思不值。現在，張蔭桓是尚書銜總理各國事務大臣、戶部左侍郎，做了正經官，卻不能做正經事。另一份上書唯一不同的是名字換了邵友濂。

日方皆退還給他們，表示不能接受。此外，他們再也沒有關於自我身份和權力的證明了。大老遠地來一趟，他們該算個什麼呢？日方認為，清國代表沒有國際法意義上的授權委託書，這等於說來人什麼也不算！陸奧宗光未雨綢繆，拿出現成的備忘錄宣讀。程序問題不解決，實體性談判不能舉行，從法律的觀點看，並無不當。

問題是，日本沒有資格臭美，他們出示的授權委託書，同樣不是全權——天皇給伊藤博文、陸奧宗光的授權書說：「保有天佑踐萬世一系之帝祚大日本國皇帝，現將此書宣示於有眾：朕帝國為與大清國恢復和好，得以維持東洋全局，茲以內閣總理大臣從二位勳一等伯爵伊藤博文，外務大臣從二位勳一等子爵陸奧宗光，才能敏達，特簡為全權辦理大臣。委以個別或共同與大清國欽差大臣襄同商議，便宜行事，締結媾和預定各條款署名畫押之全權。然其議定各條款，朕須親加查閱，果為妥善，便行批准。」這是一個因被剝奪而喪失的全權！本來授予了署名畫押權就功德圓滿了，可天皇偏畫蛇添足：「朕須親加查閱，果真妥善，便行批准。」這與大清國的「電達總理衙門，請旨遵行」，完全是半斤八兩，全在五十步與百步之間。

清、日雙方都沒有提供全權委託書的樣本，一開始美國駐清公使田貝為大清國所擬而被清廷所不允的那份，才是真正能表達全權意義的委託書——「該全權大臣與貴國所派全權大臣議定永和之約，所畫之押即如朕筆親書，其與貴國全權大臣所定之款，亦如朕與貴國親定之款無異。」既無含糊之詞，又無多餘的蛇足之筆。

次日上午，清方針對陸奧宗光的備忘錄函覆，做出不得要領的辯解。

下午，雙方再會於廣島縣廳。伊藤博文宣讀了事先擬定的發言稿，諷刺大清國與國際法背道而馳，只知享受權利，不懂承擔義務，孤立不羈，刻薄為政，缺乏敦睦鄰邦與公明信實的素質。指出清方使臣之職權，僅在聽取日方的陳述，報告政府而已。這不違背清國特色，但外交大事，應照國際公法。鑒於以往事實，對於並無全權的清國使臣，日本絕不談判。清國如真誠求和，應遴選官高望重並足以保證履行所簽之約的人員當此大任，授予確實全權。

對此，張蔭桓予以辯駁。他指出，日本全權委託書中有「朕須親加查閱，果真妥善，便行批准」一句，說明兩國使臣所奉「全權」一樣。然而，張蔭桓的質疑缺乏自覺意識，轉頭就沒了下文，還畫蛇添足地把自己的攻勢瓦解了：「若嫌簡略，我可補請電旨……。」

伊藤博文不必再回答詰難，還沒陷入被動就主動進攻起來，說張蔭桓：「總以敕書為憑，不照公法，斷不能行。」

陸奧宗光乘勝前進，取出擬好的備忘錄，宣布談判停止，原因是：「奉有日本國天皇陛下所授予的正式，而且完備的全權委任狀之日本帝國全權辦理大臣，不能同意與只攜有會商事件、咨報總理衙門隨時請旨遵行的敕令之清國欽差全權大臣進行談判。」

日本總理大臣與外交大臣一唱一和，拉下了和談的大幕，把議和的底牌罩在黑暗之下！

清方代表退場時，伊藤博文叫住頭等參贊伍廷芳。伍廷芳是李鴻章的幕僚，十年前清、日因朝鮮「甲申事變」談判，李鴻章與伊藤博文簽訂《中日天津會議專條》，伍廷芳參加了那次談判。伊藤博文與他攀談：「足下歸國後，請將我的衷心之言轉達李中堂，使李中堂完全諒解此次我們拒絕談判，絕不是好亂成性，不願和平。我們為兩國前途特別是為清國設想，認為有盡速恢復和平之必要，如果清國真正希望和平，能夠任命具有相當資格的全權使臣，我們對於再開談判，當不躊躇。本來清國有許多慣例成規，使北京政府在很多地方不能遵守國際的普通例規，然我們此次希望清國能按照國際公法的常規辦理，我和足下有天津以來之舊交，所以聊表私談，希勿與清國使臣明言。」

伍廷芳說：「為充分瞭解閣下的真意，請閣下明言，閣下是否對此次來日的中國使臣官位名望有所不滿？」伊藤博文答：「不是，我政府素來不論對任何人，只要攜有正式全權委任狀者，即可與之談判，當然其爵位名望愈高，對談判愈為有利。如果清國政府因某種關係不能派官高爵尊的人為全權大臣前來我國時，我們前往清國亦無不可。例如任命恭親王或李中堂者擔當此項任務，最為適宜。因為彼此談判的一切結果，不止於一紙空文，而是需要有力者加以實行。」

伊藤博文希望來恭親王或李中堂這類官高爵尊的大能人，於清國並無不好。反過來說，來個庸碌之輩把大清國全賣了，於日本何損呢？就法律而論，並沒有對官卑職小的限制，談判者代表的是國家，不是他個人，只要是全權，程序上無瑕疵，雙方就可以開談。伊藤博文提出這樣的建議而非強硬要求，也無悖於法律精神，不該以此為不是。

二月四日，張蔭桓一行人離開廣島抵長崎美國領事館，致電調停人美國駐清公使田貝，讓他向總理衙門轉告被拒的情況。

二月六日，慈禧太后在養心殿召見軍機大臣說：「戰事屢挫，令使臣被逐，勢難遷就，竟撤使歸國，免得挫辱。」恭親王奕訢小心翼翼地說：「宜留此線路，不可決絕。」並轉述了美國駐清公使田貝的話：「若決絕，則居間人亦無體面。」慈禧太后怒道：「若爾，中國體面安在？」翁同龢建議修改國書，授談判代表以全權。慈禧以為然。看來，她並非真想撤使。

第二天，調停人美國駐清公使田貝又向東京發電，告訴日本中國願換國書，將議妥定約、畫押、互換各節全權敘入；又告訴張蔭桓、邵友濂，在長崎等候，別急著回來。然而，張蔭桓、邵友濂根據觀察，認為已不可挽回，久留日本無益；致電田貝說，擬於二月十二日回國。

誠如所料，日方也沒打算等他們補辦手續。當時日本國內普遍認為，張蔭桓、邵友濂一行無名之輩，縱有全權也難成事，都對政府的拒絕感到痛快，紛說政府英明。在這種情勢下，不要說日本政府不想再開談判，縱然想，也不敢違背民意。

二月八日，日本通過調停人美國轉告清國：「若清國政府果有誠意希求和平，派遣位高望重、攜有正式全權委任狀之全權委員前來日本時，日本政府在任何時期均可同意重開和談。但對一度談判不協調的此次使節停留日本等待本國政府的訓令，則不能應允。」和談的大門就這樣關閉了。

清廷再度乞和，日本二次拒使。飽受屈辱的張蔭桓、邵友濂只好一鼻子灰地回了國。此時，清軍的戰局更加惡化。北洋海軍臨到覆滅的前夜，大清國談判的本錢不名一文。日本握有籌碼不怕晚，待到完勝的那一天，一切更好談！

清廷內耗不絕

彈劾丁汝昌

遼東半島的旅順與山東半島的威海，一水之隔，掎角相對，共扼渤海門戶。旅順一丟，半扇門便落在日軍手裡。

李鴻章受罰，去大沽、北塘巡查。其間，他給威海基地發電報：「旅失威益吃緊，灣、旅敵船必來窺撲，諸將領等各有守台之責，若人逃台失，無論逃至何處，定即奏拿正法。若保台卻敵，定請破格獎賞。聞酋首向西船主言，甚畏定、鎮兩艦及威台大炮利害。有警時，丁提督應率船出、傍台炮線內合擊，不得出大洋浪戰，致有損失。戴道欲率行隊往岸遠處迎剿，若不能截其半渡，勢必敗逃，將效灣、旅覆轍耶？汝等但各固守大小炮臺，效死勿去。且新炮能擊四面，敵雖滿山谷，斷不敢近。多儲糧藥、多埋地雷、多掘地溝為要。半載以來，淮將守台守營者，毫無布置，遇敵即敗，敗即逃走，實天下後世大恥辱事。汝等稍有天良，須爭一口氣，捨一條命，於死中求生，榮莫大焉！」

在他發出電報的同日，即西元一八九四年十一月二十七日，北京紫禁城裡御史安維峻等六十餘名言官聯銜上奏《請誅海軍提督丁汝昌疏》，說旅順失守，固由陸軍不能力戰，亦緣海軍不肯救援。前方將士孤軍捍壘，血肉橫飛，丁汝昌卻晏坐於蓬萊閣重帷密室之中，姬妾滿前，縱酒呼盧，視如無事。雖屢經彈劾，早為聖明洞鑒，而他內有奧援，外通強敵，借海外為逋逃藪。若日軍直撲威海，丁汝昌非逃即降，鐵甲等船恐盡為倭賊所得……他們請旨將丁汝昌鎖拿進京，交刑部治罪，以儆效尤。還推出海軍新提督人選，一個叫彭楚漢，是長江水師提督；另一個是德國退役陸軍上尉漢納根。

參奏丁汝昌的不光有在京言官，還有地方大員。新任山東巡撫李秉衡兩次上摺子，前摺說海軍望風先逃，要誅殺一兩個退縮主將統領，使人知不死於敵必死於法。後摺乾脆指名道姓請以貽誤軍機罪將丁汝昌明正典刑。

光緒皇帝被這些奏摺弄得像熱鍋上的螞蟻，坐立不安地想做些什麼。

十二月十七日，光緒皇帝下諭，說海軍提督丁汝昌，統率海軍多年，自倭人肇釁以來，疊經諭令統帶師船出海援剿，該革員畏葸遷延，節節貽誤。旅順船塢是其專責，複不能率師援救，實屬恇怯無能，罪無可逭。著拿刑部治罪。十八日又令李鴻章遴選保奏新提督，並且直接提名李和、徐建寅、楊用霖，供他三選一。

李鴻章不接受別人對海軍的指手畫腳，哪怕是光緒皇帝。諭令三選一，他寧願全放棄，當然，這需要一個冠冕堂皇的理由。他在腦中把三個人排了序，據說李和在朝中有人，尚不知人在哪門哪派；徐建寅曾和李鳳苞一起購艦，二人打得不可開交，李鳳苞臭了，徐建寅火了，奉旨審查北洋海軍後做了督辦軍務章京；楊用霖原是鎮遠大副，全憑實幹，不入旁門左道，琅威理在任時，誇其人是亞洲的納爾遜，林泰曾自殺後，楊用霖繼任其職，再若升遷恐眾將不服。

思忖過後，李鴻章覆電朝廷，說李和是小艦平遠艦長，才具稍短；徐建寅做章京是文員，未經戰陣；楊用霖未便超升，以免不能服眾。三個欽定人選均不入李鴻章的口袋。光緒皇帝拿他沒辦法，次日再諭，劉步蟾暫署海軍提督，丁汝昌俟經手事件辦結，迅速起解。

或許是丁汝昌人緣好，也或許是幕後有操盤手，包括劉步蟾在內的威海海陸將領聯名給朝廷發電報，懇請留用丁汝昌，李鴻章也給朝廷發報說：「今丁既逮問，自無久留之理，唯威海正當前敵，防剿萬緊，經手要務過多，一時難易生手。可否籲恩暫緩交卸，俟遴選得人，再行具奏。」

這給了光緒不小壓力，貴為皇帝，連個海軍提督都換不掉，很是不耐煩。金口玉言不能改，口氣卻鬆下來，十二月二十三日，他再發聖諭：「丁汝昌著仍遵前旨，俟經手事件完竣，即行起解，不得再行瀆請！」李鴻章在言辭中鑽漏洞，搞「修正主義」。天津向威海發出的電報不光傳聖旨，還附帶著李鴻章對聖旨的解釋：「查經手事件所包甚廣，防務亦在其內，應令丁提督照常盡心辦理，勿急交卸。」老滑頭賊大膽，把聖旨解構了——不把日本軍隊斬盡殺絕，防務就沒有「完竣」之日，丁汝昌還交卸什麼！李鴻章是權臣，光緒皇帝並沒真掌權，牽線的慈禧太后不發話，李鴻章保丁汝昌，丁汝昌保戰船，都為了活路！

丁汝昌逃過一劫，卻不知下一劫將在何處。他悲觀失望，為個人前途也為整個戰局。他在《致戴宗騫書》中說：「汝昌以負罪至重之身，提戰余單疲之艦，責備叢集，計非浪戰輕生，不足以贖罪。自顧衰朽，豈惜此軀……唯目前軍情有頃刻之變，言官逞論，列曲直如一，身際艱危，尤多莫測。迨事吃緊，不出要擊，固罪；即出而防或有危，不足回顧，尤罪。」

日本瞄準威海衛

丁汝昌身背重負，北洋海軍也輕鬆不了。旅順陷落後，北洋海軍龜縮在威海不敢北上，巡遊範圍限於東西之間，向東行至成山頭，向西不過登州（今山東蓬萊）。

北洋海軍堅船重炮，駐泊威海海灣。海灣位於山東半島東北端，是海岸的一塊凹陷，面積五十多平方公里。南、北、西三面環山，東面向海，灣口寬闊。南、北兩岸山勢蜿蜒入海，環抱著這一灣碧水；劉公島一夫當關，如門鎖位在兩岸之間，與西岸的威海衛城隔水相望。

劉公島面積不足四平方公里，上面築有炮臺多座，其西南水域設有北洋艦船的泊位。因為劉公島的存在，灣口被一分為二，島的西側與北岸之間的水域稱西口，寬有四餘里，東側與南岸之間的水域稱東口。

東口中間有一塊巨礁又把它截成四五浬寬的兩段，巨礁因據要津受到人為改造，面積近一平方公里，人稱日島，上面一無所有，唯有炮臺，美稱「日島炮臺」。「東口」、「西口」的稱謂，是以劉公島為參照的，若以南岸、北岸為參照亦可稱「南口」、「北口」。

西元一八八七年，清廷全面展開了威海海防工程，今已建成設施齊全、工事堅固、洋槍洋炮漫山遍野的軍事基地。明碉堡暗地道全是德國陸軍退役上尉漢納根的傑作。這裡除了人以外，目之所及幾乎都是進口的，洋氣撲鼻，展示了那一時代洋務運動的實績。如果說還有什麼中國特色的話，那就是自從來了陸軍、海軍之後，世代蕭條、人跡罕至的劉公島和威海衛百業興旺，客如游鯽，菸館、妓館已多至幾十家。

威海沿岸屯紮著李鴻章的淮軍，任務是保衛海灣裡的北洋海軍。他們有海岸炮臺轟擊企圖攻入軍港的敵方海軍，有陸路炮臺打擊從後路來犯海岸炮臺的敵方陸軍。道員戴宗騫統領六營三千人駐守北岸，總兵劉超佩統領六營三千人駐守南岸。威海灣口上的劉公島，由總兵張文宣統領四營兩千人駐守，日島由北洋海軍駐守，他們的任務是和海岸炮臺一道，阻擊海上的敵艦。

為了進占威海，消滅北洋海軍，日本大本營以陸軍第二軍為班底，組建起「山東作戰軍」，任命陸軍大將大山巖為司令官，下轄第二、第六兩個師團。

西元一八九四年十二月十六日，大本營給日本海軍聯合艦隊總司令官伊東祐亨下達了兩條電令：一、目前敵艦隊退縮威海衛，不出應戰，成為我軍日後進兵渤海灣頭作戰之障礙，應予消滅。以故，海陸兩軍須進占威海衛；二、貴官護送第二軍登陸，並與之協同占領威海衛，消滅敵艦隊。

伊東祐亨接令後，窺伺山東，派偵察艦去「踩點」。十二月二十六日，平山藤次郎海軍大佐返回大連錨地向他報告，榮成灣內龍鬚島以西一帶海灘，是理想的登陸地點。

榮成灣是山東半島成山角西南方的一個海灣，西駛三十海浬是威海基地。成山角狀如龍體，頭上向南凸出了一塊狹長地帶，以半島形延伸入海，像一根龍鬚，故得名龍鬚島。龍鬚島與其西側的龍口崖之間形成一海灣，東、西、北三面丘陵起伏，南面向海，是天然的避風港；寬約三千公尺，長約兩千五百公尺，可容納大型艦船數十艘；灣底為沙地，適於受錨。海灣水深口闊，越靠近龍鬚島海水越淺，汽艇能駛至距岸三公尺處，舢板可直接靠岸。既無清軍設防，又不易於設伏，在此登陸再好不過！

平山藤次郎的報告與日軍的一份偵察檔案不謀而合：已故的海軍大尉關文炳曾在五年前作過同樣的偵察，得出同樣的結論。

伊東祐亨與山東作戰軍司令官大山岩會商，最終決定實施榮成灣登陸。

儘管清軍陸地無防，日軍也不敢不防北洋海軍。為此，日本海軍制訂出一系列諸如《護送陸軍登陸榮成灣計劃》、《魚雷艇隊運動計劃》、《誘出和擊毀敵艦計劃》等作戰方略。當然，他們更希望不戰而屈人之兵，伊東祐亨與大山巖周密策劃，令海軍教官、國際法顧問高橋作衛起草了致丁汝昌的勸降書，拜託英國遠東艦隊司令官斐里曼特爾中將轉交。

日軍文武之道，軟硬兼施，將攻北洋海軍。對於進犯榮成灣，他們並不刻意封鎖消息，但兵行詭道，也聲東擊西搞迷魂陣。清廷有來自各種渠道的情報，對形勢有認識、有估計，對日軍的登陸地點也猜個八九不離十。

淮軍、湘軍不和，威海衛坐困

西元一八九四年十二月二十八日，繼恭親王出山之後，清廷又做出一項重要的人事調整，任命湘軍老帥劉坤一為欽差大臣，出山海關節制關內外，包括淮軍在內的防剿各軍。這就意味著湘軍將取代淮軍成為抗倭主力，前線的指揮權從李鴻章轉手到劉坤一，同時也意味著遼東是抗倭的主戰場，山東地位略低。

李鴻章淪落為抗倭新統帥劉坤一的部下。而這劉坤一既不是遵守紀律的模範，也不是日本人的剋星，朝廷調南洋水師助戰他都不肯。

淮軍被拋棄，湘軍炙手可熱了！可世上哪還有湘軍呢？曾國藩怕權大招禍不得善終，早把湘軍解散了。縱然把他從墳地裡刨出來，他也不可能復活一支能攻打日本的湘軍，更不用說劉坤一了！趕鴨子上架，劉坤一招攬遺老收攏舊部，七拼八湊了一支湘軍。無奈之下披掛上陣，出關前還扔下句洩氣的話：「早去早敗，晚去晚敗，不去不敗。」

西元一八九五年一月七日，劉坤一給李鴻章發報，要求給北洋海軍更換提督。他無視丁汝昌的存在，催李鴻章保舉馬復恒。跟著劉坤一的電報，就有上諭飭馬復恒來京晉見。李鴻章待北洋海軍，就像老虎看著自己的午飯，何其敏感！他立即致電丁汝昌，詢問馬復恒的才德潛力，是否參加了大東溝海戰，能否服眾；不光中國人服，洋人也得服等等。

官場如戰場，丁汝昌在裡面混了一輩子，哪裡會不明白李鴻章的意思！為了辦差，他肯定要和馬復恒「切磋切磋」，至於如何切磋的，就不得而知了。馬復恒是三品候選道，時任北洋海軍營務處辦理，艦長過操江、康濟等艦，從各方面來說都是高不成低不就。徐建寅來北洋調查後推薦他取代丁汝昌，劉坤一剛上臺又提攜他，如今沒人知道馬復恒和保舉者之間有什麼瓜葛，也不知道歷史是否真的埋沒了一位海軍天才。

丁汝昌覆電李鴻章，說馬復恒不曾參加過大東溝海戰，已獲知提名，表示才力不具，萬難勝任，懇切請辭。李鴻章據此電覆劉坤一，說馬復恒閱歷亦少，難以駕馭洋弁，長處不在指揮戰船，因此不宜出任提督……將劉坤一的提議打回票。大清國的內耗一場接一場，綿綿無絕期，而且越是要外禦其侮就越是要內耗。

一月十三日，光緒皇帝下諭：「海軍戰艦數已無多，豈可稍有疏失，若遇敵船逼近，株守口內，轉致進退不能自由，應如何設法調度，相機迎擊，以免坐困。著李鴻章悉心籌酌，飭令海軍諸將妥慎辦理，並先行覆奏。」當天，李鴻章指示丁汝昌：「查倭如犯威，必以陸隊由後路上岸抄截，而以兵船遊弋口外，牽制我師。彼時兵輪當如何布置迎擊，水陸相依，庶無疏失，望與洋弁等悉心妥籌，詳細電覆。」

提督丁汝昌與總查馬格祿、右翼總兵劉步蟾反覆研究，都對電文中的「水陸相依」著了迷——這四個字的意義在於以水中軍艦依輔沿岸炮臺對付日軍，守口防禦。

李鴻章等著丁汝昌的「詳細電覆」，丁汝昌電覆說：「倭若渡兵上岸，來犯威防，必有大隊兵船、雷艇牽制口外。汝昌、（馬）格祿與劉鎮（步蟾）及諸將等再三籌劃，若遠出接戰，我力太單，彼船艇快而多，顧此失彼，即傷敵數船，倘彼以大隊急駛，封阻威口，則我船在外，進退無路，不免全失，威口亦危。若在口內株守，如兩岸炮臺有失，我船亦束手待斃，均未妥慎。且謂水師力強，無難遠近迎剿，今則戰艦無多，唯有依輔炮臺，以收夾擊之效……。」從這段文字看，無論海軍在口內或口外，都未必有活路，但不管怎樣，丁汝昌決定死守，依憑北洋海軍的堅船重炮，再加上沿岸炮臺，收夾擊之效，不讓日本軍艦越過劉公島衝入海口。這合乎李鴻章的一貫思想。李鴻章回電誇讚丁汝昌：「海軍所擬水陸相依辦法，似尚周到。」報於清廷。紫禁城裡一幫昏瞶，高明不過李鴻章，豈能不准？北洋海軍就這樣以「水陸相依」為作戰方針了。

然而，光看家不出擊，就坐待日軍登陸嗎？日軍上岸來攻威海後路，若沿岸炮臺失守，海軍還依輔什麼？威海後路的安危，丁汝昌並非沒想到，他在給李鴻章的覆電中，說威海「地闊兵單，全恃後路遊擊有兵，以防抄襲，方能鞏固。」威海後路倘若有警，那就是從海裡登陸的日本兵。丁汝昌不打算率艦隊阻敵登陸，並非是情願日軍像烏龜似的爬上沙灘，而是他還指望著山東部隊。

不幸的是，山東部隊不屬李鴻章，而屬山東巡撫李秉衡，也就是二上奏摺，讓朝廷殺丁汝昌頭的那位。

李鴻章與李秉衡的關係很微妙，拋開官場上的過節不談，就官級論，李鴻章是總督，李秉衡是巡撫，一個是正二品，一個是從二品；李鴻章不光是直隸總督，還是大學士，品秩是正一品；李秉衡治直隸地面上之山東一省。怎麼看都是李鴻章管著李秉衡，實際上數省的總督對其中之一省的巡撫，並非統屬關係，而是和平級一樣。而李鴻章的大學士頭銜是空宰相，名下有榮譽無實權。李秉衡縱是小鬼，大學士也鎮不住；他要是在山東地面上成精的話，李鴻章還得禮讓三分。二李之間井水不犯河水，各有各的地方和官場利益，缺乏精誠合作的推動力。

李鴻章老早就發報，希望山東地方部隊加強威海基地身後的防禦，李秉衡不理不睬，李鴻章白白惦記。從榮成至威海百餘里，李秉衡非但不設重兵，還把前任巡撫的設防撤銷，撤到他的官署所在地煙臺布防。朝廷發報催他莫分畛域，增援威海淮軍，李秉衡答以豪言壯語，卻是雷聲大雨點小，虛與委蛇派出的五營河防軍——全部是被扣留的挖河民工！武器多為刀矛之屬。張之洞有意轉讓給他一千杆洋槍，每杆槍配子彈一千發，加運費共銀價六十五兩，李秉衡以沒錢為由謝絕了。

在威海基地裡，海陸兩軍全是李鴻章北洋的人，對於如何迎敵，意見有分歧，戴宗騫與丁汝昌兩相對立。旅順陷落後，大家就料到日軍必來威海。戴宗騫認為，若待敵人深入腹地，四面圍攻，我則坐困，束手待斃。不如先發制人，以戰為守，分兵阻擊日軍，禦敵於境外。丁汝昌不贊成分兵打阻擊，擔心兵員有限，再分出去威海基地更空虛。他認為應該是山東軍隊而不是北洋去對付登陸之敵。他不是戴宗騫的上級，不能辭服於人，戴宗騫欲獨行其是，還說到時候托他幫忙照料一下岸上的事。丁汝昌指揮海軍都吃力，豈敢水陸兼領！丁汝昌只好彙報給李鴻章。

李鴻章在巡閱大沽、北塘時發的那份電報，裡面有這樣的話：「戴道欲率行隊往岸遠處迎剿，若不能截其半渡，勢必敗逃，將效灣、旅覆轍耶？」就是針對丁汝昌的彙報批評戴宗騫，令他堅守炮臺，禁止出擊。

李鴻章的主意是讓自己的淮軍專守基地，把威海後路的日軍交給山東的李秉衡，這與丁汝昌的想法無異。現在，敵人真要來了，戴宗騫初衷不改，又發報給李鴻章講出擊的道理。李鴻章也是個耳根軟的人，於是同意以三個營為限，下山打阻擊。

戴宗騫要主動攻敵，無比正確。假如清廷能調集大軍，海陸齊攻，不許日軍上岸，恐怕戰爭將是另一種結果。遺憾的是，直隸的李鴻章想讓山東的李秉衡出這把力，而李秉衡有自己的算計，不真賣力氣。戴宗騫眼高手低，憑藉鎮壓農民的經驗，還沒遇見強敵前很有勇氣，拔刀見紅的時候卻變成了懦夫。種種因素加在一起，清國就先注定了敗局！

日軍榮成登陸

硝煙未起，勝負已分

日軍要登陸榮成，早已露出跡象，但兵不厭詐，日本海軍幾次來登州近海佯攻，還散布將攻煙臺的假消息。這令山東巡撫李秉衡大為惶恐，因為煙臺是巡撫衙署所在地。其實，李秉衡受的是虛驚，煙臺是通商口岸，牽涉西方列強的利益，日本最怕列強干涉，哪敢引火燒身！昧於大勢，李秉衡幾乎把所有的部隊都撤到煙臺，這樣還不放心，還要李鴻章的威海守軍向煙臺靠攏。

日軍要下手的當然是威海，因怕北洋海軍離開基地，使他們的全殲計劃落空，便總有日本軍艦遊弋在威海水域，監視北洋海軍。為了護航山東作戰軍登陸榮成灣，日本海軍出動了二十五艘戰艦、十六艘魚雷艇，除了留在國內的「老弱病殘」外，這是日本海軍的全部家當。

此次山東之行，日本海軍重新拼盤，湊起幾支遊擊隊。第一遊擊隊吉野、秋津洲、高千穗、浪速四艦還是老樣子，船快炮快，盡萃日本海軍的優長。本隊松島、橋立、嚴島、千代田四艦與大東溝海戰稍異。千代田速度十九節，可與秋津洲媲美，但噸位不足，不過兩千四百略餘。第一遊擊隊與本隊的八艘軍艦，構成日本海軍的主力。其餘各隊乏善可陳。如第二遊擊隊扶桑、比睿、金剛、高雄四艦，都是十七八年艦齡的老船，高雄的噸位僅在千餘，比睿、金剛為鐵骨木殼，部分帶甲，難勝大任。唯有扶桑噸位超過了三千，為全甲帶二等鐵甲艦，可速度僅只十三節。第二遊擊隊以下各隊更一艘不如一艘：或為木質結構戰船，或為鐵骨木殼軍艦，噸位基本不足一千。因此，時人說日本軍艦舊制漸朽廢，不中用者十之七，新制堅利者十之三。實則任戰之船不能十艘，餘為木質小船，猥以充數。

日本已經傾其所有，來做這場賭博了。

北洋軍艦以重炮為主，除兩艘鐵甲艦的八門主炮口徑在三百零五毫米外，其餘各艦主炮口徑均在二百一十公厘到二百六十公厘之間，殺傷力大於速射炮，射程也遠於速射炮。這是長處，短處是相比日本第一遊擊隊，船慢炮慢，唯廣丙艦屬廣東水師，裝備有三門一百二十公厘口徑的速射炮。北洋的兩艘鐵甲艦噸位均在七千以上，鎮遠因傷戰力要打折扣。靖遠、濟遠是穹甲巡洋艦，來遠、平遠是二等鐵甲艦，兩艘練船康濟、威遠比日本那些亂七八糟的軍艦要強。還有十三艘魚雷艇、兩艘武裝汽艇和六艘蚊子船；蚊子船的主炮都是大口徑重炮。再加上所依輔的炮臺，論實力也不是好惹的。

作為攻堅的一方，日軍風險更大。而此時的日本官民一體，給了前方的軍隊以極大的精神鼓舞和物質支援，日軍風頭正健。反觀清國，在國家興廢存亡的關頭，朝廷既無權威調動南洋水師參戰，也沒能力發動全民抗戰，地方官府發小廣告似的貼告示，對老百姓誘之以利，許諾「助官抗日，可免三年錢糧」。大清國無法形成抗日力量。此時的大清國，到底是怎樣一個國家，它的子民認同它的程度到底有多大？沒有日本人民對自己國家那樣的認同，大清國只能是國家名義下的一盤散沙！

東藏西躲，自討失敗

西元一八九五年一月十九日，日本聯合艦隊從中國大連灣起錨，向山東半島進發。五十艘運兵船將分期分批出發，以護航軍艦為先導。

一月二十日拂曉，雨雪霏霏，雲霧不開。護航先遣隊八重山、愛宕、摩耶三艦抵達榮成灣。四圍氤氳，一片迷濛，目標難辨。三艦派出偵察兵，各放下一隻舢板去探路，結果迷失方向。幸遇漁民指路，讓他們迷途知返。

龍鬚島向南入海，西岸地勢平坦，沙灘開闊，當地稱之為西沙灘，是日軍選定的登陸點。此處原無設防，清軍臨時加防：來至榮成地界的五營河防軍派出一營駐落鳳溝村，威海基地的淮軍戴宗騫部一營駐大西莊村。

日軍偵察兵乘舢板靠近西沙灘，為淮軍發現，他們向來敵射擊，日兵遇阻回逃。此時，日本海軍第四遊擊隊全部趕到，八重山、愛宕、摩耶、築紫、鳥海、大島、赤城、天城八艦一字排開，對岸猛轟。

炮彈落到沙灘上，掉進落鳳溝村的軍營裡。河防軍既非軍隊亦非民兵，而是來挖河的民工，他們何曾見過這種陣勢，不戰自亂，倉皇西逃。戴宗騫派下山的一營淮軍哪裡經得起八艘軍艦的炮轟，也向西撤退。成山頭始皇廟裡派駐的兩棚淮軍二十人，更不能以卵擊石，沿海岸退回威海……。

至此，登陸水域再無清軍的一兵一卒了。

日軍不敢大意，艦炮一直打到日上三竿，才摸索著登陸。白撿了清軍四門行營炮，進了落鳳溝村和大西莊的兵營，吃了鍋裡不暇盛碗的早飯，還占領了成山頭的始皇廟和燈塔，切斷了電線。不久，第一批十九艘運兵船抵達榮成灣，放下舢板，由海軍的汽艇牽向岸邊，積極登陸忙卸兵。

當天下午，日軍便開始西進，二十里外是榮成縣城，百餘里外是威海衛城。榮成縣裡，縣太爺楊承澤命令緊閉城門。門才閂好，龍鬚島上潰敗的河防軍就逃過來叫門。縣海防總團被河防軍的狼狽相嚇著了，團勇們打開城門，蜂擁而去，各奔前程。楊承澤知大廈將傾，獨木難支，也逃跑了。日軍兵不血刃，走東門入城，太陽旗插上城樓。縣衙門成了日本山東作戰軍的司令部。

李秉衡的河防軍正在榮成一帶活動。他把五營挖河的農民工豁出去了。河防軍不傻，知道自愛，不去迎敵反而往回移動。李秉衡不往威海基地後路派兵，留給日軍占領，這下把李鴻章害慘了！李鴻章聞報日軍登陸，著急上火，致電威海守將：「榮距威尚百里，山谷叢雜。（山）東兵能否設法埋伏邀截，以牽制之？」他讓自己的淮軍守在老窩裡，命令戴宗騫抽調北岸兵力增援南岸，盼望山東巡撫李秉衡出兵阻敵。

山東的李秉衡豈肯為直隸的李鴻章賣命？二位爺都消極，對積極登陸的日軍，不採取對抗行動。二十一日，清廷緊急諭飭：「防軍飛速馳擊，勿任深入蔓延，海軍戰艦必須設法保全。」讓飛速馳擊，無人理睬；讓設法保船，人人明白。海軍定策「水陸相依」就是要在老窩裡保船的！

二十二日，清廷電諭李鴻章：「聞敵人載兵皆系商船，而以兵船護之，若將定遠等船齊出衝擊，必可毀其多船，斷其後路，此亦救急之一策。」看意思，不必水陸相依，出擊可也！

二十三日，朝廷再諭：「現在賊蹤逼近南岸，其兵船多隻，難保不闖入口內……我海艦雖少，而鐵甲堅利，則為彼所無，與其坐守待敵，莫若乘間出擊，斷賊歸路。威海一口，關係海軍甚重。在事將弁兵勇，倘能奮力保全，將登岸之賊迅速擊退，朝廷破格酬功，即丁汝昌身膺重罪，亦可立予開釋。」意思是日本人比丁汝昌可恨，所以只要能殺敵，丁汝昌的重罪可一筆勾銷。

朝廷讓海軍出擊是蠻正確的，然而命令卻與「水陸相依」這計策牴觸。李鴻章猶豫不決，致電丁汝昌：「若水師至力不能支時，不如出海拚戰，即戰不勝，或能留鐵艦退至煙臺。希與中外將弁相機酌辦為要！」他把決定權交給了丁汝昌。大清國把軍隊建成議會了，沒人擲地有聲地下命令，都溫和「民主」，都沒責任。而日軍方面全是一個指令一個動作的大本營命令，這才像一支軍隊！

李鴻章讓丁汝昌保鐵甲退至煙臺。丁汝昌想：海軍若走，軍艦開出口外，陸軍會誤以為海軍逃跑而寒心。萬一和日本海軍殺得唯有殘船剩楫跑不脫的話，還有什麼臉回港呢？出於種種顧慮，丁汝昌認準了「水陸相依」，管它天崩地裂，打死也不出老窩。他覆電李鴻章說：「海軍如敗，萬無退煙之理。唯有船沒人盡而已。旨屢催出口決戰，唯出則陸軍將士心寒，大局更難設想。」李鴻章遠在天津，鞭長莫及無錦囊妙計，回了句模稜兩可的話：「汝既定見，只有相機妥辦。」北洋海軍就這樣，出口迎敵不是，留守海口不踏實，尷尬的狀態一直持續到被日軍全殲！日軍積極登陸，清軍消極應敵。

丁汝昌當局者迷，李秉衡旁觀者清。他建議丁汝昌：「伏查倭人既經登陸，其船上必無重兵，我若以兵船奮力攻擊，毀其運兵及接濟糧械之船，則水路受創，陸路亦易得手。如謂保護鐵船，恐其戰敗毀傷，萬一威海有失，則海軍根本已廢，鐵船從何處保全？此理甚明而易見。」 李秉衡洞察形勢，可他不發兵，又有什麼資格慫恿別人冒險呢？丁汝昌不予理睬，對登陸日軍棄之不問，要死守待援。清廷正從南方抽調二十五營援兵北上，丁汝昌就只是等待著。

清軍不去抗敵登陸，只待日軍來攻。那麼，威海岸上的防禦至關重要。淮系陸軍要保證炮臺不陷落敵手，才能使北洋海軍專心拒日本海軍於口外。若要炮臺不失，基地的後路必須控制在清軍手裡。李秉衡不肯來，基地身後自榮成至威海，百餘里間無禦敵之兵，日軍將平推直進。一月二十四日，英國遠東艦隊司令官斐里曼特爾受日軍之托，向丁汝昌轉交日本海軍總司令官伊東祐亨的勸降信。丁汝昌表示絕不投降，願以一死恪盡臣職。

日軍不斷登陸，後隊未至，前隊已經展開進一步軍事行動。山東作戰軍司令官大山巖和海軍總司令官伊東祐亨制訂出的進攻計劃，基本架構是——海上堵截陸上包圍，以海軍對劉公島及港內的北洋艦隊正面進攻，以陸軍攻占威海後路，奪取清軍的岸炮轟擊北洋海軍。這也是水陸相依，和清軍所要依輔的是同一炮臺，因此，岸上炮臺必有惡戰。

登陸日軍要由榮成灣西行百餘里，向威海基地前進。他們腳下有兩條路：一條是南路芝罘大道，從榮成出發，經橋頭集、溫泉湯、虎山等地，北上威海衛；另一條是北路威海大道，走榮成經北港西、鮑家村、崮山後等地，穿過南幫炮臺防區至威海衛。日軍的第一步是攻打南幫炮臺，第二步是以威海衛城為跳板攻占北幫炮臺。北路直指南幫炮臺是捷徑，但山路難行，運輸困難。南路道遠路寬，便於進兵。日軍決定兩路並進，會師於南幫炮臺，再去威海衛。第二師團人多走南路，他們稱之為左路縱隊，任務是助攻，占領溫泉湯，向南幫、北幫炮臺之間打穿插，切斷南岸守軍的退路。第六師團人少走北路，稱為右路縱隊，任務是主攻，占領九家疃，正面進攻南幫炮臺。這樣，左右兩路縱隊將形成對威海南幫炮臺的合圍，戰而勝之便可在此會師。

山東巡撫李秉衡在朝廷接二連三的電令催促下，派總兵孫萬齡統帶一千多人向威海後路進發。與此同時，他致電戴宗騫，要求派兵與他的部隊「合力夾擊」。戴宗騫早就有心想出兵，派部將劉澍德帶三營下山。李秉衡囑咐孫萬齡：「往合戴統領（宗騫），步步馳應。」意思是戴宗騫前進咱們就前進，照此邏輯，戴統領要是逃跑，咱也不能落後。

孫萬齡統兵出征，路遇從榮成回逃的河防軍，兩軍相會於羊亭集。劉澍德統三營淮軍，與他們相遇。清廷定制每營兵額五百，劉澍德三營兵，應有一千五百人。孫萬齡帶出來一千二百多人。河防軍一營有兵四、五百人，五營好歹也有農民工兩千上下。三軍湊在一起，兵員將近五千。他們的目的地是榮成，任務是阻擊日軍。一路上大雪紛飛，朔風如箭，路滑難行，跌跌撞撞。

關於甲午戰爭，大清國沒有官方史書可查。按照日本的官方戰史，日軍與清軍的這次接觸發生在一月二十四日。當時，日本偵察兵來到觀里村，隔著石家河觀望對岸，見白馬村裡有清軍活動，便進行偵察射擊，引來清軍的還擊。日軍估計清軍人數在兩千以上。撤退中一名士兵中流彈身亡。清軍渡過石家河追擊，日軍偵察兵直撤回營地。日軍派大部隊截擊尾追的清軍，清軍不戀戰，撤得沒了蹤影。日軍因人地生疏，雪大路滑，也不追擊，他們的記載輕描淡寫。

一月二十五日，戴宗騫發電向李鴻章報捷：「**昨劉澍德、孫萬齡進橋頭南十五里河西莊，敗賊馬隊前鋒，小有斬獲。其大隊紮山上，日暮各罷。**」李鴻章電令戴宗騫撤回部隊，加強炮臺防守，劉澍德就撤了。山東巡撫李秉衡也電令孫萬齡撤回。這算是與戴統領「步步馳應」了！

這天，日軍全部完成了登陸行動。前後五天，除了槍械、輜重以外，卸下官兵三萬四千六百人、戰馬三千八百匹。看看這個數字，想想李鴻章勉強同意戴宗騫派三營兵阻敵之事，真的跟胡鬧差不多。日軍登陸馬不停蹄，清軍消極應敵，海陸兩軍皆不前往阻止，西沙灘上淮軍、河防軍各一營，拚命往回跑。及至孫萬齡、劉澍德幾千人馬登場，也沒正經地打過一仗。山東境內，李秉衡擁兵三萬有餘；威海基地裡，李鴻章的淮軍在八千上下。單看人數，不待援軍，山東地面上的清兵也多於日軍，足以與之對壘。但實際情況卻是山東境內數萬蝗蟲吃皇糧，每個人都大眼瞪小眼看著日軍往岸上爬。如此辦法，官是尸位素餐，兵是行屍走肉，最後的結果是，數萬日軍蜂擁著撲殺威海基地，逼得李鴻章的軍隊藏無可藏，躲無可躲，直戰到內無糧外無草，盼兵不到的苦境。

北洋軍港，門戶洞開

日軍迭勝，攻陷南幫炮臺

日軍分南、北兩路西犯威海，兩路進展順利。一月二十九日，左路縱隊（第二師團）占了溫泉湯，右路縱隊（第六師團）占了九家疃。山東作戰軍的司令部從榮成縣衙移至南幫炮臺附近的孟家莊。當晚，大山巖大將下達命令：次日攻打南幫炮臺。

「南幫」指的就是威海南岸，岸為山地，因依山築有海岸和陸地炮臺而得名「南幫炮臺」。威海北岸命名為「北幫炮臺」亦如此理。

南岸自西向東分布有龍廟嘴、鹿角嘴、皂埠嘴三座海岸炮臺，炮口向海以打擊來犯的敵艦，封鎖東口入港的航道，保衛港灣裡的北洋軍艦。海岸炮臺後，自西向東築有摩天嶺、楊楓嶺、所城北等陸路炮臺，以阻擊來自威海後路的陸敵，保護海岸炮臺。

海陸炮臺背對背，前後相依，一個面向大海，一個直指陸地。為保險起見，炮臺周邊還修了一道十五里長的防護牆。防護牆外挖深五尺、寬一丈的塹壕，壕外遍埋地雷，地雷外再設鹿砦，層層加疊把海陸炮臺包在最裡面。但是，龍廟嘴海岸炮臺地處最西端，位置偏遠，受制於山勢和距離，長牆築到鹿角嘴海岸炮臺只能作罷。龍廟嘴海岸炮臺給甩在了防護牆之外，身後又無陸路炮臺，防守有隱患。

李鴻章老邁多狐疑，一方面他命令劉超佩守住防護牆，另一方面又讓丁汝昌盯住劉超佩，如果劉超佩守不住，可以毀炮，以免資敵。丁汝昌知龍廟嘴易為攻取，怕日軍用炮臺轟擊海灣裡的軍艦，便和劉超佩、張文宣商量，打算棄守龍廟嘴，拆解大炮。致電李鴻章請示，李鴻章不持異議。他就這樣做了。

威海基地裡海陸將領互不統屬，丁汝昌管海軍，劉超佩管南岸，戴宗騫管北岸，張文宣管劉公島，各自獨立，分別對李鴻章負責。儘管論級別丁汝昌相當於中將，三位陸軍相當於少將，由於相互間沒有上下級關係，遇事要商量辦理，一旦有分歧，就難免生是非。

丁汝昌與劉超佩、張文宣三人商量放棄南岸龍廟嘴炮臺，沒叫上北幫炮臺的戴宗騫，不知是疏忽還是以為不必。戴宗騫大為惱火，認為同舟共濟，南幫若失北幫也不能久守，怎麼就把他落下了呢？況且，他持反對意見！巧合的是，戴宗騫對丁汝昌正憋著另一股怨氣：按照清軍的規定，新兵要押餉三個月，作為對逃跑的牽制。基地裡有相當數量的新兵，是為應對戰爭剛招來的。劉超佩和戴宗騫都押餉，押得公私不分，新兵老兵不論，最後都讓老婆孩子避戰亂帶回老家去了，當兵的自然要鬧。日軍要來，南幫炮臺首當其衝，丁汝昌怕兵不效力，拿海軍經費為劉超佩墊餉，權作安撫之計。北幫炮臺的兵知道了便開始鬧情緒，戴宗騫承受著不小壓力。所以，他對丁汝昌有怨氣。

戴宗騫發報向李鴻章告狀，說日軍還沒來，仗還沒打，丁汝昌就棄臺，如此怯懦，半年來淮軍望風披靡就不足為怪了。李鴻章覺得戴宗騫說得有道理，又出爾反爾地指責丁汝昌。丁汝昌忍氣吞聲，令水兵將龍廟嘴的大炮重新裝配起來。

西元一八九五年一月三十日，日軍海陸出動，軍艦開至威海口外封門，陸軍從威海後路攻台。右路縱隊（第六師團）分兵為左翼支隊、右翼支隊和預備隊三股。左翼支隊打主力進攻南幫正面，右翼支隊作為輔助進攻南幫東側，預備隊機動待命。

摩天嶺炮臺是南岸的制高點。剛下過雪，山坡上荒蕪蕭瑟，峰頂上卻松柏鬱鬱。故此，當地稱之為冬青頂。日軍因其是制高點而稱為摩天嶺，若能得手，便可居高臨下，以炮臺支援全軍的進攻。所以，他們選中摩天嶺為突破口。

七點三十分，左翼支隊在第十一旅團旅團長大寺安純少將指揮下，從摩天嶺南側山腳發起攻擊，兩千多官兵分左、中、右三路撲向峰頂。摩天嶺炮臺裡駐守了一營清軍，配備有八門八十公厘口徑的行營炮。

守軍居高禦敵，以炮俯射。防護牆、塹壕、地雷、鹿砦，層層障礙阻擋日軍推進。東側的楊楓嶺炮臺也向日軍開炮，支援摩天嶺守軍，日軍則以山炮仰射守軍。

與陸戰同時進行的是海戰。劉公島一夫當關，將威海灣口分作東西兩處。島上的炮臺與日島及南岸上的海岸炮臺，一起向口外的日本軍艦開炮。海灣裡，丁汝昌率定遠、濟遠、來遠三艦及蚊子船巡航東口，一面向口外的日艦開炮，一面炮擊南岸上的日軍，支援摩天嶺上的守台清軍。楊用霖統鎮遠領其餘各艦巡視西口，以防日軍偷襲入港。日本海軍躲避著守軍的彈雨，向劉公島、日島和港灣裡射擊。

摩天嶺半坡上的日軍，一時被清軍的炮火所壓制，攻勢受阻。然而，北洋海軍和楊楓嶺炮臺的遙射，受制於地形和山勢，有許多盲點。日軍發現，摩天嶺西側清軍炮力不及，便改變方向來攻西山，最終由此突破防線，登頂與守軍肉搏。一批批日軍衝上峰頂，壓得守軍透不過氣來，五百餘守軍官兵犧牲殆盡。

日軍終將摩天嶺攻下。大寺安純少將喜不自勝，登炮臺一遊，跟在身邊的《二六新報》記者遠藤飛雲舉起相機捕捉，讓將軍「亮相」，要刊在報上搏全國人民個好彩頭。誰知樂極生悲，北洋海軍的炮彈飛上炮臺，二人連同相機都煙消雲散了。

沒有證據表明遠藤飛雲是第一或第幾個殉職的記者，但大寺安純少將卻是甲午戰爭中被清軍擊斃的軍銜最高的日本軍官。

日軍左翼支隊攻占摩天嶺後，就地以清軍的臺炮掩護右翼支隊進攻楊楓嶺。右翼支隊以兩個步兵大隊和一個炮兵大隊、一個工兵大隊發起攻擊。楊楓嶺守臺清軍也是一個營，五百人。十一點鐘彈藥庫中炮，守軍傷亡過半，難再堅守，餘眾被迫突圍。

三座陸路炮臺陷落了兩座，它們後方負責打軍艦的海岸炮臺裸露了出來。

楊楓嶺酣戰之際，日軍左翼支隊分兵向西北方向直逼龍廟嘴海岸炮臺。龍廟嘴外無長牆可守，內無小炮步槍，守軍僅四十人，頃刻被攻下。這裡全是打軍艦的德國克魯伯大炮，日本兵沒見過，他們想掉轉炮口攻擊守臺清軍，卻不會操作，便逼迫被俘的清兵開炮，轟塌了鹿角嘴海岸炮臺的防護牆。龍廟嘴炮臺終以資敵，以我殺我，丁汝昌的擔心成為現實。李鴻章聞報後，連說此前丁汝昌有預見，可說什麼都晚了。

十二點五十分，日軍占領了鹿角嘴炮臺。至此，海陸炮臺各丟了兩座，唯有東北一側的所城北陸路炮臺，和皂埠嘴海岸炮臺還在清軍手裡。日軍要拿下這兩座炮臺，必須先打通必經之路百尺崖。

百尺崖是一座周長二里的石壘小城，始築於明朝，有南、北二門，駐守一營清軍。別看大清國那麼多人，山東省有三萬多兵，可在這裡的每一個戰場，日軍都是以多打少。他們擁至百尺崖，轟塌了南門。守軍堵塞不住，且戰且退，向西突圍。百尺崖陷落。

斬斷了百尺崖這道絆馬繩後，日軍來攻所城北炮臺。這是座小炮臺，駐軍一哨，兵員百人，有兩門一百五十公厘口徑和一門一百二十公厘口徑的火炮。日軍叫著往上衝，所城北守軍抵敵不住，炮臺陷落，通往最後一座海岸炮臺皂埠嘴的道路上，不再有任何障礙。

威海南岸以半島形入海，皂埠嘴炮臺位於半島東邊緣的尖端，它是所有海陸炮臺中最大的一座，有炮六門，其中二百八十公厘口徑的大炮兩門，二百四十公厘口徑的大炮三門，還有一門一百五十公厘口徑的大炮。此處地勢高峻，居險臨海，不受遮攔，全無地形地勢因素的影響，海面艦船望而生畏。一旦落入敵手，不光東口入港航道失控，劉公島、日島都將成為它瞰射的靶子，危害甚於其他炮臺的失守。

為免資敵，丁汝昌與劉超佩協商想炸毀皂埠嘴炮臺，遭到拒絕。情勢危急，丁汝昌知其終不能守，甩開劉超佩單幹，派左一號魚雷艇艦長王平組織敢死隊去炸臺。午後一點多鐘，日軍攻下皂埠嘴炮臺，才剛把太陽旗豎起來，王平的敢死隊便把炸藥點了，炸得日軍飛上天！

在日軍右路縱隊（第六師團）進攻南幫炮臺的同時，左路縱隊（第二師團）向南幫炮臺周邊運動，也分兵為左翼、右翼等幾個支隊，分頭行動。

虎山是個北通威海衛的小山村，地勢險要。為阻止日軍，戴宗騫分兵兩個營，派劉澍德去鎮守。劉澍德二下山崗，帶行營炮八門。

一月三十日清晨六點鐘，日軍左路縱隊（第二師團）左翼支隊在炮火的掩護下，攻擊虎山。劉澍德命令炮擊。但日軍來勢兇猛，只管向前衝。劉澍德膽怯起來，沒堅持一會兒就棄軍而走，獨自逃命，以致兩營清軍潰散。日軍進占虎山，將八門行營炮全部繳獲。

在左翼支隊進攻虎山的同時，右翼支隊開始向南、北虎口村活動。南、北虎口兩點一線，從周邊進入南幫炮臺的關口。日軍的任務是插入南幫炮臺西、南兩側，欲切斷南幫清軍退往北幫的道路。

戴宗騫抽調北幫的兵力增援南幫，親率兩營兵趕來南虎口。他帶來四門行營炮，居高臨下憑藉地利禦敵。別看戴宗騫戰前鬥志高，決心要下山一趟，把日軍咬上一口。真下山和日軍照面了，見人頭攢動，刺刀寒光閃閃，他就怕了。他是秀才出身，人生最得意的傑作就是向李中堂獻上《平撚十策》。追隨李中堂鞍前馬後，無非是用洋槍洋炮打中國農民，一炮就轟散了。他沒和全副武裝的正規軍打過仗，今日見洋槍洋炮擋不住日本兵，自己的兵全如驚鴻，他也來乾脆的，只顧自己逃命不再顧及兵丁，部隊潰散。

十點三十分，日軍攻打北虎口。這裡有劉超佩的七百人，同樣不敵日兵。日軍強攻不捨，衝過北虎口，追殺清軍，占領了岸邊的兩處軍營。這樣，日軍左路縱隊（第二師團）就到達了預定位置，切斷了南幫清軍退往北幫的道路，實現了打穿插的目的。南幫炮臺被日軍右路縱隊（第六師團）一座座攻破，守軍受追殺退往北幫，又在這裡受到左路縱隊的截殺，插翅難逃。

從早晨七點半到下午一點半，經過六個小時的戰鬥，日軍全陷南幫炮臺，傷亡二百餘人，其中陣亡五十餘人。清軍陣亡兩千餘人，活命的鮮有不帶傷者，劉超佩大腿受傷。海戰中，廣丙艦大副黃祖蓮陣亡。

北幫炮臺無兵可守

南幫炮臺陷落，威海基地失去半壁江山，剩下的北幫炮臺如若再失，山東半島「水陸相依」的作戰方針將成為歷史的笑柄！遠在天津關注戰局的李鴻章驚駭而震怒，傳令丁汝昌將南幫守將劉超佩就地正法。電命他：「萬一劉島不保，能挾數艦衝出，或煙臺或吳淞，勿被倭全滅，稍贖重愆。否則事急時將船鑿沉，亦不貽後患。務相機辦理。」

退往煙臺或吳淞，先要衝出口門，突破日本海軍的封鎖。丁汝昌哪有這個把握！失去南岸還有北岸，他寧願穩妥，貫徹水陸相依的方針，保全鐵艦固守待援。他不奢望衝出去，只望朝廷速發援軍，解威海之困。丁汝昌執行將令要殺劉超佩，劉超佩先已在逃。

日軍攻占南幫炮臺後，一鼓作氣西進威海衛城，向北幫炮臺迂回。北洋海軍的艦炮封鎖了岸上的道路，日軍被迫勒馬停蹄，野外宿營。次日，天降大雪，不便行軍打仗，雙方罷息刀兵。

二月一日，按照大山巖的部署，右路縱隊北上，自長峰寨、竹島村挺兵威海衛城；左路縱隊向西，繞過孫家灘北進，警惕煙臺方向。雖然李秉衡不會增援李鴻章，但日本人哪裡知道，不敢不防。兩縱隊相約威海衛城會師。

右路縱隊走近路，經過前天的戰鬥，南岸淮軍已被掃清，北岸也聞風喪膽，他們沒再遭遇敵手，一路順風。左路縱隊在孫家灘一帶遭遇清軍。這裡是山東部隊的防區，有五六千人馬。

都是當兵的，都不是好惹的，山東部隊怎麼說也得打一仗。左路縱隊勢如破竹，殺奔威海衛。

二月二日上午，日軍左路縱隊走西門，右路縱隊走東門，吹著號角打著旗幟進入威海衛城，雙方又會師了！

威海衛城陷敵，電報局成為日軍溝通世界的連線，北洋海軍卻與世隔絕了，再也接不到朝廷的聖旨和李中堂的指示了。沒有了組織，沒有了領袖，打日本保海島，全靠丁汝昌自由發揮了。

北幫炮臺西距威海衛城六里左右，日軍來威海衛城的目的是進攻北幫炮臺。威海北岸自西向東築有祭祀台、黃泥溝、北山嘴三座海岸炮臺，其後有老姆頂、遙了墩、合慶灘等陸路炮臺。這裡是戴宗騫的防區，原駐六營淮軍。三十日白天，戴宗騫部將劉澍德虎山一戰散了兩個營，他自己在虎口阻擊日軍再散兩個營，當晚，南幫炮臺失守的噩耗嚇跑了一個營，炮臺裡碩果僅存一個營。太陽旗才插上威海衛城樓，這個營又被噩耗驚散了。丁汝昌派廣甲艦長吳敬榮來北幫協守，連帶威海水師學堂的學生，給他湊了二百多人。大東溝海戰吳敬榮追隨方伯謙逃跑，這回照樣溜之大吉，二百多人全化作泡影。

日軍來至威海衛前一天（二月一日），丁汝昌去了北幫炮臺。戴宗騫悲哀地告訴他：「全臺只剩十九人。」三千兵員的北幫炮臺，包括戴宗騫在內只剩下十九個人，還不如炮多！丁汝昌歎道：「孤台不支，恐資敵用，我船及島將立見灰燼。」

北幫炮臺已無禦敵之兵。戴宗騫褻瀆職守，自知後果，無奈地說：「守台，吾職也。兵敗地失，走將焉往？吾唯有一死以報朝廷耳！他何言哉？」丁汝昌命人將他帶上劉公島。戴宗騫總算知恥，吞金自盡了。

北幫無兵可守，丁汝昌命令在日軍到達之前，將包括大炮、彈藥庫在內的所有作戰設施炸毀，不給敵人留下一槍一彈。李鴻章慘澹經營多年，朝廷巨銀打造的炮臺，連同裡面的德國克魯伯大炮、英國阿姆斯壯大炮，未曾試試身手就化為廢墟了。

繼南幫炮臺陷落之後，北幫炮臺不攻自破。

威海南、北兩岸盡失，存身之地唯有茫茫大海和彈丸之地劉公島了，北洋海軍化做寒風裡無枝可依的水鳥！

苦鬥與輓歌

定遠艦夜半遭襲

二月三日上午，伊東祐亨率艦隊進攻海灣，陸軍配合行動，南岸大炮凡是能用以攻擊海灣的，日軍都加以利用，形成水陸夾擊之勢。北洋海軍全失陸地依輔，好在還有劉公島、日島炮臺一同拒敵。

這天，北京紫禁城裡給事中余聯沅奏了兩個摺子，一個是請朝廷調南洋水師攻擊日本本土，此事史上未見發生。另一個言稱：「**不殺丁汝昌，則海軍亦斷無振作。**」劉公島已成孤島，與外界音信不通，丁汝昌唯聞日本的炮聲，聽不到紫禁城的殺聲。

伊東祐亨想衝進海灣，殲滅北洋艦隊。但苦戰一天下來，築紫、葛城等多艦中炮受傷，誰也衝不進去。當晚，他派出兩艘魚雷艇，企圖潛入港灣，偷襲北洋海軍。

劉公島東、西兩側海口，水面上漂著長丈餘、直徑一兩尺的木材，一根根首尾相銜，連成一片，層層鋪排，由大鐵索串聯、鐵錨固定於海底。重重障礙之間布滿水雷，艦船卻步。這是北洋海軍鋪設的「水雷攔壩」。

日軍要想進港偷襲，必須先破壞才能開出路來。兩艘魚雷艇到了東口，既缺乏經驗，又怕被發現，提心吊膽中僅切斷一道鐵索，運氣不好路未通，偷襲不成。

二月四日半夜，伊東祐亨再次派艇去東口破壞。為牽制清軍，他令鳥海、愛宕二艦去劉公島前挑釁。日軍的反常舉動，沒能引起清軍的警惕，只以為是火力偵察，例行公事地對射了一陣。在劉公島水域對射的炮聲裡，日本魚雷艇來到東口，水兵們用大斧、大錘破壞水雷攔壩。一回生二回熟，連砸帶砍，海面上火花四濺。水雷攔壩一層層地斷了環。他們排除了水雷，破出個數百尺寬的缺口。

兩隊魚雷艇從缺口溜進港灣，沿西岸北行。海面漆黑，不時有探照燈掃過。魚雷艇鬼鬼祟祟，摸向北洋軍艦泊位，但還是被發現了。北洋的炮彈和探照燈一同打了過來，火光在水上開花，竄上半空。驚慌之下，排頭艇亂放一雷，轉舵回逃，沒等逃出口門，先撞在暗礁上。

日本魚雷艇東藏西躲，各施隱身術。恰巧，一隊北洋魚雷艇巡邏過來。日軍九號艇冒險混入北洋魚雷艇隊，未被發覺。十號艇如法炮製，也混了進來。它們跟著北洋魚雷艇，向北洋海軍的泊位駛去。

當夜，定遠艦泊在劉公島鐵碼頭西側。艦上的會議艙裡正在開會。驀然間，北洋軍艦響炮聲，水兵報告有情況。丁汝昌率眾急上飛橋觀察，煙霧蔽海，視不見物。他命令停止射擊，待硝煙散盡，忽見左舷正面近千碼處有黑影移動，正是日本海軍的兩艘魚雷艇。探照燈打過去，兩艘小艇不退縮，迎著燈光往上衝。丁汝昌急令開炮。十號艇在距定遠約三百碼處發射魚雷，擊中定遠艦艉，並不致命。十號艇回逃，九號艇跟進，衝到距定遠二百碼處，先放艇艉一雷，未中，又進至五十碼開外，發出艇艏魚雷。與此同時，定遠三百零五公厘口徑的巨彈出膛到位，炸碎了九號艇。可為時已晚，隨著轟隆一聲巨響，定遠中雷了。艦體震蕩，海水竄上甲板，艦身開始傾斜。丁汝昌下令關閉水門，於事無補，軍艦下沉。劉步蟾命水兵砍斷錨鏈，去東口靠上劉公島南岸沙灘。定遠由鐵碼頭西側向南繞過東側，擱淺於劉公島南沙灘，就這樣避免了沉船，定遠尚可用為炮臺。劉步蟾悲憤自責，認為身為艦長，艦遭暗算，是自己瀆職，要以死謝罪。丁汝昌攔住他，攬過責任說是提督之罪。無奈之下，提督旗移至靖遠艦。

天亮後，伊東祐亨通過望遠鏡瞭望定遠，喜形於色，以為機會來了。他一連派出二十二艘軍艦，圍住東、西兩口死纏爛打。北洋艦隊與劉公島、日島炮臺全力禦敵。雙方又戰一天，互有傷亡，所幸都沒有沉船。

二月六日夜，日本海軍重施故技，魚雷艇隊再次進港。北洋海軍的探照燈沒能發現它們，它們反倒利用燈光，摸到了艦隊的泊位，將北洋海軍的裝甲巡洋艦來遠、練習艦威遠和布雷船寶筏擊沉。來遠艦長邱寶仁與威遠艦長林穎啓登島嫖妓未歸而免於難。

南岸炮臺為日軍據有，北岸炮臺自毀，北洋艦隊盡可能躲著南岸，靠近北岸行動。誰知，日本海軍拆下艦上的速射炮，安到北幫炮臺一頓痛打。這樣，南岸、北岸與口外的日本艦隊，勢成鼎足，大炮把整個海灣打成熱鍋，北洋軍艦幾成釜底游魚，藏身之地越來越少。

魚雷艇之逃

北洋海軍連中魚雷，艦隊受重創，人心被瓦解。二月七日，發生了一樁天大的意外。

酣戰之時，西口上特意留下的水寨大門洞開，魚貫竄出北洋魚雷艇，共計十五艘，其中包括兩艘武裝汽艇。這十五艇是北洋魚雷艇隊的全部家當。突發的變故令日軍猝不及防。起初，伊東祐亨以為是北洋艦隊要作最後一搏，放魚雷艇突擊，繼而會殺出巡洋艦。誰知北洋魚雷艇並沒向他們衝鋒，而是沿海岸向西疾馳。伊東祐亨意識到這是逃逸。他的任務是全殲北洋艦隊，魚雷艇當然在殲滅之列。他命令第一遊擊隊追擊。此事不光日軍大駭，丁汝昌同樣震驚，他命令北洋艦隊向逃跑的魚雷艇開炮。北洋魚雷艇受到清、日兩國艦炮的追殺。為了避彈，魚雷艇以曲線或弧線奔逃，直線速度下降。在炮火的追擊下，十五艇不是觸礁就是擱淺，唯王平的左一號逃到煙臺，逃上岸的艇員成為日本陸軍的俘虜。

關於魚雷艇隊之逃有不同說法。一種是奉丁汝昌之命攻敵，當事人福龍艦長蔡廷幹便是這樣說的。

另一種是丁汝昌自己的說法：他一無所知。這次行動最主要的策劃者是左一艦長王平和福龍艦長蔡廷幹。但要說他們貪生怕死似乎不是事實，王平、蔡廷幹都曾英勇作戰，那到底是什麼原因呢？

日軍攻打南幫炮臺的時候，王平曾奉丁汝昌之命率敢死隊炸了皂埠嘴，解除了大炮對北洋艦隊的威脅。後來日軍修好了臺上的一門大炮，丁汝昌命他二炸皂埠嘴，但被日軍發現，他棄臺而回卻欺騙丁汝昌，說用壞水（鏹水）把炮廢了。或許他怕某一時刻皂埠嘴的炮聲戳穿他的謊言，所以溜之大吉？

就大東溝海戰而言，蔡廷幹小艇搏大船，險些擊沉樺山資紀的座艦西京丸，絕非貪生怕死之輩。日軍俘虜他後進行審訊，他說是奉丁汝昌之命攻敵，先被日艦吉野發現，襲擊目的無法實現，不逃走只能被擊沉，因此要逃。日軍勸降，他堅決不從，甚至表示如能獲釋，將重上魚雷艇與日軍一戰。蔡廷幹是洋務運動中清廷派出的第二批旅美留學青年之一，巧合的是，他的冤家日本山東作戰軍司令官大山巖大將的夫人竟與他出自美國同一師門。後來，他托老師說情，避禍於日本，熬到清廷亡民國立的好年頭就回來了，平步青雲往上升，軍銜直升到海軍上將，做過中華民國的海軍副總司令、外交部長，甚至還當過國務總理。

在日軍本隊和第一遊擊隊應對北洋魚雷艇之變的時候，第二、三、四遊擊隊攻勢不減，向日島進行了猛烈的炮擊。日島炮臺由康濟練船艦長薩鎮冰率三十名水兵和幾名洋員駐守。他們堅守炮位，與劉公島炮聲相應，頑強禦敵，直戰到死傷殆盡，彈藥庫被炸，陣地報廢。薩鎮冰奉丁汝昌之命撤回劉公島。

好事不出門，壞事傳千里。魚雷艇之逃，山東巡撫李秉衡於當日獲悉，電報朝廷說，北洋海軍已覆滅。他言重了，北洋海軍還沒覆滅，只是陷入混亂。魚雷艇隊的逃遁，使軍心、民心渙散。當天，數千島民雲集鐵碼頭，哀求生路。有的水兵因厭戰棄船上岸，不少陸軍倒登上甲板，霸住軍艦，怕海軍獨自逃生。晚上有士兵鳴槍過市，揚言要找丁汝昌討生路。

經過日本魚雷艇的偷襲，北洋艦隊定遠擱淺，來遠、威遠、寶筏沉沒，實力銳減，而魚雷艇之逃更是雪上加霜。李秉衡的誤報，引得北京紫禁城裡的翁同龢一班人唉聲嘆氣，給事中儲成博奏請「電飭李秉衡將丁汝昌密速在軍前正法」。天津的李鴻章將信將疑，還算沉得住氣。好在英國印度支那輪船公司有商船去煙臺，路過威海時給看了一眼，電報大清國，劉公島上空仍飄著龍旗。

北洋海軍的絕境

可憐無助的劉公島，接下來的仗還能打嗎？這是丁汝昌必須面對的問題。他與威海水陸營務處提調牛昶昞、劉公島守將張文宣聯名寫信給淮軍舊將，煙臺登萊青道劉含芳，請他代求救兵。信中說：「昌等現唯力籌死守，糧食雖可敷衍一月，唯彈藥不充，斷難持久。求速將以上情形飛電各帥，切懇速飭各路援兵，星夜前來解此危困，以救水陸百姓十萬人生命，匪特昌等感大德矣。日來水陸軍心大亂，遲到，恐難相見，乞速援救。十六、十七日援軍不到，則船、島萬難保全。」丁汝昌派人偷渡威海去煙臺送信。

二月八日晚，先有水兵離船上岸，後有陸軍離開劉公島炮臺，不知怎麼又聯合了島上的老百姓，成群結夥地來到海軍公所向丁汝昌討生路，讓他下令投降。強橫的怒目相向，軟弱的給他下跪磕頭。丁汝昌沉思良久，痛苦莫名，終於鄭重地承諾：「若十七日救兵不至，屆時自有生路。」所謂「十七日」，正是他要求援軍到達的日子，按西元紀年是十一日，還有三天。

半夜，定遠副管駕洋員英國人戴樂爾、陸軍炮術教習德國人瑞乃爾與威海水陸營務處提調牛昶昞、山東候選道嚴道洪聚議，然後由戴樂爾、瑞乃爾出面，勸丁汝昌投降。瑞乃爾通漢語，他說明了形勢，講明了觀點，認為可戰則戰，士兵厭戰，則不如降。丁汝昌拒絕道：「投降為不可能之事。」但又說，「餘當自盡，以使此事得行，而全眾人之命。」這樣兩句話，把死的絕望留給自己，把生的希望給予他人。丁汝昌本人不會投降，卻不反對別人投降。

接下來，仗打得更慘。兩岸盡在日軍手中，南幫炮臺裡有重炮，北幫炮臺裡有速射炮，北洋海軍如龍困沙灘。丁汝昌以靖遠為旗艦，始終站在飛橋上，心存以陣亡保名節之念，偏偏毫髮無損。

九日中午，靖遠艦連中南岸鹿角嘴炮臺兩炮，其中一彈從艦艏左舷打入，貫穿了右舷，船低下了頭。丁汝昌知沉船不可避免，卻死不離艦。水兵們冒著炮火，把他搶上小艇，救上海岸。丁汝昌仰天長嘆：「天使我不獲陣歿也！」

由於及時擱淺，靖遠沒有沉沒，成為繼定遠之後的又一座水炮臺。這天，丁汝昌再次派人偷渡威海，走旱路潛至煙臺，請劉含芳轉交一函給好朋友徐州鎮總兵陳鳳樓，內稱：「此間被困，望貴軍極切，如能趕於十七日到威，則船、島尚可保全。日來水陸軍心大亂，遲到，弟恐難相見，乞速援救。」

劉公島命懸一線，隨時可能淪落敵手。苦鬥至此，丁汝昌深知無力再戰，唯有援軍到來，方可出於水火。靖遠擱淺，背不動帶不走，丁汝昌怕成為敵人的戰利品，命令廣丙用魚雷將其擊沉。

隨著轟隆一聲巨響，靖遠就給轟散了，向大海裡沉去，這是甲午戰爭中大清國海軍唯一擊沉的一艘巡洋艦。

去了靖遠這塊心頭病，還有心頭大患，那就是定遠。丁汝昌又命令將定遠炸沉，劉步蟾親自執行這道命令，以炸藥摧毀了自己的座艦。這天是二月十日。

倒楣的事還沒完，水兵、陸勇挾持陸軍統領張文宣，往見丁汝昌，要求停戰投降。他們中有人甚至拔刀相向，脅迫丁汝昌。丁汝昌一輩子槍林彈雨，當然是個不怕死的，他只是為保住李中堂的軍艦，才裡外不是人，既受中國人的氣，又受日本人的氣。現在，船保不住了，還有什麼可怕的呢？他正色道：「你們想殺我可速殺之，我豈會吝惜這條性命！」

各艦艦長聞訊趕來，對泣無語，洋員也來了。丁汝昌對眾人說：「我知事必出此，然我必先死，斷不能坐睹此事。」他讓洋員瑞乃爾去安撫士兵。生死關頭，當兵的情緒激動，沒有辦法安撫，瑞乃爾回來說：「兵心已變，勢不可為。不若沉船毀台，徒手降敵較為得計。」

大勢已去，丁汝昌沉思過後，命令炸艦，以免資敵。但無人聽命，恐徒手而降觸怒日軍，結果沒炸成。當晚，劉步蟾在悲憤中服毒自殺。他是北洋海軍的靈魂人物，無聲無息地死了，艦隊裡也沒什麼反應，像未曾發生似的。這種時刻，誰也顧不上誰了。

劉公島上，悲觀情緒像病毒流行，傳染了每一個人，人人絕望。廣甲管輪盧毓英和定遠大副沈壽堃不甘心做日軍的俘虜，買回些鴉片作自盡的準備。百無聊賴中改變了主意，就拿出來吞雲吐霧了，說是「今朝有酒今朝醉，明日愁來明日愁」。軍人做成這個樣子，這仗確實很難打贏。

丁汝昌為自己安排後事，請來六個木匠做棺材。還是半成品呢，他就以身相試，躺在棺材裡比量，見增之一分則長，減之一分則短，甚為滿意，給了每個木匠兩塊賞錢。

二月十一日，是丁汝昌所說的「十七日」，也是救兵不來「自有生路」的大限之日。四面八方都飛炮彈，爭先恐後往海灣裡灌。海灣中已經沒有北洋海軍的陣地，他們只能找地方避彈。劉公島上的東泓炮臺還能和日軍對話，誰知這份好運氣被自家終結了：南岸鹿角嘴的大炮神準，把東泓炮臺的兩門二百四十公厘口徑的克魯伯大炮全打成了啞巴。彈藥將罄，啞了也無所謂了。人心不振，軍無鬥志，日薄西山，氣息奄奄。不管怎麼說，北洋人已堅守了十餘日。十天來盼兵兵不到，就這樣，北洋已經在等死。

山窮水盡疑無路，柳暗花明又一村，煙臺登萊青道劉含芳派人送來李鴻章的電報，令北洋海軍衝出日軍的羅網！只要能保住鐵甲，別的船全砸了都成。強弩之末要發起最後的衝鋒，這份難得的氣概來得太遲了！

北洋海軍筋疲力盡，沒有援兵凡事不成。而李鴻章的命令，意味著援兵已絕。開戰之初李鴻章曾指示丁汝昌堅持靜伏，勿浪戰，外省必有援兵大隊前來。可直到北洋海軍被日軍吃乾抹淨，也沒見到援兵的人影。丁汝昌盼好朋友徐州鎮總兵陳鳳樓望穿雙眼，陳鳳樓統五營馬隊，但他遲遲不發，觀望攀比，要看看各路援軍是否登程。

四條腿的馬尚且如此，兩條腿的人又怎麼可能跑到馬的前面去呢？陳鳳樓部三個營剛到濰縣，李鴻章又奏請調往天津，以守京畿。威海灣裡急如星火，各路援兵躊躇不前。想想葉志超率隊從平壤潰逃，一夜狂奔五百里，誰說清軍不善奔跑呢？清廷重京畿、遼瀋而輕山東。京畿是北京的門戶，遼瀋有大清國的祖陵，保自己和保祖宗不管死活都是重中之重，對山東，肉眼僅見者不過是花錢買來的軍艦，所思者不過是日子好了花錢再買。井底之蛙，見天也不廣，又怎麼會思考中國未來的命運呢？無疑，大清國必然失敗。

在丁汝昌的身影裡

就作戰而論，丁汝昌不是好首長；就本質說，他是老實人，聽話！他想執行李鴻章的命令，召集眾將議突圍。

日艦封門，守株待兔，北洋艦艦帶傷，彈藥將盡，劉公島上最強的迴盪之音是投降，沒人回應不切實際的突圍命令。窮途末路之上，丁汝昌知趣，意識到除「自有生路」外，無可選擇了，而他本人絕不投降，也不想坐視潰裂。他對威海水陸營務處提調牛昶昞說：「吾誓以身殉，救此島民爾！」令其速將提督印截角作廢。之後，他回到海軍公所西寢間，吞煙自盡。在痛苦的折磨中，喃喃自語：「偌大中國，何以打不過小小的日本？」

就在他死的這天，北京紫禁城裡，翰林院侍讀學士文廷式上奏，說丁汝昌一向駐定遠，偏是定遠被轟之時他在鎮遠，哪能這麼巧呢？所以，先知預避情節顯然。控訴過丁汝昌，文廷式又指責劉步蟾巧言獻媚，卑鄙怯懦，素無一戰之績。說朝廷誤信北洋，委之重寄，耽誤至今。他一番崇論宏議，從前線到後方幾乎針砭到北洋的每一個人，結論是都該「正法拿問，以洩天下之憤」。丁汝昌、劉步蟾與北京心連心，不煩拿問，先把自己明正典刑了！

與丁汝昌同日而死的還有駐守劉公島的總兵張文宣、鎮遠艦長楊用霖。別人都服毒自盡，唯楊用霖開槍自戕，打響了北洋海軍的最後一槍！就此而論，別人悲慘他悲壯，不愧為軍人！琅威理有眼光，看出他是亞洲的納爾遜，然而，歷史無情，不讓他像納爾遜那樣英勇地戰死在座艦上，只讓他滿懷悲憤地自戕於沒有硝煙的另一戰場。

關於丁汝昌之死，清廷的結論是「已降赴死」，正確與否，至今眾說紛紜。這個結論，自有事實調查的基礎。

大致過程是：戰後，清廷諭令新署北洋大臣、直隸總督王文韶調查，王文韶委託煙臺青萊道劉含芳詳查，劉含芳向威海水陸營務處提調牛昶昞和北洋海軍營務處候選道馬復恒調查。最後，牛、劉、馬三人聯名向王文韶遞交《會陳海軍覆亡稟》，內稱：「丁提督見事無轉機，對職道牛昶昞等言，只得一身報國，未能拖累萬人。乃與馬格祿面商，不得已函告倭水師提督伊東雲，本意決一死戰，至船盡人沒而後止。因不忍貽害軍民萬人之性命。貴軍入島後，中外官兵民人等，不得傷害，應放回鄉裡等語。派廣丙管駕程璧光送往倭提督船。程璧光開船之時，丁提督已與張文宣先後仰藥，至晚而死。」王文韶據此奏於清廷。

清廷還令山東巡撫李秉衡就近調查。李秉衡的調查對象當然還是牛昶昞這幾個人，也不會有什麼新發現。

清廷依據他們的奏稟，對丁汝昌做出「已降赴死」的結論。上諭剝奪他的職銜，籍沒他的家產，不予撫恤。丁汝昌死無葬身之地，他那口薈萃了六個木匠聰明才智的棺材，被朝廷纏上三道鐵鎖，陳列在家鄉的村頭示眾，不許下喪。其後裔兒孫投親靠友，流離無依。

該如何看待對丁汝昌的調查結論呢？牛昶昞、馬復恒的話到底有多大價值呢？一方面，他們親歷事件的全過程，其言論當屬直接證據；另一方面，他們是利害關係人，有推卸責任做偽證之嫌，不具備證人資格。丁汝昌投降與否不能以他們的言辭為依據。與之相反的證據也有，比如丁汝昌身邊親兵的說法，而親兵與丁汝昌關係親密，難免有傾向性，其證人資格也有問題。另有廣甲艦管輪盧毓英，他是戰爭的親歷者，又非醞釀投降的當事人，其著述《盧氏甲午前後雜記》屬有效證據，此記支援清廷的調查結論。但作為醞釀投降的局外人，他對其中的內幕與細節並沒有直接掌握，而這又恰恰最需證明。此外，還有些證據是聽說、傳說之類的二手材料，持論者當時不在島上，說服力更弱。

按照傾向於丁汝昌的言論，在劉公島的最後時刻，洋員勾結清軍將校及威海地方官員策劃投降。具體經過是：丁汝昌死後，洋員馬格錄、浩威、瑞乃爾和一些清國軍地官員在牛昶昞家議降。公推左翼總兵鎮遠艦長楊用霖出面主持，浩威提議假丁汝昌之名投降，起草了英文投降書，大家譯成中文後，由牛昶昞蓋上北洋海軍提督印。楊用霖反對，回艦「引槍銜口，發彈自擊」。

若依上述，可以認為是牛昶昞等人攻守同盟，將投降之責嫁禍於丁汝昌，因此，投降是丁汝昌身後之事，投降書是丁汝昌自殺後，別人假託他名義的偽作，他並非已降赴死。

光緒、慈禧死後，廣東水師提督薩鎮冰、甘肅提督姜桂題等人，聯名上書北洋大臣袁世凱，為丁汝昌鳴冤。袁世凱轉奏朝廷，說丁汝昌「其始終艱難委曲之情，亦為天下中外所共諒。」然無下文。宣統二年，苟延殘喘的大清國又要辦海軍了，籌辦海軍大臣貝勒載洵再奏，清廷才下旨恢復丁汝昌的原官原銜，只說他「力竭捐軀，情節可憐」，但並沒推翻光緒朝的結論，給他昭雪。

丁汝昌本人沒有投降，他以生命捍衛了清白。但當時普遍認為，北洋海軍投降是經他同意的。國外輿論稱讚丁汝昌有紳士風度、古義士之風，犧牲自己，救了十萬軍民的生命，對他的死紛紛表示惋惜。

竊以為於此而論，投降不失為一種人道主義的選擇。北洋海軍仗打到那個份兒上都沒人來拉一把，就算把十萬軍民的生命全搭進去，戰局也不會有任何改變。十萬軍民不該做犧牲品，縱然大清國目中無子民，北洋海軍對駐防地的百姓也有天賦的責任。否則，若從上到下，對十萬鮮活的生命都無動於衷，這實在也太不堪了！他們並沒丟了朝廷的體面，因為那個朝廷根本就沒有體面！大清國不愛惜自己的本錢，終於也賠光了本錢。這場戰爭只能任由日本收官，而讓大清國顏面掃地的事還在後面。

二月十二日上午，廣丙艦長程璧光身負眾望，懷揣著以提督丁汝昌的名義簽發的投降書，乘坐鎮北號蚊子船，懸掛白旗駛出東口，行至日艦錨地，接洽投降事宜。

伊東祐亨立即召集高級軍官開會商議，最終決定接受北洋海軍的投降。此時，日軍尚不知丁汝昌已死，因為程璧光以「安好」二字回答了伊東祐亨的詢問。伊東祐亨覆書丁汝昌，要求「於明日將兵船軍械炮臺之屬悉數交下」。

當天下午，程璧光攜伊東祐亨的覆信回島。眾人都嫌明日投降太趕了，希望能從容一點，又以丁汝昌的名義給伊東祐亨寫了一封信，要求將投降日期延展三天。十三日上午，程璧光二入「番營」。在這次談話中，程璧光稱丁汝昌寫信後自殺。照他的說法，丁汝昌的自殺相比於《會陳海軍覆亡稟》所言晚了一天。

伊東祐亨附加了條件答應北洋海軍延期投降的請求。他的條件是，清方必須在當日下午六點鐘以前派一名官員前來，就軍艦、炮臺等軍械的交接以及威海中外官兵的遣散等問題談判。

他要求來談判的必須是清國人，不能是外國人。

下午五點二十分，在程璧光的陪同下，威海水陸營務處提調牛昶昞作為降軍的談判代表來至松島艦。日方主要的談判人員是總司令官伊東祐亨，參謀長出羽重遠和國際法顧問有賀長雄。牛昶昞開場說：「丁提督臨死，以後事托馬格祿。但閣下不與外國人議事，只能我來。我在劉公島，官級僅在丁提督之下。」伊東祐亨同意牛昶昞作為降軍的代表。雙方閉門談判五個小時，達成一致意見。十四日下午，牛昶昞、程璧光再至松島。牛昶昞與伊東祐亨共同在《威海降約》上簽字。

十六日上午，程璧光來松島，交出中國將領、洋員名冊、兵勇編制表及海陸官兵不再參與對日作戰宣誓書等一系列投降文件。根據《威海降約》第一條，北洋海軍靖遠艦長葉祖珪、來遠艦長邱寶仁、濟遠艦長林天福（即林國祥，豐島戰後簽服狀，此次再簽改名）、平遠艦長李和、威遠艦長林穎啓、康濟艦長薩鎮冰、廣丙艦長程璧光等開列姓氏職銜，全部投降。陸海兩軍官兵共計投降五千一百二十四人，其中，陸軍兩千零四十人，海軍三千零八十四人。另有洋員英國人馬格祿、戴樂爾，美國人浩威，德國人瑞乃爾等十三人投降。

同日，牛昶昞致函伊東祐亨，對日軍不俘虜康濟艦表示感謝，進而要求留下廣丙艦。書曰：「此艦屬廣東艦隊，因不與戰鬥。去歲季春，李中堂校閱海軍，即與廣甲、廣乙諸艦共來北洋。及事已畢，將直回粵，嗣有兩國事，因暫留居北洋。廣甲、廣乙今已沈壞，粵東三艦只殘廣丙一艦而已。廣東軍艦不關今日之事，若沈壞其全艦，何面目見廣東總督？願貴官垂大恩，收其兵器銃炮，以虛艦交返，則感貴德無量。」

看牛昶昞的意思，清、日兩國開戰不關廣東的事，所以該把廣東籍的軍艦放還。廣甲、廣乙、廣丙三艦本不屬北洋，是廣東水師的主力艦。甲午戰前大清國海軍聚威海會操，正趕上朝鮮動亂，清、日關係緊張。兩廣總督李瀚章是李鴻章的兄長，把三艦留給北洋助戰。戰到最後就剩了廣丙，北洋若不還回去，簡直無顏見李鴻章了。

伊東祐亨當然拒絕。不久，此事披露於日本報端，淪為國際笑柄。

西元一八九五年二月十七日上午十點鐘，日本海軍總司令官伊東祐亨中將乘松島旗艦當先，率聯合艦隊一字長蛇，走西口魚貫進入威海軍港，正式宣布占領，接受北洋海軍的投降。諸艦解下隨艦小艇，搭載降軍軍官，駛向北洋海軍泊位。日本海軍官兵隨他們分別登上北洋海軍的艦船，降清國龍旗，升日本太陽旗。遵照《威海降約》，唯對康濟艦網開一面。

下午，瀟瀟冷雨，淅淅瀝瀝。一點鐘的時候，松島旗艦上軍樂隊奏響《君之代》。日軍宣布清國北洋海軍向日本國海軍投降，北洋軍艦鎮遠、濟遠、平遠、廣丙、鎮東、鎮西、鎮南、鎮北、鎮中、鎮邊等集體被俘，編入日本海軍聯合艦隊。

日本海軍各艦歡呼雀躍，插滿太陽旗的劉公島、日島和兩岸炮臺都沸騰了。

山東半島作戰結束，日本已經不折不扣地取得了黃海的制海權，下一步就是直搗北京城！

根據《威海降約》，日本人解除了康濟的武裝，拆除了艦炮，收繳了步槍，允許降軍「裸船」出港。艦上裝載著丁汝昌、劉步蟾、楊用霖、戴宗騫和濟遠大副沈壽昌、廣丙大副黃祖蓮的靈柩。劉公島守將總兵張文宣的靈柩，因陸軍不願意，沒能抬上船。張文宣是李鴻章的遠房外甥，死不上船不知是臨終前的遺言，還是活人的遠見。不管是為什麼，遠離了投降派，晚節無瑕，既省了給李鴻章找麻煩，也免了像丁汝昌那樣平不了反！

四點鐘，在汽笛的嗚咽聲中，北洋軍官、洋員登上康濟艦。「裸船」淒然離岸，出西口駛往煙臺。

投降儀式吸引了全世界的目光，劉公島上聚集了各大洋報的記者。北洋將領悲劇性的殉職方式，尤令異邦人關注。兩天以後，美國《紐約時報》載文《三名清國海軍將領自殺殉國》，文章寫道：

三名清國海軍將領，北洋艦隊司令丁汝昌將軍、右翼總兵兼定遠艦艦長劉步蟾將軍和張將軍，在目前的戰爭中表現出了比他們的同胞更加堅貞的愛國精神和更高尚的民族氣節，他們值得大清國的人民引為驕傲。他們是通過一種令人哀傷的、悲劇性的方式——自殺來表現出這種可貴品性的……。

不管這些軍官在他們實際生活中是否像他們離開時表現的那樣，但至少他們在展現一個清國人的愛國精神方面做出了貢獻……。

當然，我們也可能對這些人過獎了。大清國的理論是：帝國軍隊是戰無不勝的，除非是其統帥指揮不當，否則，大清國的軍隊絕不會被打敗。由此演繹出了以下的邏輯：如果部隊戰敗了，其統帥就應該被砍頭，並且這種理論屢屢付諸實施，以此來嚴明部隊的紀律，提高部隊的士氣。

因此說，大清國的將軍們是脖子上拴著絞索來指揮戰鬥的，逃跑也是如此。可能是這種情況：這三名清國軍官有理由相信，假如他們從那些「東洋鬼子」手下活著逃出來的話，他們的皇上不但會奪去他們的黃馬褂，而且更會要他們的腦袋……但即使如此，他們不是去等待懲罰，而是自殺殉職，這種做法是多麼有骨氣、多麼可敬啊！就一個清國指揮官來講，他們身上表現出的任何一點可敬的品性和做人的尊嚴對人類都是一種意想不到的鼓舞……。

別看洋報記者連張文宣是陸軍還是海軍都不分明，一番話卻也旁觀者清，看出來「大清國的將軍們是脖子上拴著絞索來指揮戰鬥的」——說明了大清國是被自己打敗的！

字字血淚說「馬關」

李鴻章出馬

自張蔭桓、邵友濂回航後，西方列強批評日本刻薄，拿一紙授權書苛酷清國，用意豈在一紙間？列強看到日本對清國有野心！他們在警惕中議論猜疑，提防日本分沾自己的在華利益。

日本希望列強把清廷對國際法的外行當笑柄，加以取笑，沒想到列強都體諒大清國，冷眼看日本。日本聽到的眾多勸告基本是一個論調：希望日本對清國不要過於苛刻，務必以清國能接受為限，速謀恢復和平。對此，陸奧宗光明白這是日本不得不受的窩囊氣。日本原來的策略是將戰事限於清、日兩國之間，使第三國無干涉的餘地，從實際情況看，越拖延越會引來第三國的干涉。基於這種認知，日本終於回應了大清國一而再，再而三的請求——談判！

北洋海軍苦鬥之際，正是紫禁城裡籌劃議和之時。張蔭桓、邵友濂都是大清國的重要高官，日本人還嫌官卑職小給轟了回來，議和的千斤重任當屬誰人呢？二月十三日，總理衙門大臣汪鳴鑾提議由李鴻章擔綱。光緒皇帝不喜歡李鴻章，可這種累活捨他其誰？於是光緒皇帝點了頭。當天，軍機處密電李鴻章「星速來京請訓」。

李鴻章見字後心亂如麻，明明打了敗仗，電文卻誇他「勳績久著，熟悉中外交涉，為外洋各國所共傾服」，所以，「全權之任亦更無出該大臣之右者。」全是好話，更好的是「賞還翎頂，開複革留處分，並賞還黃馬褂。」李鴻章足以借機光復自家失地了！可另一方面朝廷又取了他的重鎮——「直隸總督，北洋大臣著王文韶署理。」他奮鬥一生，頂著文淵閣大學士的虛名進不去軍機處，這回想做疆臣而不能，讓人家王文韶摘了桃！李鴻章看密電看得淚如雨下，他懶得進北京，不想見那幫人，更不願去日本，那一字長蛇的島國，行一步是一步險，讓人死無葬身之地。精明的李鴻章如履薄冰，顧慮重重。朝廷也把他看透了，話也說滿了：「既受逾格之恩，宜盡匪躬之義，諒不至別存顧慮，稍涉遲回也。」日本這鬼地方，不管怎麼想，他都是要走一趟了！

西元一八九五年二月十七日，是日本海軍正式進駐北洋海軍威海基地的日子。當天，調停人美國駐清公使田貝接到日本政府給大清國發來的照會，表明談判的願望，但附有四個條件：一、朝鮮獨立；二、清國賠償日本軍費；三、清國割讓土地給日本；四、締結條約。田貝趕快轉交給總理衙門。

打仗，大清國無備；談判，大清國已時刻準備著，儘管準備得不好。

二月十八日，調停人美國駐清公使田貝向駐日公使譚恩發報：「中國政府已任命內閣大學士李鴻章為頭等全權大臣，授予一切全權。希即轉達日本政府並問明擬在何處會議，即行電覆。」譚恩馬上轉告陸奧宗光。

大清國不推大牌的時候，日本懷疑是探口風，這回大牌推出來了，日本仍舊多疑。陸奧宗光頗費猜想：昨天才發照會提出談判條件，今天就說李鴻章要來，哪能這麼快呢？田貝沒把照會把玩一下就交給大清國了？美國人吊兒郎當的，能這麼勤快嗎？萬一大清國沒見到日本的照會，李鴻章不知道要談割地賠款，白跑一趟於日本何益之有呢？為引起清廷對昨日照會的重視，陸奧宗光又聯絡美國調停人，辛苦他們再跑一趟，問問大清國：「能否保證按照本月十七日日本政府電示之條件派遣其全權大臣？」

美國人窺破了日本人的用意在於強化割地賠款的談判條件，嫌他們疑心重，但那也得跑腿，誰叫他們是中間人。

二月二十二日，李鴻章進京面聖，應詔於乾清宮。這是自開戰以來李鴻章首次進京，第一次出席大清國的御前會議。

日本的談判條件已經知照給大清國，李鴻章的使命就是去割地賠款。他這麼精明，當然想給自己留些體面，不想背上歷史的罵名。因此，他反對割地。軍機大臣翁同龢也說寧願多賠款也不願割地。李鴻章邀翁同龢一起去日本談判，翁同龢一點也不比李鴻章傻，推託說從沒辦過洋務，不敢以生手辦大事。軍機大臣孫毓汶、徐用儀均認為如不割地怕日本不能答應。君臣們徒然空議，光緒皇帝不敢做主，說要請懿旨，讓李鴻章見慈禧太后。當日，議無所決而散。

出宮後，李鴻章拜會了美國駐清公使田貝、英國駐清公使歐格訥。

光緒皇帝讓請懿旨，李鴻章要見慈禧太后。慈禧太后反對割地，但此時山東半島、遼東半島都陷在日本手裡，北京城危如累卵，大清國什麼本錢沒有，她一個老太婆能施展什麼魔法呢？慈禧太后識相，寧願沉默。她從頤和園裡讓太監傳出話來：「慈體昨日肝氣發，臂疼腹瀉，不能見，一切聽上旨可也。」把皮球踢回給光緒皇帝。

為熄戰火，光緒皇帝不能掃日本人的興，他授予李鴻章全權，既包括割地賠款，也包括放棄朝鮮。

二月二十六日，美國駐日公使譚恩通告陸奧宗光，受清國政府委託，轉達一份總理衙門的電報。內容是：「李鴻章被任命為頭等全權大臣，凡日本在本月十七日來電中所欲商各節，李氏均帶有執行此等任務之全權。」陸奧宗光心裡的石頭落了地，日本的談判條件大清國知道了，李鴻章來後有得談了。

日本電告清國，已選定馬關為會商之地。清廷又電告日本，李鴻章三月十四日由天津出發，直航馬關。電報均由調停人美國轉來轉去。三月十五日，伊藤博文與陸奧宗光再度受命為全權辦理大臣。

十八日，陸奧宗光到達馬關，伊藤博文晚一日。這天，李鴻章也到了。

李鴻章率領了一個一百三十五人的使團，隨行官員有他的長子參議李經方、頭等參贊羅豐祿以及于式枚、伍廷芳等三十三人。此外還有顧問美國前國務卿科士達、李鴻章的私人醫生法國博士慈巴茨斯。再有的就是管廚、廚子、茶房、打雜、轎班、剃頭匠等僕從，隨行規模像是要去做件大事似的，殊不知卻是割地賠款這等不光彩之事。

李經方也是個有故事的人，御史安維俊曾上摺子彈劾李鴻章，把他也扯在裡面，說是倭賊的女婿，清流黨用口誅筆伐給他娶了日本媳婦，他卻沒嘗過日本女人的滋味。他和爹爹李鴻章都不願來日本，可聖命不可違，這喪權辱國的黑鍋，父親年老無力背不動，兒子若不幫忙還指望誰呢？整場甲午戰爭，似乎就是李鴻章一家的戰爭：李鴻章、李瀚章哥倆負責打仗，李鴻章、李經方父子倆負責收場。應了老話，打虎親兄弟，上陣父子兵！

雙方會面打太極

李鴻章到達馬關後，收到陸奧宗光發來的照會，告訴他日方全權大臣的姓名官爵，初次會談的時間定在三月二十日下午兩點三十分，地點是馬關紅石山下安德天皇祠旁的春帆樓。

馬關又稱下關，是座港口城市，位於本州西部，在幕府時代末期是戰爭的熱門地區，屢遭列強炮轟。春帆樓是馬關的一家著名餐廳，拿手菜是烹河豚。

歇過一宿，李鴻章率參議李經方、參贊羅豐祿等七人登岸，赴春帆樓二層的會議室。天寒地冷，李鴻章風燭殘年，大老遠的來一趟不易。日本人搞了個小溫馨，在他的座位旁特設了個炭火盆，以免凍壞老爺子。今天看照片，如不特別說明會以為是痰盂。李鴻章瘦高個兒，因年老略微傴僂，乍一看像是會咳嗽氣喘的那種，給人的印象像是需要個痰盂。

日方談判人數對等，亦為七人，領頭的是首相伊藤博文、外相陸奧宗光。自簽下《中日天津會議專條》，李鴻章與伊藤博文十載未見，這次都顯出久別的親熱。寒暄過後，相互驗看全權委託書，相互認可，彼此交換。李鴻章隨即令參贊羅豐祿宣讀請停戰書，要求在和談以前，兩國軍隊立即一律停戰。

伊藤博文思忖片刻，說明天答覆。就此，會談中止，要待來日。

李鴻章與伊藤博文敘舊閒談打發時間。因清方的全權委託書只鈐御璽，伊藤博文說無御筆簽名，不無缺憾。李鴻章說，各國俗尚不同，用御寶與御筆簽名無異。伊藤博文說，貴國大皇帝既與外國國主通好，何不悉照各國通例辦理？李鴻章答，我國向來無此辦法，且臣下未便相強。伊藤博文還對李鴻章提及張蔭桓、邵友濂的日本之行，說他們攜帶的全權委託書不完備，且當時清國尚無求和之誠意，以致使命失敗，實為遺憾。他問李鴻章：「此次貴國修好之心誠否？」李鴻章表白道：「我國若非誠心修好，必不派我；我無誠心講和，亦不來此。」

按照陸奧宗光《蹇蹇錄》書中的說法，李鴻章大發感慨，說中、日為常受歐洲列強猜忌的亞洲兩大帝國，同文同種，今雖一時交戰，終不可不恢復永久之交誼，且冀更進而為親睦之友邦。西方洪流不斷向東方衝擊，東方人應深加戒備、同心協力，聯合黃種人不斷講求防止之策，以對抗白種人。

李鴻章說此次戰爭，實獲兩個良好結果。第一，日本利用歐洲式之海陸軍組織，取得顯著成功，足以證明黃種人亦絕不遜於白種人；第二，由於此次戰爭，中國僥倖得以從長夜之迷夢中覺醒，此實為日本促成中國發奮圖強，幫助其將來之進步，可謂得益非常巨大。故中國人雖有多數怨恨日本，但他對日本反多感荷。日本有不弱於歐洲各國之學術知識，中國有天然不竭之富源，如兩國將來能相互合作，則對抗歐洲列強亦非至難之事。

陸奧宗光在書中品評李鴻章道：「所談論的雖然只是今日東方政界人士的老生常談，但是他如此高談闊論，其目的是想借此引起我國的同情，間用冷嘲熱罵以掩蓋戰敗者的屈辱地位。儘管他狡猾，卻也可愛，可以說到底不愧為清國當代的一個人物。」次日，李鴻章住進日方為他準備的行館引接寺。下午兩點三十分如約再至春帆樓會談。

伊藤博文答覆清方昨日的請停戰書，讀了一篇英文備忘錄。之後，羅豐祿翻譯講解了一遍。備忘錄的主旨為講明清國要想停戰，必須答應日本兩個條件，一是清方應將大沽、天津、山海關交由日軍作為質地，二是日軍駐紮質地的費用由清方承擔。

李鴻章連呼：「過苛，過苛！」日方一點也不意外他的反應，這是故意刁難，原因是清軍正在戰場上潰敗，渴望停戰，而日軍正在得勢，不希望停戰。日本不好剛一開談就回絕李鴻章，所以拐個彎令他無法接受，自動撤回停戰要求。伊藤博文答稱，清方若有修正案，日方不拒絕討論，但不能另提方案。

李鴻章不同意日方占領兵戈未到之處為質地。伊藤博文說，兩國應均沾利益，清國提出停戰，從中獲利，而停戰於日本不利，必須以險要為質。

李鴻章說，貴國之兵還沒打到直隸地面，三處險要皆是直隸所轄，我為直隸總督，臉面有關。伊藤博文說，中堂為貴國計，故議停戰；我為本國計，停戰只有如此辦法。必須以三處為質，否則日軍不定打到那兒去呢！

李鴻章指出，議和就不必用兵，停戰是議和的第一要義，如果兩國尚相戰爭，議和似非誠心。他退後一步，要求日軍只在名義上以三處為質，而不實際占領。伊藤博文予以拒絕，說萬一談判破裂，三處清軍一齊開火，日軍會吃虧。

李鴻章要求的是無條件停戰，合情合理；伊藤博文的辦法是附條件停戰，缺了人情味，卻沒有法律上的障礙——西元一六四八年十月二十四日，歐洲國家間簽訂的《威斯特伐利亞和約》，奠定了近代國際法的基礎，和約正是在不停戰的情況下談成的。

國際法並不是什麼好東西，之所以用它是因為人類還沒創造出更好的東西。它是歐洲文明的產物，以否認滿街皆君子為前提，調整小人之間爾虞我詐的利益關係。國際法的效力與國家強弱相關，既非制約強國的殺手鐧，亦非保護弱國的盾牌。強國若推行強盜邏輯，弱國無奈；弱國倘越雷池一步，強國便以國際法的名義實施打擊。

大清國在被列強打過以後，在某些雞毛蒜皮的小事上沾過國際法的光，造成某種迷信心理，稱其為「萬國公法」，奉為萬應靈丹；日本在西元一八七一年岩倉使團遍訪歐美時，從普魯士鐵血宰相俾斯麥那裡洞悉了國際法中弱肉強食的祕密，就學著拿國際法耍花槍了。

一時談不攏，李鴻章轉而問日方是否可以先出示議和條款。這一問在程序法上意味著要放棄停戰提議，進入實體談判。因此，伊藤博文追問李鴻章，是否要撤回停戰要求，李鴻章自然不甘心撤回。雙方約定先由清方對日方質押三地的停戰條件做出書面答覆，三天後再談。這樣，經過兩次會議，登堂不入室，皆未涉及實質問題。

當天，李鴻章電請北京總理衙門。光緒皇帝派軍機大臣孫毓汶、徐用儀分頭去列強駐清公使館問計，最終定策，電令李鴻章以先得日本的議和條款為要。這等於說，為了探明日本的議和條款，停戰不停戰可忽略不計。李鴻章自己打的也是這個主意，他沒等北京的聖旨就寫了答覆。三月二十三日晚上，北京的電報到達馬關電報局，二十四日中午送達李鴻章的行館，他的答覆已經定稿，無須聖旨雨後送傘了。

二十四日下午，舉行第三次談判。清方答覆日方，表示對質押三地的停戰條件不能接受。這樣，停戰議題因不能形成合議而擱置。日本的目的達到了：不停戰！大清國的目的也將達到：日本必須出示議和條款。伊藤博文宣布次日交閱。會談再度中止。

伊藤博文有意無意地談民風引出臺灣的話題。他說日本兵占了金州等處，覺得清國老百姓好管理，比朝鮮人聽話，且吃苦耐勞。李鴻章說，朝鮮老百姓一向懶惰。伊藤博文說，我軍現在去攻臺灣，不知臺灣的老百姓如何？李鴻章說，臺灣系潮州漳泉客民遷往，最為強悍。言外之意是比朝鮮人還難治。他警惕地問伊藤博文，貴大臣想必有占據之心？臺灣與香港為鄰，怕英國不願他人盤踞。伊藤博文挑逗似的說，貴國如將臺灣送予別國，別國必將笑納。伊藤博文意在試探，日本已經把清國割讓臺灣列上議和條款，開始了對臺灣的軍事行動——陸軍新編成臨時混成旅團，海軍組建了南方派遣艦隊。十天前，這支艦隊護送運兵船駛出佐世保港，開往臺灣海域。這邊在談判桌上笑裡藏刀，那邊已經打得不可開交了！李鴻章來日本後聽到些風聲，已向國內電報，提醒清廷警惕。

就在伊藤博文和李鴻章笑咪咪地談臺灣後的第二天，臺灣就斷了翅膀：澎湖列島陷落。頓時，清國海路阻塞，購於外洋的物資，盡被日軍截獲。談判桌的天平上，日方又多了籌碼。

轉機乍現，孤忠老臣的血

這次會談結束後，李鴻章在回駐地的途中遇刺。這件事打亂了日本帝國的如意算盤，李鴻章的血，救了大清國。當時，他的轎子從人群中穿過，刺客小山豐太郎衝出來，直至轎前，拿槍指著李鴻章射擊，子彈擊中李鴻章左眼下，好在不致命。

小山豐太郎是布衣老百姓，與清國的大官僚李鴻章素不相識，他的行刺動機全無個人恩怨，倒是「為國為民」。他認為日、清兩國大動干戈，皆李鴻章所為，不除掉他，日本不能如願，亞洲不能和平，便毅然下手……三年前，津田三藏刺殺俄國太子，引得舉國皆怕遭報復，大亂了一場。這次槍打李鴻章，雖然大清國孱弱沒本事報復，但正因其孱弱，才著實可憐。這個世界充滿悖論，一方面弱肉強食，另一方面又同情弱者。眼看大清國就要贏得國際輿論了！

此事使天皇大為震驚，立即派御醫前來馬關。皇后也情深意長，不僅派來護士，還親手為李鴻章做繃帶。李鴻章遇刺的第二天，天皇下詔，斥責凶徒「下賤已極」，心存一念，希望日本人「高貴」點。於是，一夜之間烏鴉變天使，都「高貴」起來，各種管道的團體和個人來馬關慰問。李鴻章的駐地門庭若市，問安電報、書信如雪片紛飛，各種禮品應接不暇。

陸奧宗光在《蹇蹇錄》中憶及於此說：「此種舉動無非欲向內外表明一個凶徒的行為不能代表一般國民的意思。用意雖然很好，但往往因急於粉飾表面，言行不無有故意做作和虛偽之處。」

想當初，日本的媒體、各種公私集會，無不極盡謾罵、誹謗李鴻章之能事，到如今都對李鴻章阿諛奉承，甚至有輿論說東方將來的安危，繫於李鴻章的生死。陸奧宗光一語破的揭了日本的底：「全國到處與其說惋惜李氏的被刺，毋寧說是畏懼因此而產生的外來責難！」

李鴻章古稀老翁銜命赴日而遭此凶變，很容易引起世界的同情。日本已經在戰場上取得勝利，要把勝利坐穩，從大清國身上割肉，必須先讓它在談判桌上折戟。這件事日本要做得乾淨俐落，人不知事已成。不料槍聲報警，把全世界的目光都吸引到了談判桌上。有歐洲列強在，日本不過是與群狼共舞的一條狗！日本不敢不怕歐洲列強，怕著怕著，對不可怕的李鴻章也怕起來，怕李鴻章以此為藉口回國，入彀的獵物全身而退。

伊藤博文與陸奧宗光湊在一起商量。如果繼續在戰場上進攻清國，雖不觸犯歐洲的國際法，但「下賤已極」的前科，已造成日本在國際上的被動，必須先予補救。或許答應李鴻章無條件停戰，勉強可以堵上悠悠眾口。二人達成共識。可是，停戰需由那個超越政府之上的大本營決定，他們不能主宰。於是，二人向廣島發報，結果，除陸軍大將山縣有朋外，其他人聯名反對，理由是日本將因此失去戰機，轉而被動。伊藤博文決定親自去廣島走一趟。

第二天，為了穩住李鴻章，陸奧宗光裝模作樣地去行館慰問，呈上一件「實深抱歉」的照會，說了幾句一本正經的廢話。敏感的李鴻章捕捉到蛛絲馬跡，陸奧宗光一走，他就向北京報福音：「中堂不幸，大清舉國大幸，此後和款必易商辦。」

伊藤博文去廣島做軍方的工作，苦口婆心地說明了當前的困境。但言者諄諄，聽者藐藐，秀才見了兵，有理講不清。伊藤博文不得已，報於天皇定奪。天皇正在壯年，人也明白，接受了伊藤博文的觀點。

伊藤博文生怕李鴻章回國，談判泡湯。深更半夜就給陸奧宗光發報，告訴他天皇敕許停戰，給李鴻章報喜吧！陸奧宗光也喜氣洋洋地告訴伊藤博文，種種跡象表明李鴻章沒有回國的意思，快回來談判吧！

三月二十八日，陸奧宗光去引接寺給李鴻章送喜帖：停戰，無條件！天皇家娘娘巧手御制的白繃帶把李鴻章的臉一分為二，陰陽各半，繃帶之外的半張臉露出歡悅之色，眉毛都笑了。他的血沒有白流，大清國也有談判籌碼了！

李鴻章本事大，只是槍傷未癒，他不能去春帆樓了，說就在病榻前談罷。陸奧宗光交出停戰草案，不再占質地附條件，等著李鴻章「圈閱」。

二十九日，陸奧宗光又至。李鴻章就停戰草案提出修正案。陸奧宗光除保留對臺灣不停戰一款外，盡依了李鴻章。李鴻章被險些賠上老命換來的成果嚇傻了，以至於沒想再為臺灣爭一把。

三十日，伊藤博文和李鴻章簽署《停戰協定》，規定停戰三週，兩軍各自原地屯紮，不得互為前進。大清國如了願，趁熱打鐵照會日本續開和談，願在停戰期限未滿之前，先成和局。李鴻章受傷靜養，要求日方將所擬議和條款開具節略，送他一覽。

四月一日上午，陸奧宗光與李經方會見於春帆樓，商談日方出示議和條款的程序。陸奧宗光建議兩點：一是一次性提出全部內容，逐條議商；二是逐條提出，逐條議商。陸奧宗光主張後者，李經方主張前者，陸奧宗光也不堅持，要求清方在四天內逐條明確答覆，不做籠統含混之泛論。

下午，李鴻章照覆日方，接受上午所定程序。陸奧宗光見字後，便派人送來日方議和條款的草稿。

這個草稿涉及的主要內容是，朝鮮脫離清國獨立，清國向日本割讓兩大塊土地，一塊是奉天南部；另一塊是臺灣全島及其附屬諸島嶼和澎湖列島。割地之外是賠款，要求清國以庫平銀三萬萬兩交日本作為軍費賠償，分五年交清，年息百分之五。賠款以外，清國要與日本簽新條約，新條約要以清國與歐洲各國現行條約為基礎。

此外，清國要對日本再開放順天府、沙市、湘潭縣、重慶府、梧州府、蘇州府、杭州府為通商口岸。允許日本輪船在清國擴張如下四條航線：第一條從湖北宜昌溯長江以至四川省重慶府，第二條從長江駛進洞庭湖，溯入湘江而達湘潭縣，第三條從廣東省溯西江而達梧州府，第四條從上海駛至吳淞江及運河而達蘇州府、杭州府。日本臣民向清國運貨，一經繳納百分之二抵代稅後，豁免在內地的一切賦稅、厘金、雜捐。日本臣民在清國內地購貨出口，應豁免抵代稅及一切賦稅、厘金、雜捐。日本臣民在清國存貨入庫，毋庸繳納任何稅金及雜費，並有借用倉庫之權利。日本臣民在清國繳納稅費，以清國庫平銀或日本本位銀幣兩可。日本臣民可在清國從事各種製造業及輸入各種機器。清國為擔保認真實行媾和條約，應允許日本軍隊暫時占領奉天府及威海衛，並擔負上述駐軍之費用……。

據此，日本在清國的獲利將遠超過西方列強。

李鴻章大為愕然，來之前知道要割地賠款，沒想到是這麼個割法、賠法！隨來的美國顧問科士達建議密告英、俄、法三國公使，引來干涉。李鴻章從之，電報總理衙門，要求將草稿條款密告英、俄、法，餘者勿洩露，以免它們見利忘義，蜂擁而上，相協謀我。

北京紫禁城裡，光緒皇帝召樞臣議商。恭王奕訢臥病缺席，禮親王世鐸、慶親王奕劻、翁同龢、孫毓汶等人意見齟齬，議無所決。

步履維艱與步步為營

李鴻章等不來清廷的指示，四月五日限期已到，他先備下一個備忘錄，自主回覆。除承認朝鮮獨立外，盡皆回駁。關於割地，他說：國家所有之地，皆列代相傳數千年數百年無價基業，一旦令其割棄，其臣民勢必飲恨含冤，日思報復。關於兵費，他指出，日本所索賠款，既名為兵費，似即指此次用兵之費，其迄今所費詳細數目，未睹官中簿籍，雖非外人所能周知，然較之日本所索之數恐不及其小半。且限年賠費，復行計息，更屬過重不公，亦難照辦。關於通商權利，他認為，中國如准洋商在華改造土貨，勢必盡奪小民生計，於華商所設製造廠所極有妨礙，國家自不能不出力保護。如果中國以此等利益准予日本，各國皆援一體均沾之例，則華商之製造廠所立即擠倒矣……。

伊藤博文閱後，認為李鴻章沒認清定位，還沒意識到自己是戰敗者，更不知道戰敗者是義務者，不能與戰勝者平起平坐，再不醒醒，只能使談判無謂拖延。因此，沒必要跟他辯駁，促其猛醒就是了。

伊藤博文照會清方，說李鴻章所講的是大清國不能割地賠款的難處，當此議和之時，不必具論。戰爭結果所要求的條款，本來就不能與在平常情況下的談判相提並論。請清國全權大臣，不作空泛議論，就日本提出的媾和條約案，或全部或按條項，明確答覆允諾與否。若有希望修改者，亦希逐一開明條項，以約文之體裁提出。

李鴻章見日本沒有讓步的意思，又向國內請示。朝廷樞府仍議而不決，氣得慈禧太后說了話：「兩地皆不可棄，即撤使再戰，亦不恤也！」

總理衙門既不敢把慈禧太后的話當真，也不敢充耳不聞。對割地與否不作指示，反推諉給李鴻章，電諭中把該擔的責任推得一乾二淨，似乎李鴻章才是大清國的當家人，割地賠款全聽他一句話！

日方當然知道開價過高，卻希望連矇帶唬儘快簽約，把戰場上的勝利轉化為實際成果。他們不斷向清方施加壓力，逼其就範。

在四月八日的會談中，伊藤博文拉著臉對李經方說：「尚希清國使臣能深切考慮現在兩國之間的形勢……若不幸此次談判破裂，則我一聲令下，將有六七十艘運輸船只搭載增派之大軍，舳艫相接，陸續開往戰地。如此，北京的安危亦有不忍言者……。」李鴻章聞報後，感到緊迫，致電總理衙門，建議割讓遼南的鳳凰廳、安東、寬甸、岫岩及澎湖列島。賠款以一萬萬兩為限。如果日本不答應，他索性回國。

總理衙門無決策，不發指示。李鴻章一不做，二不休，按自己的主意擬定修正案，送致日方，約在十日繼續談判。

對此，日方固然不能同意。但他們既顧忌列強在側，也懂得妥協是談判的應有之義；高開價碼為的是留下轉圜餘地，沒奢望一錘定音。現在，沒曚住李鴻章反把他逼急，也就到了日本退一小步的時候。陸奥宗光在《蹇蹇錄》中說：「我方最初的提案，本來是作為會談的基礎而提出的，並不是毫無修改的餘地，而且縱使我方具有戰勝者的勢力，如根本不准改變我方原案，不僅失之過苛，且在這種會談上也是不常見的。」日方不再拿最初的提案壓迫清方，稍作讓步修改原案，這就退到了自設的底線上。

四月十日下午，雙方在春帆樓舉行第五次談判。李鴻章傷勢見好，親臨到會。陸奥宗光因病缺席。

按照改定的議和條款草稿，清國新開商港減少為沙市、重慶、蘇州、杭州四處。日本國輪船擴張的航線也有所收縮。賠款由庫平銀三萬萬兩減至二萬萬兩。奉天南部割地範圍也有所縮減。臺灣及澎湖列島仍依原案。

李鴻章強調三點：第一，賠款數額仍然過大，非中國財力所能支付，望再削減；第二，奉天割地應削除營口，因營口乃中國一財源，日本既索鉅款，又奪財源，恰如奪兒之乳，其兒非死不可；第三，臺灣尚非日軍所及之地，不應割讓。

李鴻章對日本的原則是補償性的，甚至認為簡直沒什麼可補償的，只為戰敗才不得不低頭，所以無論賠多賠少，都不肯輕易接受。

伊藤博文對清國的原則是懲罰性的，不光要從懲罰中獲利，還要讓大清國為日本的崛起墊腳，並且永遠匍匐在日本腳下。他的回答是：第一，賠款已減至最低，不能再減，若談判破裂，戰端再起，賠款更巨；第二，奉天割地，已較原案大減，營口不能再讓；第三，割地決定於戰勝者之利益而非受限於攻取之地，日軍已占領清國多地，並不要求割讓，由此而論，未占之臺灣也可割讓。

日本已經意識到戰爭可以發財，是國家崛起的捷徑。日本民間普遍認為戰爭賠款可不高於十萬萬兩，但不應少於五萬萬兩。若二萬萬兩還要縮水，政府就該倒臺了！至於割讓臺灣，明治初期的日本政客就有「**取此地為我有，永鎮皇國之南門**」的設想，限於國力，並未實行。如今，日本一旦據有了臺灣海峽，將切斷清國南、北口岸之間以及清國溝通世界的航線。臺灣對岸的汕頭、廈門、福州等重要城市，盡在其威懾之下。而割奉天南部，將使日本據有遼東半島，控制清國北方門戶，虎視北京！此次條約生效後，日本將南據臺灣，北占遼東，與本土三足鼎立，永遠箝制清國，令其永世不得翻身，縱然睜開睡眼，生出復興之心，亦無振興之日。

伊藤博文咬定牙關，一任李鴻章辯駁，好不容易放出句話來，卻讓李鴻章絕望了，他說：

「駁只管駁，但不能稍改。貴大臣固願速定和約，我亦如此。」

無奈之下，李鴻章與日方約定四天之內作出答覆。

當日，李鴻章給國內發報，請旨定奪。

次日，總理衙門覆電，指示他據理力爭。說日本垂涎金州、臺灣礦藏，萬不得已的情況下，可許倭人以礦利，而土地、人民仍歸我有。大清國知足常樂，一點也想像不到日本的野心！李鴻章還算明白，覆電云：「金州已據，固難爭回；彼垂涎臺灣甚久，似非允以礦利所能了事。」

為了讓大清國感受到日本決心的壓力，伊藤博文致函李鴻章稱：「所有昨交和約條款，實為盡頭一招兒。清國或允或否，務於四日內告明。其四日限期，系從昨日算起。」並且提醒李鴻章——戰爭這東西有進而無止，今日可僥倖得到的媾和條件，明天怕就得不到了。伊藤博文話裡有話，李鴻章道盡途窮，他電詢總理衙門，下一步該當如何？

四月十二日，李鴻章覆函伊藤博文，要求再談一次，對割地、賠款兩項酌為減輕。

十三日，伊藤博文回敬一函，稱已讓到極處，無可再讓。這天，李鴻章接到總理衙門電旨，指示他如果無可商量，可以訂約。

李鴻章領了尚方寶劍，更加裹足不前——祖傳的山河，即將經他過手一去不返，老人家肝腸寸斷，他背負不起千載的罵名，一連兩次發電，請示是否訂約。十四日、十五日總理衙門連覆兩電，內容相同：「原冀爭得一分，有一分之益。如竟無可商改，即遵前旨，與之定約。」至此，李鴻章才願意相信，情勢已經到了折戟沉沙的最後關頭！

四月十五日下午兩點三十分，清、日雙方在春帆樓舉行第六次談判，直談到晚上七點三十分。李鴻章最後一搏，為他的國家、朝廷懇求日本人稍作讓步，從二萬萬兩賠款中削減五千萬兩或者哪怕兩千萬兩，如若不成就送個人情，減下幾分給他做回國的盤纏。老人家可憐至極，就差哀哀哭泣了！朝廷電旨「爭得一分，有一分之益」，他當然要「錙銖必較」，但都是徒勞，日本人吃秤砣鐵了心，往返的盤纏當然是李鴻章掏腰包！

這次談判，雙方只達成一點：四月十七日上午十點簽約。如此一來，四月十五日也就成為談判的結束之日。

在馬關談判期間，清廷企望著列強干涉，暗中把日本的議和條款透露給列強。由於日本破譯了清國的密電碼，可以設想，凡落到日本手裡的電報底稿，日本都破譯了。

陸奧宗光的《蹇蹇錄》一書信手拈來就列舉李鴻章與清廷間的電報，說明清國的電報往來都在日本的監視之下。

四月十七日上午十點，春帆樓重相會，這是第七次了，曲終奏雅出成果——兩國全權大臣簽署《講和條約》、《議訂專條》及《展期停戰另款》等法律文件。《中日講和條約》共計十一款，最為重要，史稱《馬關條約》。主要內容維持在伊藤博文的堅守上，李鴻章老驥伏櫪鞠躬盡瘁！條約規定，清國認明朝鮮國確為完全無缺之獨立自主，故凡有虧損獨立自主體制，即如朝鮮向清國所修貢獻典禮等，嗣後全行廢絕；清國割讓遼東半島、澎湖列島、臺灣全島及所有附屬各島嶼給日本；清國賠償日本軍費庫平銀二萬萬兩；日本臣民得在清國通商口岸城邑，任便從事各項工藝製造，又得將各項機器任便裝運進口，只交所定進口稅；清國開放沙市、重慶、蘇州、杭州為商埠，日船可以沿內駛入以上各口，搭客載貨等等。

《馬關條約》不光令大清國從本土上割肉，還丟了關係最為緊密的屬國朝鮮，顛覆了東方文明所創立的華夷秩序。大清國還留在「天下」的一隻腳，將被完全拖入西方文明條約制世界體系的門檻裡。

簽字後，雙方都卸下千斤重擔，輕鬆了。伊藤博文好興致，朝花夕拾話當年，他說：「談判結束之日，兩次均為四月十五日，亦可謂奇矣！」李鴻章不知是苦是澀，盲從一句道：「實屬奇也。」十年前二人簽下《中日天津會議專條》，當時，李鴻章不無得意，以為可保清、日二十年無事，不料僅僅十年，《中日天津會議專條》竟成為甲午戰爭的直通車，成為《馬關條約》的前奏曲。箇中滋味，夠李鴻章苦澀品嘗了！

李鴻章馬關簽約，割地賠款，背上罵名，憑心而論不公平，因為他執行的是清廷的決策。

甲午戰爭，日本從清國獲得的賠款超過了三億五千萬日元。戰前，日本政府的年度財政收入不過八千四百萬日元，一場戰爭就賺了這麼一大筆，縱是日本全民榻榻米上躺四年也可以天天打牙祭！日本嘗到了戰爭的甜頭，堅定了戰爭的信念。他們一直致力於國家的崛起，尚無暇自問崛起以後該幹什麼。甲午戰爭讓日本眼睛一亮，發現了答案，那就是發展軍國主義！

金子光燦燦，帶著清脆的聲響滾滾而來，島國如練從頭到尾貫穿了又驚又喜。偌大一筆財富大部分被日本政府以直接或間接的方式用於擴充軍備，日本迅速走向軍國主義。在接下來的半個世紀裡，日本在一次次侵略鄰國的戰爭中，發展壯大成為遠東的戰爭策源地。甲午戰爭既是日本崛起的起點，也為日本軍國主義的敗亡埋下了隱線。

《馬關條約》併發症

《馬關條約》簽訂後僅六天，便引來俄、法、德三國的干涉。日本日防夜防，還是防不勝防。這次聯合干涉的首倡者竟是看上去事不關己的德國！

德國的在華利益主要集中在山東、華北一帶，其心願是在這一帶獲取一個海港。日本要清國割遼東，一但得逞，德國受制於日本，海港之願必然落空。德國欲以阻止日本換來清國的回報，也就是得到海港。

德國先聯絡英國。英國為了對付俄國，一向扶持清國，但清國如同劉備之兒，是個扶不起的阿斗。日本是俄國的天敵，若取代清國進入朝鮮，英國也不吃虧。所以，英國一方面希望清、日和平，維持亞洲現狀，另一方面調停無望，它知難而退，不得罪任何一方。戰前，日本向英國保證不影響其在華利益，英國無話可說。戰後，日本要清國割遼東，受刺激的是俄國，於英國無損；英國的利益主要集中在長江流域。沒了遼東，北京將失去屏障，英國更願意建議清國遷都於英國勢力範圍的某個地方，如南京。於是，英國拒絕了德國一同干涉日本的邀請。

德國又遊說俄國，兩國是近鄰，德國的東部邊陲承受著俄國的軍事壓力，引俄國介入亞洲事務就是引誘北極熊去吃北方的牧草，有利於德國東部壓力的緩解。德國特別提醒俄國，日本若占遼東半島勢必侵害俄國的亞洲利益。

大清國割地不覺得疼，俄國卻倍感侮辱，不能容忍這地割到自家的眼皮子底下！俄國認為日本吞下遼東半島後，還要再吞朝鮮，這將對俄國的遠東領土和西伯利亞大鐵路構成極大的威脅，為了防備日本，俄國不得不加重額外的軍事負擔。俄國內部響起對日本開戰的呼聲。德國送上門來，俄國求之不得。

俄國的盟友是法國，它正在生德國的悶氣，原因是德國為慶祝普法戰爭勝利二十五週年，要舉行大典！法國不願意與德國共事，又不能違背與俄國的盟約，更不能讓對手拉走自己的盟友，自然接受了俄國的邀請，表示盟國應該一致行動。這樣，德、俄、法三國的聯合就形成了！

德國人開了頭，俄國人就該挑大樑，因為地割近自己門下，再不拍案而起，說得過去嗎？

四月十一日，在政府的決策會上，俄國新任外交大臣羅拔諾甫說：「**在任何情況下，不能指望日本的友誼，它不僅對中國戰爭，還要對俄國戰爭，以後會是對全歐洲。日本在占領南滿以後，決不會止於此，無疑將向北推進殖民。**」此人實在精明，每一句話都在之後應驗了。

財政大臣維特也很有靈氣，他認為假使日本占領南滿，將足以威脅俄國，並且預言，朝鮮脫離中國之後不會獨立，而是全部歸併於日本；日本在不久的將來還要瓜分中國。他樂觀地預計，西伯利亞大鐵路快竣工了，我們的機會大大增加了。還展望了這樣的未來：俄國因不能容許日本占領南滿，就成為中國的救星，中國會同意用和平的方式修改兩國邊界，俄國的地盤就有機會擴大了。

會上反對日本染指滿洲形成了共識。沙皇聞奏後，把陸軍大臣萬諾夫斯基和海軍元帥亞歷山德羅維奇大公，以及外交大臣羅拔諾甫、財政大臣維特等重臣召來皇宮再議。最終定策：對日本不客氣，予以干涉。

四月十七日，俄國外交大臣羅拔諾甫鄭重聲明：俄國政府決定，立即以友誼的方式，直接向日本政府提出不要永久占領清國本土的忠告。如果日本不接受，俄、德、法三國將對日本在海上採取共同軍事行動，切斷日軍在清國大陸上與本國的一切交通，使它孤立。也在同一天，德皇威廉二世下令派兩艘軍艦巡遊東洋。

十九日，俄、德、法三國商定於次日在東京採取「共同行動」。

由於英國的大國地位，最後時刻三國聯盟還想拉攏一下。如果是四國聯盟，小日本就更小了。但英國紳士耐得住寂寞，堅持「光榮孤立」。英國認為《馬關條約》生效後，清國更大範圍的開放，更多港口的便利，將給國際貿易帶來好處，英國會因此獲利。而且日本的勝利勢必阻礙俄國在滿洲和朝鮮的發展，日本足以代替腐朽的清國擔負起抗俄的責任。

為了等候英國，俄、德、法三國推遲了在東京的「共同行動」，結果空等了三天，英國不肯加盟。

四月二十三日下午，俄、德、法三國公使聯袂至日本外務省送備忘錄。可日本天皇御駕親征，還在廣島大本營，眾臣隨侍在側。外務大臣陸奧宗光一身重病，仗打勝了他也堅持不住了，正在播州舞子休養。東京幾無重臣，外務次官林董最為「高幹」。他出面與三國交涉，話也不敢說，屁也不敢放，使喚丫頭拿鑰匙，事事做不得主。三國公使遞上備忘錄，異口同聲說奉本國政府敕令，就清、日媾和條約中割取遼東半島一條提出異議。德國的備忘錄竟對動武企圖直言不諱：「**貴國弱，敝國強，若果開戰，貴國必敗！**」

四月二十四日上午，聚在廣島的日本大頭目們開會，應對時局。伊藤博文提出三種方案：一、斷然拒絕俄、德、法之勸說；二、召開國際會議，將遼東半島問題交該會議處理；三、完全接受三國勸說，以恩惠的方式將遼東半島交還清國。

當時，日本舉國沉浸在勝利的喜悅中，都為皇軍不攻陷北京城而惋惜，覺得皇軍無愧為文明之師、仁義之師。三國聯合干涉，以強相逼，讓日本人彷彿遭了雷劈。日本國內空虛，海陸兩軍精銳或在清國大陸或在臺灣。戰爭已讓這個小國筋疲力盡，軍需物資和人員都不足以應付新的戰爭；而情報表明，俄國磨刀霍霍向東瀛，一支三萬人的軍隊正在向遠東邊境集結，海參崴已被宣布為臨戰區，俄國代理海軍大臣契哈乞夫發下狠話，準備截斷日本的海上交通……。

與會者一致認為日本尚無力抗衡三國中的任何一國，更不用說三國聯盟了！因此，既不可與第三國失和，也不可增加新的敵國。這樣第一方案被否定。而第三方案是示弱，也不可取。除了第二方案召開國際會議外，計無所出。

會後，伊藤博文離開廣島，去舞子見病中的陸奧宗光。

陸奧宗光已經骨瘦如柴，弱不禁風，心腸卻硬過石頭！他不同意召開國際會議，因為列國都打自己的小算盤，付諸國際會議，難免節外生枝，不光遼東半島，怕是整個《馬關條約》都得報廢。一番話，讓伊藤博文和同來的幾位大臣頻頻點頭。雖則如此，總得快拿定主意，時間拖不起！伊藤博文與陸奧宗光定下一條原則，就是縱使對三國最後不能不完全讓步，對清國也要一步不讓。

陸奧宗光盤算，三國的關鍵是俄國，抓住龍頭先破俄國，德、法就好辦了。他令駐俄國公使西德二郎向俄國宣明日本的立場：放棄遼東半島實難辦到，日本永久占領遼東半島，亦不致危及俄國利益。關於朝鮮獨立，日本一定滿足俄國的要求。

俄國這回絕不半途而廢，就是不鬆口，逼日本放棄遼東。

陸奧宗光無奈，轉而拉攏英、美、義三國，以抗衡俄、德、法三國。結果英、美一個腔調：局外中立。義大利自甘渺小，說要看英國的態度。

三國聯盟瓦解不掉，三國公使輪番「轟炸」，三天兩頭來日本外務省「忠告」，讓日本三思，勿與三國對抗。甚至警告日本不要以為事情可以「拖」過去。陸奧宗光的招數使完了，日本的敗北也就進入倒數計時。駐俄公使西德二郎從彼得堡給他發報說：若不顧開戰之危險拒絕三國，實非上策。不如放棄遼東半島，向清國索取一筆賠償費。垂死掙扎的陸奧宗光總算吐出活話來，基本同意了西德二郎的建議，但有所保留，他不肯放棄遼東全境，想留下金州。

就此，日本政府向俄、德、法三國提交了內容相同的備忘錄。俄國也以備忘錄答覆日本：俄國不能滿足，日本必須放棄全部的遼東半島！德、法兩國都是俄國的應聲蟲，當然也說日本應該放棄。

俄國欺人太甚！陸奧宗光自從和清國開仗，揚眉吐氣，以為大日本崛起了，這時候才知道日本還差得遠。體內的病菌正蠶食他的肺臟，像蠶吃桑葉；紛亂的思緒正糾纏他的愁腸，折磨得這塊鐵石淚線漣漣，形容枯槁。陸奧宗光淪落為可憐的弱者，國家不強大縱他渾身是鐵也打不出幾根釘，沒有武力為依賴的外交，多少心計努力都等於零！他知道該對三國做出讓步了。

五月四日，日本內閣及大本營聯合開會，會址移往京都，會議內容是應對三國干涉。弱國無外交，在軍國主義理想不能實現之前，就得認栽！都想明白了，決議就做出了，天皇就批准了。

次日，陸奧宗光電致駐俄、德、法三國公使：「日本帝國政府根據俄、德、法三國政府之友誼的忠告，決定放棄遼東半島之永久占領。」

三國心滿意足之後，都給日本換上一副明豔放光的新面孔，轉而繃著臉催大清國重合同守信用，如期換約。《馬關條約》還要受累跑程序，經兩國皇帝批准，換約後方為生效。五月七日，兩國互派代表在中國煙臺辦理了換約手續。

五月九日，俄、德、法三國駐日公使至日本外務省，共同表示對日本極為滿意。日本打掉牙往肚子裡吞，十日，天皇頒詔，表示接受三國的忠告，放棄遼東。

日本皇帝連吐帶瀉，心裡滋味不好受，那是飽漢不知餓漢飢，大清國皇帝才真正是相當難受。五月十七日，光緒皇帝明發聖諭，就割地賠款訴說不得已，號召練兵籌餉，收自強之效。至於敗之何以敗，一如既往不知其詳，只好時刻準備著迎接新的失敗了！

事至如此，還不算完，遼東之事尚未塵埃落定；日本不得遼東之地，總要得幾個錢。大清國並無討價還價的資格，只能打開錢箱回贖這塊不曾出典就押給了日本的土地，至多能問一句：「您要多少？」

日本先關起門來給遼東定價，起手開出白銀一億兩，反覆推敲，預計大清國囊中羞澀沒幾個大子了，就算殺了它，拿不到錢也白搭。況且，三國也未見得答應。自裁一刀砍一半變成五千萬，這就是底線了。

日本推開房門向俄國，而無需向清國報價。誰知，又被俄國算計了——俄國不為殺價，就為殺日本的威風，不管開價多少，都要見面砍一半，這就成了兩千五百萬。日本委曲求全，抱定多爭一兩是一兩的主意，和俄國死纏爛打。俄國到底是仲裁者不是當事人，就准了日本所請，落錘敲定三千萬。

大清國的底線是一千五百萬至兩千萬，結果出超了！李鴻章又冀「爭得一分，有一分之益」，但日本外務次官林董忠實地執行大日本帝國對三國完全讓步，對清國一步不讓的政策，三千萬大子兒一個不能少！日本的性格就是欺善怕惡，李鴻章自然白磨牙！

不管好歹，遼東總算贖了回來。如此一來，《馬關條約》在執行中走了樣，日本沒得到遼東，大清國在兩億賠款外，再加三千萬，共計兩億三千萬兩。

三國干涉後，大清國要「出血」了。

西伯利亞大鐵路若從赤塔進入中國而聯結海參崴，就避開了凍土帶，俄國向清廷提出將鐵路鋪入中國境內，經東北直達海參崴的要求。這種事人家開口了，大清國那麼體面，哪能不答應？

德國得到了位於天津和漢口的兩塊租界地，但沒實現既定目的，便找藉口強占了膠州灣。這又撩撥了俄國謀取不凍港的心扉。俄國多少年來都在打朝鮮的主意，受到英國、日本的牽制不能如願，這次機會豈能錯過？一下子就把軍艦開進了旅順、大連，聲稱要保護中國免受德國的侵略。

德、俄都於大清國有救駕之恩，大清國縱是滿面含羞也不好撕破臉皮。不作城下之盟，全是自願簽約，以租界的名義把山東許給德國，把遼東許給俄國。德國在遠東有了海港，俄國也解決了在亞洲的軍港問題，皆大歡喜。遼東半島趕走了日本又來了俄國；日俄換防，這是大清國出資三千萬買來的！法國也不能白搭，租下廣州灣，還要清廷保證永不將滇、桂、粵諸省割讓或租於他國。

英國無功受祿，想做摘桃派！原因是為了世界秩序，必須維持大國均勢。它最怕俄國來亞洲，俄國真就來了，不能不防。俄國進旅大，占了渤海的一扇門，英國就要另一扇。清廷不敢說不，英國艦隊就開進了威海灣。法國是英國的傳統敵國，占了廣州灣危及香港，那麼，英國就應有九龍以為對抗，清廷還得答應。

日本真怕大清國把家敗完喪盡，使臺灣淪為孤島，陷於列強的重困之中，提出「不把福建省割讓或租借與其他國家」的要求。之後，乾脆派兵登陸鼓浪嶼，謀劃設立廈門租界……。

幾年的工夫，北起旅順、大連，中經威海、膠州灣，南至廣州灣、九龍，帝國主義開疆拓土，腦滿腸肥，大清國豆剖瓜分，人比黃花瘦。

三國干涉，日本被拿下，這是它永遠的痛，感覺到戰果丟失了一半，從此臥薪嘗膽連吞十年苦水，瘋狂擴軍備戰。俄國干涉了日本並且搶了日本的勝利果實，把遼東變成了自己的根據地。日本苦大仇深，難怪要和俄國結下樑子。

臺灣自主抗日

割讓臺灣

臺灣本隸屬於福建省的一個道，稱為臺灣道。西元一八八五年中法戰爭後，清廷將其從福建分離出來，改設升為一個省。當時，為抗擊法國，吏部候補主事唐景崧毛遂自薦，招撫了受清軍追剿跑入越南的黑旗軍。唐景崧從此宦途顯達，在甲午戰爭中升任臺灣巡撫。

西元一八九五年四月十七日，清、日《馬關條約》簽訂，規定臺灣全島及所有附屬各島嶼、澎湖列島永遠割讓給日本。一石激起千層浪，臺灣紳民反對割臺，群情激憤。作為地方最高長官，唐景崧是清廷的代表，官民士紳擁戴他領導抗日。他接連給朝廷發報，表示守土有責，不敢奉詔割地。總理衙門電覆他，割臺乃萬不得已，如不割臺灣，戰事不已，則北京危殆。明示他臺灣交割後，百姓去留自主，兩年內，不內渡者作為日本人、改衣冠。

朝廷不能為臺灣做主，臺灣只能自救。

臺灣士紳向唐景崧薦賢，推舉了苗栗縣進士丘逢甲，說此人勇於任事，曾在北京做官，已經訓練起一支團練，統人馬十營。於是唐景崧立即將丘逢甲招在麾下。

前駐法參贊陳季同向唐景崧提議：「民政獨立，遙奉正朔，拒敵人。」大陸上的兩江總督、南洋大臣張之洞致電唐景崧，建議他「庇英自立」。兩者之意皆在讓他促進「臺獨」。唐景崧於是通過清國駐英、法公使龔照瑗聯繫，求助英國保衛臺灣，許以金、煤兩礦之利及茶、腦、磺三稅作為酬報，但英國不占這個便宜。

龔照瑗尋求英國協助不成，又轉而求助法國，然後樂觀地電告唐景崧：「法有保台澎不讓倭意。」龔照瑗沒說謊，法國確有此心，只是瞻前顧後，貪吃怕燙，想拉上西班牙一起參與。這時德國卻殺了出來，不許法國在中國擴大地盤。自從普法戰爭以後，法國不敢不提防德國，權衡大局後也放棄了龔照瑗的求助計畫。

朝廷不能救臺灣，洋人焉能？臺灣只能獨立自救和日本「單挑」了！

在最後的時刻，唐景崧、丘逢甲、陳季同仍不斷向北京發報，質問朝廷何以棄臺灣於不顧。清廷受到來自臺灣與大陸的同聲質問，承受著巨大的壓力，幾次致電李鴻章，讓他和負責簽訂條約的日本內閣總理大臣伊藤博文再談談，設法挽回。

五月十八日，李鴻章回覆說，伊藤博文電告他，日本任命樺山資紀為臺灣總督，已立馬起程赴任！也就是意指割讓一事已無轉圜餘地！清廷見後死了心，電令唐景崧開缺，來京陛見，臺省大小文武官員內渡。又給李鴻章發電，令他速派李經方去臺灣與日本做簽約交割的動作，別讓日本誤以為大清國不講誠信。

事至如此，臺灣已走投無路。若不想委身日本，就只能自立為王！

五月二十一日，臺灣名流聚議，決定改省為國，成立「臺灣民主國」，年號「永清」，寓「永遠隸於大清國」之意。公推唐景崧為第一任臺灣民主國總統。所謂「民主」，並非西方意義上的民主政體，而意在「台民自主」，並鑄了「臺灣民主國總統之印」，製成長方形的藍底黃虎國旗。印鑑鑄純金而成；國旗上的老虎呼應滿清帝國國旗的黃地青龍圖樣，採用藍地黃虎圖，表示視大清國為皈依。

五月二十五日，在丘逢甲、陳季同等人眾的簇擁下，唐景崧披掛清朝官服，受臺灣民主國總統金印及國旗。他向著北京，望闕九叩首，大哭而入總統府——昔日之巡撫衙門。臺灣民主國就這樣成立了！丘逢甲、陳季同等民主國的締造者們都在唐景崧總統名下做了新誕生國家的領袖。

然而，「總統」唐景崧並不曉得如何統領臺灣抗日。他籍貫廣西，進士出身，是清廷派任的官員，頭腦裡有許多「華與夷」、「化內與化外」、「熟番與生番」之類的侷限邊框束縛住他，使他看不起臺灣的原住民。而自己從廣東招來的官軍，良莠不齊，軍無紀律，部無行伍，幾無戰鬥力。

那時的臺灣，不比今日大道通衢，海陸空三位一體。島上古樹枯藤，窮山惡水，蠻荒未開，瘴疫肆虐。地勢天然地將全島分割為臺北，臺中、臺南三大塊，南、北之間欲行無路，唯有荊棘遍地。若要深入腹地，除了逢山開路，遇水搭橋外，別無捷徑。

臺灣民主國推算，日軍將從基隆或其西側五十里外的淡水登陸，然後直搗臺北。他們因此據此排兵布陣，可惜失算了。

西元一八九五年五月二十九日，樺山資紀領著人馬去臺灣準備做官。日本海軍以松島為旗艦，護送運兵船十一艘，選擇基隆東側五十里外三貂角的澳底登陸（今新北市貢寮區三貂角附近）。

淡水是臺灣島的西北角，澳底是臺灣島的東北角，互為相反的兩端。臺灣民主國推算了個南轅北轍。澳底駐守著兩營臺軍，見到日本就開火，日軍開槍開炮也不客氣，臺軍只能撤退。

日軍順利登陸，拖槍拽炮，向基隆艱難行進。沿途重巒疊嶂，羊腸小徑。在到達基隆前，他們必須打通臺北第一高山三貂嶺。三貂嶺僅有臺軍一個營，總統唐景崧聞警，連發幾批人馬救急，還是晚了一步。五月三十日，當第一批部隊四百人出發的時候，三貂嶺已成為日軍的兵營。同一天，清廷派李經方赴臺灣簽約。李經方率隨員及美國顧問柯士達，為避開民怨，他們去到基隆外海上的日本軍艦裡執行簽約動作。

六月二日，在日本首任臺灣總督樺山資紀的座艦上，清、日雙方完成了臺灣交割的法律手續。從這一刻開始，臺灣是日本的了！單一民族的大和日本國變成了多民族國家，添丁進口，稱心如意！在舉行簽字儀式的同時，日軍向基隆周邊最後的防線瑞芳前進，與臺灣民主國的軍隊交火，瑞芳當日失陷。

六月三日一大早，四千日軍進軍基隆，十點半與臺軍相遇，發生了戰鬥。日本海軍也拉開架勢，炮擊基隆。下午一點，暴雨傾盆，加大了攻堅的難度，直戰至下午五點才攻破城門，殺進市街。經過一番巷戰後，終占基隆。當基隆失守的消息傳進臺北城的時候，臺灣民主國的大員們個個驚慌失態，開始積極回應清廷文武官員引為內渡的諭示，一時間兵荒馬亂。臺灣民主國締造者之一的陳季同先行一步，挾資宵遁。

日軍馬不停蹄，進攻通向臺北的要地獅球嶺炮臺。四營臺軍不能抵擋，一小時後，獅球嶺失守。曾經言辭激越，向清廷慷慨請命的總統唐景崧，辜負了臺灣民眾的期望，聽聞獅球嶺告急後，他一頭栽進總統府就沒了蹤影。

做官的都跑了，總統活不見人死不見屍，前敵潰兵不受羈絆，蜂擁入城，立時變作土匪。他們既冤枉又委屈，燒殺劫掠無惡不作，把總統府點了火，發洩上當受騙、被出賣、被拋棄的憤怒。為了搶奪金庫，臺軍和臺灣原住民發生械鬥，死者四百餘人，臺北隨即陷入無政府狀態。

六月六日，臺北士紳聚議，共商大計。他們擬定了請日軍進入臺北的呈文，但因不知如何交給日軍而焦急。此時，雜貨商人辜顯榮自告奮勇，甘冒一死去尋找日軍。就在這天夜晚，臺灣民主國總統唐景崧，喬裝成老婦人，攜著金銀細軟出逃淡水，披星暗渡，乘德國商船鴨打號逃回中國廈門！從五月二十五日宣誓就職到棄械逃跑，唐景崧才做了十三天總統。

辜顯榮成功地找到日軍，願給他們帶路。這麼好的良民，日軍偏將信將疑。匯總多方情報，決定冒險一試，押辜顯榮帶路。七日抵臺北，發現果然是空城，遂占領。為了表彰辜顯榮，日本人讓他做了臺灣保良總局局長。

六月十五日，樺山資紀抵臺北府城，來這塊大日本帝國新拓的疆土上當家。十七日，樺山資紀在臺北主持「始政典禮」，宣布大日本帝國臺灣總督府正式成立。六月十七日則成為日本歷史上的「始政紀念日」。

臺灣民主國沒了「總統」，「總統」以下的官員還有多大的抗日必要性呢？駐守臺北後路的總兵余清勝致書日軍，目無總統地說：「**體我皇上媾信修和睦之至意，何敢抗違，亦不敢有觀望。**」他就這麼率五營臺軍投降了。此時，臺北後路還有丘逢甲的十營人馬，但這個識時務的俊傑，知獨木難支退往臺中，轉而離臺內渡回中國，辛辛苦苦組建的十個營全不要了。臨行前還寫詩抒憤：「宰相有權能割地，孤臣無力可回天。」飽讀經書的人，品論別人針針見血，看自己卻不清不楚，所以也只能一心罵李鴻章！

守臺義軍的血勇與崩潰

唐景崧、陳季同、丘逢甲，這一個個大清國的進士、臺灣民主國的締造者，都像大清朝廷一樣拋棄了臺灣。現在，就看臺灣土生土長，真心為著臺灣著想的人民了！一個個臺灣義士開始站了出來，為了保衛家園，臺灣民眾自動自發地組織起各種義軍，利用複雜的地形與敵人周旋。誓死抗日，保衛家園的精神可歌可泣。

占據臺北後的日軍開始向南推進。山高路險，瘴疫流行，還不斷遭到沿途義軍的伏擊，日軍損兵折將，前行速度緩慢。六月二十二日，日軍攻陷新竹縣城，占領了竹塹城，知縣及帶兵提督逃跑，但新竹城外到處是臺灣的客家義軍，新竹的日軍反而處在義軍的包圍之中。新竹是形勝之地，據而有之便可直搗臺中、臺南，以至占領全島。為阻止日軍，各路義軍聯手，試圖保衛新竹，儘管沒有成功，卻成功讓日軍受到重創。

日軍由新竹南下，將攻臺中。臺灣知府黎景嵩，召集轄境臺灣、彰化、雲林、苗栗四縣官紳，籌劃戰守，開設了籌防局，組織起「新楚軍」，任命副將楊載雲為統領。

八月八日，日軍近衛師團分兵左翼隊、右翼隊向尖筆山前沿地區進攻。日本海軍吉野號、秋津洲號二艦駛近海岸，開炮助攻。義軍雖頑強抵抗，但寡不敵眾，且非正規軍隊，武器簡陋，無力抵擋日軍的攻擊，被迫後撤。

八月九日，日軍步兵的三個聯隊，在三艘軍艦的配合下，分別向尖筆山主峰和新楚軍大本營所在地頭份莊進攻。新楚軍統領楊載雲力戰不退，直至陣亡。堅守尖筆山的抗日義軍也失利撤出。日軍遂占領了尖筆山和頭份莊。

抗日義軍南撤到苗栗縣，日軍乘勢南窺苗栗。臺灣知府黎景嵩向臺南守將黑旗軍統領劉永福呼救，劉永福派兵來援。八月十三日，日軍攻苗栗。抗日武裝終未能阻擋日軍前進的步伐，南撤至大甲鎮。苗栗知縣李烇見大勢已去，內渡逃回中國。十四日，日軍占領苗栗縣城。還想要南進的話，日軍下一步就必須攻占彰化縣城，若想攻彰化，則必須先涉過大甲鎮後路的大甲溪。此時，駐守大甲鎮的是剛從苗栗退回的黑旗軍部將吳彭年。

八月二十二日，吳彭年布陣於大甲溪，伏擊了興高采烈準備渡河的日軍。次日，日軍來攻，渡過大甲溪，兵鋒指向臺中。經過一晝夜的激戰，臺中陷落。臺中西南便是彰化，日軍若能攻取，臺灣中部的戰鬥就解決了，接著再去掃蕩臺南，臺灣全島就可落入囊中。此時，彰化城內有各路義軍和劉永福的黑旗軍共計三千六百多人。他們在彰化城東的八卦山布防。八卦山是彰化城外的制高點，勢如天然屏障，八卦山不失，彰化城不破。

八月二十七日夜，日軍分三路，從東、西、南三個方向包圍八卦山。次日晨五點三十分，日軍發起進攻。鏖戰中，多名義軍將領和黑旗軍將領吳彭年陣亡，守軍殘部突圍而出。日軍遂占八卦山，繼而從東、南、北三門入城。臺灣知府黎景嵩從海路逃至臺南，彰化城陷敵。彰化淪陷，劉永福坐鎮臺南，內無糧餉，外無援兵，處境孤危。他是土匪出身，早年參加天地會反清，失敗後創建黑旗軍，為躲避清廷的剿殺，他變裝逃回廈門。

十年前，中法因越南爆發戰爭，張之洞等清流人物對劉永福屢加保舉，唐景崧與其有廣西鄉誼，赴越南前敵招撫，使劉永福為清廷抗法。劉永福不負眾望，也因此名聲大振。戰後回國，官封到記名提督、廣東南澳鎮總兵，安享太平之福。部下人數眾多，從被官府征剿到為朝廷做官，人人得意，有光宗耀祖之快。甲午戰爭中，劉永福受唐景崧保舉，來臺灣幫辦軍務。然而，那支在越南能打仗的黑旗軍已不復存在，他在廣東潮汕一帶招募了幾千新兵，臨時配備些武器就來打仗了。劉永福本與唐景崧相善才來臺灣，但一夜間唐景崧交了官運，坐了臺灣第一把金交椅，他反被猜疑疏遠。

日軍侵臺事發，劉永福要來臺北幫唐景崧守城，但唐景崧握有自己的兵力，並沒有答應。日軍在澳底登陸後，臺南鎮總兵內渡回中國，其所部交由劉永福兼管，劉永福做了臺南守備，才由臺灣南端的恆春進駐臺南府城，成為臺南抗日的主軸人物。唐景崧帶著「總統」金印內渡後，臺北防線全潰，臺中防禦空虛，唯有劉永福在臺南坐擁強兵，而所謂強兵，也不過十營，人數在五六千上下。臺灣士紳又打造了一顆「總統」銀印，推戴他繼任總統，指望他帶領臺灣人民自救。劉永福堅辭不受，只願以臺灣軍務幫辦的身份領導抗日。當時，日本顧忌三國干涉，海陸兩軍均有守土任務。這使得侵臺日軍後援不繼，因戰鬥、患瘧疾、痢疾損失許多兵力卻得不到補充。可這種狀況很快就因三國干涉結束而改觀。

六月二十一日，兩江總督張之洞曾來電稱：「俄國已認臺自主，問黑旗尚在否？究竟能支援兩月否？似此外援已結，速宜將此事遍諭軍民，死守勿去，不日救兵即至也。」這封電報，給了劉永福極大的鼓舞。

六月二十九日夜，劉永福設壇幄，祭告天地神祇，率臺南文武官員百餘人歃血為盟，誓死抗日。《盟約》云：「變出非常，改省為國，民為自主，仍隸清朝。即各友邦，許為輔助，何況我輩，敢不維持？嗚呼！為大清之臣，守大清之地，分內事也，萬死不辭。一時千載，縱使片土之剩，一線之延，亦應保全，不令倭得。」盟罷，出告示曉諭臺民：救兵將至！萬眾歡呼，聲如雷震……。

為招降劉永福，樺山資紀托英國人送來勸降信。劉永福非但不降，還回信把樺山資紀罵了一頓。可好景不長，戰局吃緊，劉永福多次電致張之洞，尋求支援。張之洞覆電時一改先前口吻，明示他內渡：「朝廷不得已割臺，曾有旨召各官內渡，閣下自在其內。」又說：「臺向不歸江南管轄，來使越俎。」即臺灣不歸他張之洞管，劉永福內渡也不要上他的門。曾幾何時，張之洞還曾通過電報傳來俄國欲出兵相助的好消息，劉永福危難中拿張之洞當救命稻草，臺灣人民和劉永福殷切地指望著張之洞幫上大忙，如今張之洞卻反而要撒手！

九月二十六日，張之洞最後一次來電，和劉永福劃清界限：「守臺之舉，出自閣下義勇，鄙人並未置詞。至守臺兩月，俄即來援之說，實系訛傳。俄國在北，如何能顧及臺灣？鄙人並未發此電。今或去或留，仍請閣下自酌，鄙人不敢與聞。至協濟餉械，疊奉諭旨嚴禁，萬不敢違。愧歉萬分，務祈原諒。」張之洞宦途之上識時務，永不迷失方向，眼見臺灣不保，他不可能建起死回生之功，便像大清國拋棄臺灣那樣，他這回把劉永福拋棄了。

日軍欲攻臺南府城，直搗劉永福的老窩。計劃以一萬五千人由陸路出彰化，經過嘉義縣從正面直撲臺南，而大部隊兩萬五千人分別由基隆和中國大連灣運兵，走海路在澎湖會合，再分別從臺南的側面和背面登陸。這樣，就形成對臺南的夾擊之勢。

日軍在南進途中，遭到黑旗軍和義軍的阻擊。但黑旗軍兵力有限，義軍苦鬥數月不得休整，大大影響到戰鬥力，終擋不住日軍。退至臺南時，損失慘重，力量更為削弱。十月八日，日軍從北、東、西三面包圍了嘉義。劉永福令部將王德標據城固守。

九日，日軍向嘉義發動總攻。十一點三十分，從三面炮擊嘉義，之後，陸上軍隊發起攻擊。四十五分鐘後，先後占領了西、北、東三座城門，挺兵入城。嘉義失陷。知縣孫育萬乘南門未失之機，奔回臺南。王德標率餘部後退百里至曾文溪。

當天，在澎湖會合的日軍，麇於馬公灣。四十九艘運兵船，由吉野、秋津洲、浪速、濟遠（北洋海軍降艦）等艦護航，拔錨起錨向臺南進發。這批日軍以混成第四旅團和第三旅團為主力，混成第四旅團為北軍，任務是登陸布袋嘴，由北路進逼臺南府城；第三旅團為南軍，任務是在枋寮登陸，從後面撲向臺南，拊扼其背。

兩路日軍登陸後，迅速展開攻勢。登陸布袋嘴的日軍會合彰化日軍，殺奔臺南。登陸枋寮的日軍一路向北打，夾擊臺南。日本軍艦吉野號與秋津洲號、浪速、濟遠、大和、八重山六艦排成一列，炮擊打狗（高雄）港，陸戰隊強行登陸。打狗北距臺南府城百里，打狗炮臺守將劉永福之子劉成良無力拒敵，率部撤回臺南。日軍海陸交攻，幾路人馬對臺南實施合圍，黑雲壓城。黑旗軍受到重創，抗日義軍傷亡殆盡。

劉永福坐困臺南，不得一策，無力與日軍相抗。苦海無邊，回頭是岸，他打算講和。當初，樺山資紀寫信勸降，讓他罵了回去。現在他願意了，提筆給日本人寫信，表示願將臺灣讓給日本，條件是允許他返回中國，並且要善待他的部下及兵勇，不可侮辱，他托英國人轉交此信。

樺山資紀回信告訴他，講條件的時候過去了，現在必須無條件投降！日本人勝券在握，把臺南府城圍了個裡外三層，料定劉永福魚兒難破千重網。十月十九日，臺南周邊最後一道防線曾文溪失守，日軍再邁一步就是臺南府城門。城裡亂了，何去何從，劉永福甚為躊躇。他在兩種選擇面前優柔寡斷，一是進山做草寇，和日軍打游擊；二是內渡，回歸中國。在最後時刻，他到白蓮庵求籤。列案焚香，下跪磕頭。抽得一籤，上云：「木有根枝水有源。」解籤詞曰：「求財不得，求病必死，求子生女，失物無回，出行多阻。」運敗時衰，解詞兇險。他終下決心：內渡！於是他打點金銀珠寶，收好頂戴官印，派人祕密送上英國商船迪里士號。

十月二十日夜晚，劉永福必須親自出馬了，逃跑這事無人能替他代勞。他扔下黑旗軍，和兒子劉成良率家人、親信潛至安平港。原本怕迪里士號船大顯眼，他預定了一艘木船。但是派到木船探信的家僕去而不歸，當他乘舢板靠近木船時，聽到船上一片喊打之聲。他不敢靠近，忠誠的家僕也不要了，轉棹奔向迪里士號。

在船上，劉永福備受艱辛與刁難。為了不被趕下船，他賄賂了船長九千銀圓，為了躲避日本軍艦的盤查，他先後躲進鍋爐艙、貨倉，貨物箱、麻袋。好不容易離日本人遠了，鴉片煙癮又犯了，尋尋覓覓，四處討要而不得，熬得他險些死在船上。

西元一八九五年十月二十一日，劉永福終於回到大陸，登陸廈門。就在同一天，日軍在他離岸的安平港登陸。臺南府城失陷，黑旗軍投降。至此，臺灣民主國經歷了一百四十九天的艱難歲月後走入歷史！日軍占領了臺灣全境。

根據日本的統計，在整個甲午戰爭中，日本因疾病、事故和作戰等原因共計死亡一萬三千四百八十八人（包括陣亡一千一百三十二人），其中一萬零八百四十一人死於對臺灣的戰爭，臺灣腹地雖小，但卻可見臺人對於保家衛國的必死決心與驍勇善戰的勇氣！日本為得到臺灣付出了慘重的代價，先後投入了兩個半師團的兵力，參戰官兵將近五萬人，軍役傭夫兩萬六千餘人。近衛師團中將師團長北白川能久親王、近衛步兵第二旅團少將旅團長山根信成，都染病而登錄於閻王的生死簿。

日本占領了臺灣，日、清戰爭大幕落下。

艦名	艦種	隸屬部隊	管帶（艦長）	製造國	結局
定遠	一等鐵甲艦（戰艦）	北洋水師	劉步蟾	德國	威海衛之戰中沉沒
鎮遠	一等鐵甲艦（戰艦）	北洋水師	林泰曾→楊用霖	德國	威海衛之戰後為日軍虜獲
經遠	二等鐵甲艦（裝甲巡洋艦）	北洋水師	林永升	德國	大東溝海戰中沉沒
來遠	二等鐵甲艦（裝甲巡洋艦）	北洋水師	邱寶仁	德國	威海衛之戰中沉沒
廣甲	二等鐵甲艦（防護巡洋艦）	廣東水師→北洋水師	吳敬榮	清國	大東溝海戰中遁逃，後觸礁擱淺自毀。
廣乙	二等鐵甲艦（防護巡洋艦）	廣東水師→北洋水師	林國祥	清國	大東溝海戰中沉沒
廣丙	二等鐵甲艦（防護巡洋艦）	廣東水師→北洋水師	程璧光	清國	威海衛之戰後為日軍虜獲
致遠	穹甲快船（防護巡洋艦）	北洋水師	鄧世昌	英國	大東溝海戰中沉沒
靖遠	穹甲快船（防護巡洋艦）	北洋水師	葉祖珪	英國	威海衛之戰中沉沒
濟遠	穹甲快船（防護巡洋艦）	北洋水師	方伯謙→林國祥	德國	威海衛之戰後為日軍虜獲
平遠	穹甲快船（防護巡洋艦）	北洋水師	李和	清國	威海衛之戰後為日軍虜獲
超勇	快船（無防護巡洋艦）	北洋水師	黃建勛	英國	大東溝海戰中沉沒
揚威	快船（無防護巡洋艦）	北洋水師	林履中	英國	大東溝海戰中沉沒
威遠	快船（無防護巡洋艦）	北洋水師	林穎	清國	威海衛之戰中沉沒

附錄　主要參考書目

1.《六十年來中國與日本》（1～3卷），王芸生編著，生活·讀書·新知三聯書店，2005.7。
2.《龍旗飄揚的艦隊：中國近代海軍興衰史》（增訂本），姜鳴著，生活·讀書·新知三聯書店，2002.12。
3.《李鴻章與北洋艦隊》，王家儉著，生活·讀書·新知三聯書店，2008.12。
4.《甲午戰爭新講》，戚其章著，中華書局，2009.7。
5.《近代中日文化交流史》，王曉秋著，中華書局，2000.8。
6.《釣魚島列嶼之歷史與法理研究》（增訂本），鄭海麟著，中華書局，2007.4。
7.《日本近現代外交史》，米慶余著，世界知識出版社，2010.3。
8.《日本近現代對華關係史》，宋志勇、田慶立著，世界知識出版社，2010.12。
9.《清日戰爭》，宗澤亞著，世界圖書出版公司，2012.6。
10.《近代日本政治體制》，殷燕軍著，社會科學文獻出版社，2006.9。
11.《走近甲午》，戚其章著，天津古籍出版社，2006.1。
12.《近代日本國家意識的形成》，陳秀武著，商務印書館，2008.4。
13.《北洋海軍艦船志》，陳悅著，山東畫報出版社，2009.6。

14.《走向深藍》，張召忠著，廣東經濟出版社，2011.8。
15.《簡明日本通史》，〔日〕依田憙家著，卞立強、李天工、雷慧英譯，上海遠東出版社，2004.1。
16.《簡明日本外交史》，〔日〕大畑篤四郎著，梁雲祥、顏子龍、李靜閣譯，世界知識出版社，2009.1。
17.《釣魚島的歷史與主權》，〔日〕井上清著，賈俊琪、于偉譯，新星出版社，2013.2。
18.《中日關係：從戰後走向新時代》，〔日〕毛里和子著，徐顯芬譯，社會科學文獻出版社，2009.2。

甲午戰爭：
大清的衰退與日本帝國的崛起

作　　者　閻建國

發 行 人　林敬彬
主　　編　楊安瑜
責任編輯　黃谷光、鄒宜庭
封面設計　柯俊仰
編輯協力　陳于雯、林裕強
出　　版　大旗出版社
發　　行　大都會文化事業有限公司
11051台北市信義區基隆路一段432號4樓之9
讀者服務專線：(02)27235216
讀者服務傳真：(02)27235220
電子郵件信箱：metro@ms21.hinet.net
網　　　址：www.metrobook.com.tw

郵政劃撥　14050529 大都會文化事業有限公司
出版日期　2020年05月初版一刷
定　　價　420元
ISBN　978-986-98603-9-0
書　　號　History-110

Banner Publishing, a division of Metropolitan Culture Enterprise Co., Ltd.
4F-9, Double Hero Bldg., 432, Keelung Rd., Sec. 1,
Taipei 11051, Taiwan
Tel: +886-2-2723-5216　　Fax: +886-2-2723-5220
Web-site: www.metrobook.com.tw
E-mail: metro@ms21.hinet.net

國家圖書館出版品預行編目（CIP）資料

甲午戰爭：大清的衰退與日本帝國的崛起／閻建國著. -- 初版. --
臺北市：大旗出版社，2020.05
384面；17×23公分. --
ISBN 978-986-98603-9-0（平裝）

1.甲午戰爭　2.晚清史

627.86　　109005144

大都會文化　讀者服務卡

書名：甲午戰爭：大清的衰退與日本帝國的崛起

謝謝您選擇了這本書！期待您的支持與建議，讓我們能有更多聯繫與互動的機會。

A. 您在何時購得本書：______年______月______日

B. 您在何處購得本書：____________書店，位於____________（市、縣）

C. 您從哪裡得知本書的消息：

1. □書店　2. □報章雜誌　3. □電臺活動　4. □網路資訊

5. □書籤宣傳品等　6. □親友介紹　7. □書評　8. □其他

D. 您購買本書的動機：（可複選）

1. □對主題或內容感興趣　2. □工作需要　3. □生活需要

4. □自我進修　5. □內容為流行熱門話題　6. □其他

E. 您最喜歡本書的：（可複選）

1. □內容題材　2. □字體大小　3. □翻譯文筆　4. □封面　5. □編排方式　6. □其他

F. 您認為本書的封面：1. □非常出色　2. □普通　3. □毫不起眼　4. □其他

G. 您認為本書的編排：1. □非常出色　2. □普通　3. □毫不起眼　4. □其他

H. 您通常以哪些方式購書：（可複選）

1. □逛書店　2. □書展　3. □劃撥郵購　4. □團體訂購　5. □網路購書　6. □其他

I. 您希望我們出版哪類書籍：（可複選）

1. □旅遊　2. □流行文化　3. □生活休閒　4. □美容保養　5. □散文小品

6. □科學新知　7. □藝術音樂　8. □致富理財　9. □工商企管　10. □科幻推理

11. □史地類　12. □勵志傳記　13. □電影小說　14. □語言學習（_____ 語）

15. □幽默諧趣　16. □其他

J. 您對本書（系）的建議：

____

K. 您對本出版社的建議：

____

讀者小檔案

姓名：______________　性別：□男　□女　生日：____年____月____日

年齡：□ 20 歲以下 □ 21 ～ 30 歲 □ 31 ～ 40 歲 □ 41 ～ 50 歲 □ 51 歲以上

職業：1. □學生 2. □軍公教 3. □大眾傳播 4. □服務業 5. □金融業 6. □製造業

7. □資訊業 8. □自由業 9. □家管 10. □退休 11. □其他

學歷：□國小或以下 □國中 □高中／高職 □大學／大專 □研究所以上

通訊地址：______________________________

電話：（H）______________（O）______________ 傳真：______________

行動電話：______________ E-Mail：______________

◎謝謝您購買本書，歡迎您上大都會文化網站（www.metrobook.com.tw）登錄會員，或至 Facebook（www.facebook.com/metrobook2）為我們按個讚，您將不定期收到最新的圖書訊息與電子報。

甲午戰爭

大清的衰退與日本帝國的崛起

北區郵政管理局
登記證北臺字第 9125 號
免 貼 郵 票

大都會文化事業有限公司
讀者服務部 收
11051 臺北市基隆路一段432號4樓之9

寄回這張服務卡〔免貼郵票〕
您可以：
◎不定期收到最新出版訊息
◎參加各項回饋優惠活動

郵政劃撥存款收據注意事項

一、本收據請妥為保管，以便日後查考。
二、如欲查詢存款入帳詳情時，請檢附本收據及已填妥之查詢函向任一郵局辦理
三、本收據各項金額、數字係機器印製，如非機器列印或經塗改或無收款郵局收訖章者無效。

大都會文化、大旗出版社讀者請注意

一、帳號、戶名及寄款人姓名地址各欄請詳細填明，以免誤寄；抵付票據之存款，務請於交換前一天存入。
二、本存款單金額之幣別為新台幣，每筆存款至少須在新台幣十五元以上，且限填至元位為止。
三、倘金額塗改時請更換存款單重新填寫。
四、本存款單不得黏貼或附寄任何文件。
五、本存款金額業經電腦登帳後，不得申請撤回。
六、本存款單備供電腦影像處理，請以正楷工整書寫並請勿摺疊。帳戶如需自印存款單，各欄文字及規格必須與本單完全相符；如有不符，各局應婉請寄款人更換郵局印製之存款單填寫，以利處理。
七、本存款單帳號與金額欄請以阿拉伯數字書寫。
八、帳戶本人在「付款局」所在直轄市或縣(市)以外之行政區域存款，需由帳戶內扣收手續費。

如果您在存款上有任何問題，歡迎您來電洽詢
讀者服務專線：(02)2723-5216(代表線)
為您服務時間：09：00～18：00(週一至週五)
大都會文化事業有限公司　讀者服務部

交易代號：0501、0502 現金存款　0503票據存款　2212 劃撥票據託收

98-04-43-04 郵政劃撥儲金存款單

收款帳號	1	4	0	5	0	5	2	9

金額 新台幣（小寫）

億	仟萬	佰萬	拾萬	萬	仟	佰	拾	元

通訊欄（限與本次存款有關事項）

我要購買以下書籍

書名	單價	數量	合計

購書金額未滿 1000 元，另加收 100 元國內掛號郵資或貨運專送運費。

總計數量及金額：共＿＿＿本，合計＿＿＿＿＿＿元

收款戶名 大都會文化事業有限公司

寄款人 □他人存款 □本戶存款

姓名

地址 □□□-□□

電話

主管：

經辦局收款戳

虛線內備供機器印錄用請勿填寫

◎寄款人請注意背面說明

◎本收據由電腦印錄請勿填寫

郵政劃撥儲金存款收據

收款帳號戶名

存款金額

電腦紀錄

經辦局收款戳